Karlheinz Six

In der Dunkelheit

Zur Spiritualität des Dienens

Umschlaggestaltung: Karlheinz Six
Umschlagmotiv: Karlheinz Six
Kreuzschatten in der Kirche Santo Stefano in Assisi
Porträtfoto: Gernot Gleiss – www.gleissfoto.at
Korrektorat: Nora Paul - www.silbenfluss.at

Verlag: myMorawa von Dataform Media GmbH, Wien
www.mymorawa.com

ISBN:
978-3-99129-486-3 (Paperback)
978-3-99129-485-6 (E-Book)

PRINTED IN
AUSTRIA

„Der HERR ist mein Hirt, nichts wird mir fehlen.“
(Ps 23,1)

Meine Frau Anja sagte einmal zu mir:
„Ich will aus der Dunkelheit hinaus.
Du möchtest drinbleiben.“

David, mein langjähriger Freund,
sagte elf Tage nach seine Unfall,
bei dem er sich eine lähmende Rückenmarksverletzung zugezogen hatte:
„Ich weiß: Ich bin nicht allein.“

„Mein Gott, mein Gott, warum hast du mich verlassen?“
(Ps 22,2)

Inhaltsverzeichnis

Der Weg hinein

Anfang: Wer glaubt, befindet sich auf einem Weg – mit oder ohne Gott.

Jesus ist nicht gekommen, um sich bedienen zu lassen, sondern um zu dienen. So verstehen sich auch die ersten Jünger und Jüngerinnen als in den Dienst Gottes gestellt. Gott ruft uns auf, einen Weg des Dienens zu gehen. Gott und den Menschen zu dienen ist Fundament christlicher Existenz, sowohl des Einzelnen als auch der Kirche als Gemeinschaft. Dieses Fundament ist kraftlos geworden oder an manchen Stellen gar nicht mehr vorhanden. Das vorliegende Buch hat die Absicht, das Fundament christlichen Glaubens, den Dienst an Gott und den Menschen, aber auch seine blutleeren und schalen Stellen in den Blick zu nehmen. Es geht dabei nicht um eine detaillierte wissenschaftliche Darstellung. Dieses Buch versteht sich als spiritueller Wegbegleiter und möchte einige Grundelemente einer dienenden Spiritualität beleuchten. Es wählt dabei einen ungewöhnlichen Weg, der zunächst erklärt werden muss.

Im Mittelpunkt des Buches steht also das Dienen als Verwirklichung des Glaubens. In der katholischen Kirche gibt es ein Amt, das nach diesem Dienen benannt ist, nämlich das Amts des Diakons, eine Bezeichnung, die vom griechischen *diákonos* kommt und mit „Diener" übersetzt wird. Der Diakon ist nicht allein zuständig für das Dienen; das ist Sache der ganzen Kirche. Aufgabe des Diakons ist es, das Bewusstsein dafür wachzuhalten, dass das Fundament christlicher Existenz das Dienen ist. Besser gesagt: *Dies ist nicht einfach seine Aufgabe, die er übertragen bekommt. Vielmehr steht er unter dem An-Spruch Gottes, das Dienen als Person zu verkörpern.* Er ist gefordert, in seiner ganzen Existenz vom Heiligen Geist des Dienens durchdrungen zu sein. Das Beseeltsein von diesem Geist nennt man im Christentum *Spiritualität.* Am Diakon soll schließlich ablesbar sein, was Dienen bedeutet. Der Anspruch, der an die Christen und die Kirche ergeht, soll im Leben des Diakons eine existenzielle Ausgestaltung erfahren.

Das Ziel dieses Buches ist es nicht, den Diakon und das Diakonenamt in den Mittelpunkt zu rücken, sondern eine dienende Spiritualität zu entfalten. Das Ungewöhnliche am Weg, den dieses Buch einschlägt, ist, dass es von meiner persönlichen spirituellen Entwicklung und meiner Auseinandersetzung mit dem Diakonat ausgeht. Da aber die Individualität eines Diakons nicht Maßstab für andere sein kann, braucht es eine theologische Reflexion, braucht es die Einordnung dieser Individualität in die christliche Glaubenstradition, braucht es das Horchen und Gehorchen auf das Wort Gottes, das sich diskursiv über seine Glaubwürdigkeit und Rechtmäßigkeit versichert. Daher enthält dieses Buch nicht nur autobiographische Teile, sondern setzt sich auch mit Bibeltexten und mit den Biographien von Heiligen auseinander und bietet schließlich eine theologische Reflexion über das Amt des Diakons, in der auch die kirchliche Lehre entfaltet wird. Ungewohnt ist also, dass ich keine einschlägigen Texte und Autoren zum Thema Dienen heranziehe, sondern von jenen Erfahrungen ausgehe, wie ich sie im vierten Kapitel beschreibe. Sie bilden das inhaltliche Zentrum.

Lassen Sie mich den Zusammenhang zwischen der Person (des Diakons) und der Sache noch einmal anders darstellen: Der christliche Zeuge bezeugt das Wort Gottes. Dieses spricht ihn an, es ist für ihn Gottes An-Spruch. Der christliche Zeuge bezeugt das Wort Gottes, wie es ihn angesprochen hat. Damit ist er kein distanzierter Sprecher, der dem Wort Gottes neutral gegenübersteht. Als Zeugen hat ihn zuerst der An-Spruch Gottes getroffen und sein Leben verändert. Von diesem An-Spruch her ist das Leben des Zeugen zu verstehen, an ihm ist es zu messen. Indem der Zeuge das Wort bezeugt, das *Gott* zu ihm gesprochen hat, bezeugt er zugleich *sich selbst* als Zeugen dieses konkreten Wortes. Kurzum: Der Zeuge spricht von sich als Zeugen, er spricht vom Wort Gottes und er spricht davon, wie er sich auf diesen An-Spruch Gottes hin relativiert. Daher spreche ich von mir, von dem, wie mich das Wort Gottes angesprochen hat, und denke darüber nach, welche Bedeutung dieser An-Spruch für die Kirche und die Christen haben kann.

Für wen ist dieses Buch geschrieben? Für jene, die sich (noch) als Christen sehen und sich mit dem Glauben und ihrer eigenen Spiritualität auseinandersetzen wollen. Es soll also kein Buch ausschließlich für (angehende) Diakone sein. Mein Weg muss nicht der Weg des Lesers oder der Leserin sein, und dennoch möchte ich mit diesem Buch Hinweisschilder aufstellen, denen man folgen kann und die vielfach in eine andere Richtung weisen als jene Hinweisschilder, die heute vielerorts von kirchlichen und christlichen Gruppen, Initiativen und Einrichtungen aufgestellt werden. Damit möchte ich vor allem jenen Menschen Mut machen, *ihren* Weg zu suchen und zu finden, die sich im kirchlichen Mainstream nur schwer wiederfinden.

Wie viele Predigten sprechen davon, dass Gott uns immer nahe ist und uns begleitet? Dieses Buch spricht von der Abwesenheit Gottes und der Verlorenheit des Menschen. Wie oft hören wir Verkündigung, die vom Licht Gottes spricht? Dieses Buch spricht von der Dunkelheit. Wird das Versagen der Menschen nicht allzu schnell als kirchenrechtlicher Problemfall abgetan? Dieses Buch möchte das existenzielle Scheitern, die Verzweiflung und die Zerrissenheit im Horizont des christlichen Glaubens verstehen.

Wie ich Diakon wurde

Vielleicht ist es für das Verständnis dieses Buches ganz hilfreich, ein wenig darzustellen, wie ich Diakon wurde. Nach meinem Theologiestudium und ein paar Umwegen begann ich im Jahr 2004 in der Pfarrseelsorge zu arbeiten. In meinem ersten Jahr stieß ich auf ständige Diakone, von denen ich während meines Studiums nur am Rande gehört hatte; mein zunächst bloß theoretisches Interesse war geweckt. So kam ich zum damaligen Ausbildungsleiter meiner Diözese, der mir eine theologische und praktische Einführung in den Diakonat gab: Der Diakonat ist die erste von drei Stufen des Sakramentes der Weihe. Die anderen beiden Stufen sind Priester und Bischof. Obwohl es diese drei Stufen und Weiherituale gibt, ist es immer *ein* Sakrament. Der Diakon muss kein Theologiestudium vorweisen, sondern es genügt eine weniger umfangreiche theologische Qualifikation. Er kann verheiratet sein, muss aber in jedem Fall den Zölibat versprechen. D. h. für den verheirateten Diakon: Wenn seine Frau verstirbt, darf er nicht wieder heiraten. Wenn er verheiratet ist, muss die Ehe zum Zeitpunkt der Weihe seit mindestens fünf Jahren bestehen. Für verheiratete Diakone ist das Mindestalter 35, für unverheiratete 25 Jahre. Von den Aufgaben her darf der Diakon Taufen, Eheschließungen und Begräbnisse, Wort-Gottes-Feiern, Andachten und Segnungen leiten, in der Messe das Evangelium vorlesen und predigen und noch einiges anderes. Diakone sind meistens Pfarren zugeordnet und ehrenamtlich tätig. So weit, so gut.

Nach dem Gespräch setzte mich der Ausbildungsleiter auf die Liste der Interessenten. Ich sagte nicht Nein, da das erste Ausbildungsjahr lediglich der Orientierung dient. So begann ich 2006 mit der vierjährigen Ausbildung. Am Ende des ersten Jahres kam ich jedoch in eine schwierige Situation: Ich war mir nicht mehr sicher, ob ich in dieser Kirche einen Platz finden würde. Mein Innenleben, meine Spiritualität schien sich von der der meisten anderen Christen zu unterscheiden. Die Kirche insgesamt schlug für mich die falsche Richtung ein. Ich glaubte auch, den Ansprüchen nicht genügen zu können. Und in dieser Kirche wollte ich mich auf Lebenszeit zum Amtsträger weihen lassen? Ich hatte die Befürchtung, dass ich meine innere Spannung nicht dauerhaft aushalten könnte.

Da fiel mir das Buch „Komm, sei mein Licht“ von Teresa von Kalkutta in die Hände, das 2007 herausgegeben wurde. Es eröffnete mir plötzlich eine innere Freiheit, eine Perspektive, dass auch ich mit meiner Spiritualität einen Platz in der Kirche finden kann, auch wenn diese Spiritualität nicht von der Mehrheit der Christen geteilt wird. Zugleich wurde mir deutlich, dass darin meine Berufung zum Diakon lag und heute noch liegt: für jene Menschen geweiht zu sein, die in Dunkelheit leben. Gewonnen war die Sicherheit, diesen Weg einzuschlagen, auch wenn sich an der übrigen Situation nichts geändert hatte. Mein Zugang ist immer noch nicht mehrheitsfähig. Die Kirche geht immer noch in die falsche Richtung. Und ich habe immer noch das Gefühl, dass ich den Ansprüchen nicht genüge – v. a. jenen An-Sprüchen Gottes, die ich in diesem Buch formuliere.

Im Jahr 2010 wurde ich zum Diakon geweiht. Ich war bei meiner Weihe schon zwölf Jahre verheiratet, aber erst 34 Jahre alt. Ich brauchte daher eine Sondergenehmigung. Die Zeit danach war sehr wechselhaft und ereignisreich. 2015 gab ich meine Anstellung in der Diözese auf. Ich arbeite seither in verschiedenen sozialen Bereichen. Ich wollte und will den Ansprüchen des Dienstes an den Menschen mehr genügen und ich sah für mich dazu innerhalb der Kirche keine Möglichkeiten mehr. Zu sehr ist man als kirchlicher Angestellter damit beschäftigt, die längst überholten Strukturen der Kirche abzustützen. Dafür wollte und will ich keine Energie mehr verschwenden.

Christliche Spiritualität

Wie ich schon gesagt habe, möchte ich ins Zentrum meiner Überlegungen nicht das Amt des Diakons stellen, sondern eine diakonale, dienende Spiritualität, die am Diakon ablesbar sein soll. Spiritualität ist heute ein in unterschiedlichen Kontexten verwendeter Begriff. Daher möchte ich an dieser Stelle kurz erläutern, wie ich ihn verstehe.

Historisch gesehen ist Spiritualität ein christlicher Begriff: Mit „spirituell“ sind alle Menschen bezeichnet, die den Geist des Vaters haben (Irenäus von Lyon). Menschen, die vom Heiligen Geist (lat. *spiritus*) erfüllt sind, heißen spirituell. Diese Geisterfüllung ist als Samen in der Taufe angelegt, muss aber erst im Laufe eines menschlichen Lebens zur Entfaltung kommen. Das Hauptwort „Spiritualität“ taucht erst im fünften Jahrhundert auf. Dass dieser Begriff vor allem in der Neuzeit aus dem Christentum herausgelöst wurde, hat letztlich zu seiner Verundeutlichung geführt. Diese Herauslösung hatte sicher auch damit zu tun, dass in der Neuzeit Schriften fernöstlicher Religionen übersetzt wurden und man dabei auf bekannte Wörter zurückgriff.

Christen sind der Auffassung, dass es dort keine Spiritualität geben kann, wo der Heilige Geist nicht wirkt bzw. wo er nicht zur Entfaltung kommen kann. Im Allgemeinen verbinden wir mit Spiritualität zu Recht eine gewisse Innerlichkeit. Das hat auch christliche Wurzeln, denn es heißt ja, dass der Heilige Geist *in* uns wirkt. Innerlichkeit in diesem Zusammenhang fasse ich als einen Komplex von zumindest drei Ebenen auf: Sie ist (1.) ein Glaubensverständnis in Bezug (2.) auf mein individuelles Leben, in dem sich gegenwärtig Erinnerung an Vergangenes und Erwartung des Zukünftigen verdichten und woraus sich (3.) eine bestimmte religiös-ethische Haltung entwickelt. Diese Innerlichkeit umfasst also ein bestimmtes Verständnis von Gott, Welt und Mensch, von der Beziehung dieser drei zueinander und von der Beziehung meines individuellen Lebens zu diesen dreien. Christlich ist diese Spiritualität dann, wenn meine Existenz in all ihren Dimensionen ganz durchwirkt und bestimmt ist vom Geist Gottes, wenn der Same, der in der Erschaffung und Taufe eingepflanzt wurde, im Leben zur vollen Blütenpracht heranwächst und reiche Frucht bringt.

Bei der Innerlichkeit darf der Christ also nicht stehen bleiben. Christliche Spiritualität bedeutet keine *bloße* Innerlichkeit, was sich schon daran zeigt, dass die Erfahrungen und Erlebnisse im Äußeren im inneren Licht des Glaubens erinnert und gedeutet werden. Umgekehrt werden Erwartungen, Befürchtungen und Hoffnungen für diese äußere Welt innerlich entworfen. Das Äußere findet in uns Eingang und Ausgang. Selbst der Ruf Gottes kann als von außen herankommend betrachtet werden; ergeht er auch im Inneren des Menschen (z. B. als innere Stimme oder plötzliche Gewissheit), so entsteht er doch nicht *durch* das Innere. Dabei ist seine Botschaft – entgegen manch fernöstlicher Religion, stoischer Philosophie oder „Esoterik“ – nicht die Aufforderung zum Rückzug ins Innere, sondern zum Wirken im Äußeren. Christliche Spiritualität versteht sich immer auch als wirkend und handelnd in der Welt, als weltverändernd. Das meint das Begriffspaar *contemplatio* (geistliche Betrachtung) und *actio* (tätig sein), welche ursprünglich Ideale des Mönchtums waren.

Um das christliche Verständnis von Spiritualität noch deutlicher zu machen, ist es zweckmäßig, es von Verkürzungen abzugrenzen. Innerkirchlich geschieht eine solche Verkürzung im Schielen auf das Wieviel, also z. B. dann, wenn lediglich die körperliche Anwesenheit bei Gottesdiensten als ausschlaggebendes Kriterium für das Gelingen herangezogen wird. Dabei spielt die innere Beteiligung der Mitfeiernden keine oder nur eine untergeordnete Rolle. „Irgendetwas werden sie schon mitnehmen", lautet dann der trügerische Selbsttrost. Dabei unterbleibt aber die Frage, ob der Rückgang an Gottesdienstfeiernden nicht damit zu tun hat, dass liturgische Feiern mehr seelenloser Aktionismus denn Nahrung für die Menschen sind, dass man mehr Wert auf Äußerlichkeiten legt und weniger darauf, dass die Menschen innerlich berührt werden. Dieses Fehlen der Innerlichkeit ist die eine Art der Verkürzung.

Eine andere Art der verkürzten Spiritualität betont dagegen vor allem die Innerlichkeit, reduziert diese aber auf das Emotionale. Manchmal geht diese Betonung der Innerlichkeit so weit, dass das Äußere überhaupt keine Rolle mehr zu spielen scheint. Diese Weise der einseitigen Betrachtung kommt in verschiedenen Bereichen vor.

Einer dieser Bereiche ist der, den ich mit dem vieldeutigen Wort „Esoterik" bezeichne. Ein Grundzug der „Esoterik" ist es, dass sie bewusst Wissenschaftlichkeit und deren Rationalitätskonzepte ablehnt. „Esoteriker" und „Esoterikerinnen" fühlen sich nicht verpflichtet, ihre Ansichten vor dem Forum der Vernunft auszuweisen. Christliche Spiritualität hat hingegen einen ganzheitlichen Zugang zum Menschen, der selbstverständlich ein fühlendes und emotionales Wesen ist, aber auch ein vernunftbegabtes. Somit kann es nicht bei der Darstellung emotionaler Erlebnisse bleiben, sondern es bedarf auch einer theologischen Reflexion.

> *„Die vielfach empfohlene Trennung zwischen (kritischer) Theologie einerseits und (frommer) Spiritualität andererseits halten wir für grundfalsch und sehr gefährlich, weil sie etwas auseinanderreißt, was innerlich zusammengehört: Jede Theologie, die wirklich bei ihrer Sache ist, ist auch spirituell und im Wortsinn erbaulich, weil bezogen auf die Auferbauung der Gemeinde und der einzelnen in ihr; jede Spiritualität, die sich Rechenschaft gibt über ihre Option (und wann je ginge es anders?), ist wesentlich auch theologisch, verpflichtet also auf die nachdenkende Verantwortung ihrer Inhalte." (Fuchs/Werbick, 1991, 10)*

Die Verkürzung von Spiritualität auf das Emotionale geschieht aber nicht nur in der „Esoterik", sondern auch bei so manchen psychologischen Ansätzen. Noch einen Schritt weiter gehen jene Anschauungen, die alles Psychische, also auch das Emotionale, auf das Neuronale zurückführen. So ist man letztlich bei der Reduktion auf den Körper angelangt, dessen Epiphänomen das Psychische ist; das Psychische ist Begleiterscheinung des Körperlichen. Sowohl gegen den psychologischen als auch gegen den neurologischen Reduktionismus bezieht Papst Benedikt XVI. Stellung:

> *„Einer der Aspekte des modernen technisierten Geistes besteht in der Neigung, die mit dem Innenleben verbundenen Fragen und Regungen nur unter einem psychologischen Gesichtspunkt bis hin zum neurologischen Reduktionismus zu betrachten. Die Innerlichkeit des Menschen wird so entleert, und das Bewusstsein von der ontologischen Beschaffenheit der menschlichen Seele mit ihren Tiefen, die die Heiligen auszuloten wussten, geht allmählich verloren.* Die Frage der Entwicklung ist auch mit unserer Auffassung von der Seele des Menschen eng verbunden, *da unser Ich oft auf die Psyche reduziert wird und die Gesundheit der Seele mit dem emotionalen Wohlbefinden verwechselt wird. Diesen Verkürzungen*

> *liegt ein tiefes Unverständnis des geistlichen Lebens zugrunde. Sie führen dazu, nicht anerkennen zu wollen, dass die Entwicklung des Menschen und der Völker jedoch auch von der Lösung von Problemen geistlicher Art abhängt. […] Eine materiell entwickelte, aber für die Seele bedrückende Wohlstandsgesellschaft ist an und für sich nicht auf echte Entwicklung ausgerichtet. Die neuen Formen der Knechtschaft der Droge und die Verzweiflung, in die viele Menschen geraten, finden nicht nur eine soziologische und psychologische, sondern eine im wesentlichen geistliche Erklärung. Die Leere, der sich die Seele trotz vieler Therapien für Leib und Psyche überlassen fühlt, ruft Leiden hervor.* Es gibt keine vollständige Entwicklung und kein universales Gemeinwohl ohne das geistliche und moralische Wohl der *in ihrer Gesamtheit von Seele und Leib gesehenen* Personen.“ *(P. Benedikt, CV, 76)*

Auch Papst Benedikt XVI. spricht sich für eine ganzheitliche Spiritualität aus, wenn er in traditioneller Sprechweise von der Einheit von Leib und Seele spricht, zu der auch die geistliche, d. h. spirituelle Entwicklung gehört. Christlich gesehen hat Spiritualität eine emotionale Seite, wie sie auch eine rationale, körperliche und soziale Seite hat. Sie ist eben wahrhaft ganzheitlich und soll damit auch nicht auf ein Element reduziert werden. Manche psychologischen und therapeutischen Berater und Beraterinnen haben diese problematische Verkürzung auf das Psychische erkannt und möchten in ihren Beratungsansätzen ausdrücklich auf die spirituelle Dimension achten. Das geschieht dann nicht selten mit der Integration „esoterischer“ Elemente in die Therapie.

Mit der Reduktion von Spiritualität auf das Emotionale geht noch eine andere Verkürzung einher, nämlich die auf das Individuelle. Dem heutigen gesellschaftlichen Konsens treu bleibend, „Jeder soll und darf selbst entscheiden“, soll und darf auch jeder seine eigene Spiritualität entwickeln. Auch in dieser Hinsicht ist christliche Spiritualität ganzheitlich:

Unbestreitbar ist sie individuell, aber als christliche muss sich diese individuelle Spiritualität in einen christlichen Traditionsstrom einfinden können. Es ist daher entscheidend, dass jede individuelle Spiritualität Anknüpfungspunkte in der Heiligen Schrift, bei anderen Christen, seien es Kirchenväter, Theologen, Heilige oder andere, und/oder in der kirchlichen Lehre findet.

Kranke Spiritualität

Auch in der Psychologie wird Spiritualität individualisiert, sodass zunächst scheinen mag, dass sie sich ihr gegenüber neutral gibt. Das ist gut so. Psychologen und Psychologinnen sollten auch nicht darüber entscheiden, ob die Spiritualität eines Klienten akzeptabel ist. Aber sie tun es dann doch: Sie urteilen, welche gesund und welche krank machend ist. Letzteres soll vermieden werden. Die Gesundheit soll das Kriterium, der Maßstab sein, um gute von schlechter Spiritualität zu unterscheiden.

Dazu möchte ich zwei kritische Bemerkungen anführen: Zum einen zeigt sich in der psychologischen Praxis, dass die konkrete Spiritualität bzw. die Frage, ob ein Klient überhaupt spirituell ist, nur eine untergeordnete Rolle spielt. Alles zielt auf die Gesundung des Menschen ab; wenn Spiritualität dazu einen Beitrag leistet, ist das zwar erfreulich, aber nicht anvisiert. Dagegen spricht auf den ersten Blick auch nichts; das kann aber nicht die Frage beantworten, welche Spiritualität *dem Glauben* angemessen ist. Gesundheit ist sicherlich ein wichtiger Wert unseres Lebens, aber ist er der wichtigste? Hörend auf den unbedingten Anspruch, der mir in meiner Berufung begegnet und auf den ich noch zu sprechen kommen werde, kann es im Leben noch höhere Werte und Aufgaben geben, als die eigene Gesundheit zu erhalten. Ich spreche mich damit generell gegen die Instrumentalisierung von Spiritualität einzig für bestimmte Zwecke aus.

Daraus folgt meine zweite kritische Bemerkung: Jede Krankheit hat auch ihre spirituelle Seite. Diese Dimension ist in unserer Kultur verloren gegangen, in der wir Krankheit oft als rein körperliches Problem oder psychisches Geschehen sehen. Von Teresa von Kalkutta sagt man, sie habe an Depressionen gelitten. Viele sehen darin einen Grund, ihre Spiritualität der Dunkelheit nicht weiter ernst zu nehmen oder zumindest zu relativieren. Auch bei Franz von Assisi nehmen Krankheiten eine besondere Rolle in seiner spirituellen Entwicklung ein. Krankheit ist meines Erachtens kein ausreichender Grund, spirituelle Erfahrungen zu relativieren, sondern sie können uns vielmehr für wesentliche Fragen des Lebens öffnen.

Aus meiner Sicht ist Spiritualität daher mehr als nur Mittel zum Zweck und steht in einem komplexen Zusammenhang mit Gesundheit und Krankheit. Mir sind diese beiden Abgrenzungen deshalb wichtig, weil ich in diesem Buch immer wieder auf spirituelle Erfahrungen zurückkommen werde, die in Zusammenhang mit Krankheiten stehen.

Das bringt mich zu einem Buch aus dem Jahr 2019, das von der ehemaligen Ordensfrau Doris Wagner (verheiratete Reisinger) geschrieben wurde und „Spiritueller Missbrauch in der katholischen Kirche“ heißt. Darin geht es um jene Art von Missbrauch, die Ordensobere, Novizenverantwortliche, Bischöfe und andere Leitende ausüben, indem sie Menschen ihrer spirituellen Selbstbestimmung berauben, ihre Macht missbrauchen und den Opferstatus der Leidtragenden spirituell überhöhen.

Am Beginn ihres Buches beschäftigt sich Wagner mit der Frage, was Spiritualität ist. Sie fasst das in zwei Sätzen zusammen: (1.) Spiritualität ist Sinnstiftung. (2.) Echte Spiritualität ist selbstbestimmt. Diesen zweiten Satz unterfüttert sie mit Erfahrungen sowohl aus ihrem eigenen Leben als auch aus dem Leben und Erleben anderer Ordensleute. In all diesen Erlebnissen gibt es ein gemeinsames Merkmal: Der Wille Gottes wird mit dem Willen des bzw. der Oberen gleichgesetzt; sei es der bzw. die Ordensobere, ein Priester, ein Novizenmeister oder eine Novizenmeisterin oder ein Bischof. Wer sich gegen den Willen eines oder einer Oberen stellt, setzt sich also gegen den Willen Gottes zur Wehr. Wagner erzählt viele Beispiele, wie krank machend dieses spirituell-kirchliche System ist. Daher spricht sie auch vom spirituellen Missbrauch und betont dagegen das Selbstbestimmungsrecht in der Spiritualität.

In all dem ist Wagner zuzustimmen. Sie richtet ihre Perspektive ganz auf die kirchliche Praxis von Spiritualität und spiritueller Bildung. Dabei bleibt jedoch die religiöse Dimension von Spiritualität unterbestimmt: Gegenüber kirchlichen Leitungsträgern und -trägerinnen ist das Selbstbestimmungsrecht des bzw. der Gläubigen zu betonen. Gerade deshalb muss die unmittelbare Beziehung zu Gott selbst in den Blick genommen werden. Und da zeigt sich: Christliches Glauben hat neben seiner aktivischen Seite immer auch etwas Passivisches. Der Ruf Gottes ist unverfügbar. Er kann entgegengenommen oder zurückgewiesen werden. Aber er kann nicht erzeugt werden. Der bzw. die Einzelne kann (in Grenzen) über sich bestimmen, aber nicht über Gott. Aktivisch gesehen ist der Mensch Leistungsträger; passivisch ist er Empfangender, je nach Lebensereignissen Beschenkter oder Geschlagener, Geworfener oder Geschaffener, Unterdrückter oder in Freiheit Entlassener. Der Mensch erfährt neben seiner Selbstbestimmung immer auch Widerfahrnisse, über die er nicht bestimmen und verfügen kann. Zur christlichen Spiritualität gehören beide Seiten.

Aus diesem Gegenüber von Gottes Wort und Menschenwort erwächst ein kritisches Potenzial. Die Benediktinerin Emmanuela Kohlhaas schreibt in ihrem gemeinsam mit dem Priester Thomas Frings herausgegebenen Buch „Ungehorsam“:

> *„Der Satz ‚Man muss Gott mehr gehorchen als den Menschen‘ ist die Handlungsmaxime vieler Widerstandskämpfer, Revolutionäre und auch aller Märtyrer, egal welcher Religion. […] Voraussetzung ist, dass die Apostel die religiöse Autorität ihrer Zeit, den Hohen Rat, nicht als ‚Stimme Gottes‘ anerkennen, sondern ihrer eigenen Erfahrung mit der Person Jesu Christi die Priorität geben […].“ (Kohlhaas/Frings, 2021, 247)*

Gleichzeitig verweist Kohlhaas darauf, dass darin auch das Potenzial für Fanatismus und Wahnsinn steckt. Gerade deshalb ist es wichtig, auf die Stimme Gottes zu hören und gleichzeitig einen Diskurs über das Gehörte zu führen. Dieses diskursive Auf-dem-Weg-Sein bewahrt nicht nur vor Fanatismus und Wahnsinn, sondern auch vor der vereinfachenden Identifikation von individuellem Dasein und göttlicher Wahrheit und der Darstellung des eigenen Lebens als idealtypisch.

Machen wir uns auf den Weg

Von Teresa von Kalkutta aus habe ich einen neuen Blick auf Franz von Assisi gewonnen; er hat mich seit meiner Jugendzeit begleitet. Seine „pilgerhafte“ Existenz hat mich schon früh geprägt. Mit der Brille Teresas habe ich plötzlich auch seine eigenen, ganz anderen Erfahrungen von Dunkelheit gesehen. Viele andere Themen vertiefen diese Grunderfahrung und wurden in dieses Buch aufgenommen. Ich habe es bewusst als Weg verfasst, der nicht chronologisch, sondern thematisch orientiert ist. So soll die „pilgerhafte“ Dimension von Glauben und Spiritualität deutlich werden.

Das Buch gliedert sich in sieben Kapitel. Dabei können sowohl das vierte als auch das siebente Kapitel als wichtige Zwischenstationen auf meinem Weg angesehen werden. Das vierte ist das zentrale Kapitel. In ihm schildere ich meine persönliche Auseinandersetzung mit der Spiritualität der Dunkelheit und bringe diese mit dem Diakonat in Verbindung. Anknüpfungspunkte sind dabei nicht nur die Briefe Teresas von Kalkutta, sondern auch die Kreuzigung Jesu und die Prozession mit der Osterkerze in der Osternacht.

Das letzte Kapitel greift die Frage nach der Identität des Diakons auf. Im Gegensatz zum vierten, sehr persönlichen Kapitel will das letzte eine theologische Reflexion leisten. Beide Kapitel setzen sich mit einer dienenden Kirche und Spiritualität auseinander, indem sie über den Diakonat nachdenken.

Die anderen Kapitel führen auf je ihre Weise auf diese beiden Zwischenstationen hin und von ihnen weg. Zweites und drittes Kapitel sind eine Beschäftigung mit biblischen Texten. Der eine handelt von Gott, der sich im Verborgenen zeigt und dazu anleitet, gute Taten im Verborgenen zu halten. Zugleich kann sich Gott verbergen und den Menschen in Dunkelheit lassen. Der andere Bibeltext handelt von den verlorenen Menschen und von Jesus, der sich auf die Suche nach ihnen macht. Dieses Dienen konfrontiert zudem mit den Fragen nach Besitzlosigkeit und Gottverlassenheit.

Fünftes und sechstes Kapitel wählen einen anderen Weg. Dieser führt zu konkreten Personen, die für mein Suchen wichtige Wegweiser waren. In ihrer Gottesbegegnung, ihren existenziellen Erfahrungen und ihrem Handeln sind sie auch wichtige Wegweiser für eine dienende Kirche. An diesen Personen werden Themen deutlich, die für eine dienende Spiritualität von Bedeutung sind. Diese sollen im sechsten Kapitel vertieft und mit anderen Zugängen konfrontiert werden.

Zwischen den Kapiteln sind Texte eingefügt, die das Gesagte und das, was noch gesagt wird, vertiefen. Sie sollen zum Weiterdenken anregen.

Wer auf dem Weg ist, geht in der Zeit von Ort zu Ort. So hat dieses Buch eine zeitliche und eine räumliche Dimension. Manche Texte sind mit einem Datum versehen. Sie sollen zeigen, dass das Glauben ein Auf-dem-Weg-Sein ist. Durch die Zeitangaben wollte ich dieser Prozesshaftigkeit einen Ausdruck geben, sie nicht verschweigen, sondern vielmehr sichtbar machen. Dabei spielt es keine Rolle, dass diese Teile nicht chronologisch geordnet sind, denn die Vergangenheit und die Zukunft sind – wie der Heilige Augustinus über die Zeit sagt – nur in der Gegenwart als Erinnerung bzw. Erwartung wirklich. Die Gegenwart ordnet aber das Vergangene neu.

Die realen Orte, an denen die Texte entstanden sind, spielen dagegen zunächst nur eine indirekte Rolle. Vielleicht entsprechend der These von

Papst Franziskus: „Die Zeit ist mehr wert als der Raum.“ (P. Franziskus, EG, 222) Aber am Ende des Buches, bei der Bestimmung dessen, was der Diakon ist und wie sich das auf eine diakonale Kirche auswirkt, komme ich auf ganz andere Weise auf Räumlichkeit zu sprechen.

Monolog mit Gott

Gebet vom Oktober 2008

Lieber Gott!

…

Jetzt muss ich sagen: Ich weiß gar nicht, ob du wirklich so lieb bist. – Also beginne ich nochmals.

Gott!

…

Nun, selbst da zweifle ich, ob es richtig ist; ob es richtig ist, dass man dir diesen erhabenen Namen zuspricht. – Ich beginne also nochmals.

Du!

…

Ich will aber nun nicht unhöflich erscheinen, denn das Du-Wort wurde mir nie angeboten. – Also nochmals.

Sehr geehrter Herr!

Um gleich ein Missverständnis auszuräumen: Mit „Herr" meine ich nicht den biblischen Kyrios, den Herrscher, den Adonai; ich meine damit lediglich eine höfliche respektvolle Anrede, wie man sie in unserer Zeit und Gegend gebraucht. Ich möchte das deshalb betonen, weil es mir nicht so vorkommt, als stünden wir auf Du und Du. Im Gegenteil: Mir kommt eher vor, als würden Sie sich für den größten Teil meines Lebens nicht interessieren. Was ich damit meine, fragen Sie sich?

Nun: Ich möchte es einmal so sagen: Ständig oder sehr häufig lese ich von Menschen, die durchaus Erschütterliches in ihrem Leben erlebt und dennoch nicht an Ihrer Zuwendung und Liebe gezweifelt haben. Immer wieder gibt es ein Happy End am Schluss. Immer wieder werden uns Vorbilder hingestellt, die trotz ihrer Schicksalsschläge und Kämpfe das

Vertrauen in Sie nicht verloren haben. Und immer wieder – wenn ich solches höre und lese – plagt mich zuerst mein schlechtes Gewissen und dann packt mich der Zorn. Warum, fragen Sie?

Weil es bei mir so anders ist. Wie Sie schon bemerkt haben, finde ich nur schwer eine Anrede für Sie; die letzte ist wohl die ehrlichste, die für diesen Moment zutrifft. Das Glaubensleben ist aber ein Prozess – in die eine oder andere Richtung. Und so schließe ich veränderte Verhältnisse und Beziehungen nicht aus. Und gerade weil die Beziehung zu Ihnen sehr wichtig ist, finde ich, wir sollten daran arbeiten. – Ich merke schon, Sie wissen immer noch nicht, wovon ich rede.

Nun: Wie Sie ganz genau wissen – Sie haben mich schließlich so geschaffen – leide ich seit meiner Geburt an Neurodermitis. Im Großen und Ganzen nehme ich diese Krankheit hin. Wohl gemerkt: „hin" nicht „an". Soweit kommt's noch! Denn was haben Sie mir damit angetan? Selbst dieses Gebet muss ich unterbrechen, weil mich mein Juckreiz plagt. Ständig drängt sich mir meine Haut auf – und sie tut es im schlechten Sinn.

Haut – die äußerste körperliche Grenze. Sie markiert, wo der menschliche Körper nach innen beginnt und nach außen endet.

Haut – sie ist auch ein Schutz vor Krankheiten, Infektionen und so weiter.

Und was zeigt meine Haut? Sie manifestiert den Selbstzerstörungstrieb eines Menschen. Meine Haut ist gerötet und wundgekratzt. Das Aussehen ist dabei unwichtig; entscheidender ist, dass das mein Leben, meinen Alltag, jede Minute bestimmt: Juckreiz, Schmerzen, Bewegungsunfähigkeit, geistige Leere, Unfähigkeit zu geistiger Arbeit, Unmöglichkeit des Betens, fehlende körperliche Energie, Schlaflosigkeit, Aggressionen, Hilflosigkeit, Angewiesenheit auf andere; oft genug bin ich ans Bett gefesselt, damit ich mich möglichst wenig bewege.

Es gibt Tage, da geht es besser. Aber wenn mich der Juckreiz wieder überkommt – wie in den letzten beiden Tagen –, dann sind diese besseren Tage weit in die Ferne gerückt.

Ich nehme meine Finger, drücke sie mit aller Kraft gegen meine Haut und versuche den Juckreiz durch Kratzen zu vertreiben. Ein unendliches Unterfangen, denn das ist nicht möglich. Immer wieder kommt der Juckreiz hervor; und wenn nicht an dieser Stelle, dann an einer anderen.

Das Kratzen scheint mir der Versuch zu sein, die Haut mit ihrer Krankheit herunterzulösen. Und ich beginne mich tatsächlich aufzulösen: Hautschuppen – unzählige – fallen zu Boden. Ich werde immer weniger. Und so nehme ich das Kratzen als glücklosen Versuch wahr, mich selbst auflösen zu wollen. Es ist eine Todeserfahrung, sich selbst Stück für Stück, Schicht für Schicht abtragen zu wollen.

Wissen Sie, selbst jetzt, wenn ich diese Zeilen schreibe, erhöht sich mein Juckreiz. Ich komme ja nicht aus meiner Haut, selbst wenn ich davonlaufen würde. In Abwandlung des Bibelzitates: „Meine Haut steht mir immer vor Augen." (vgl. Ps 51,5) Ist denn meine Haut meine Sünde?

Was mir jedenfalls immer vor Augen steht, ist die ständige Wiederkehr der offenen Grenze, d. h. der aufgekratzten Haut. Stück für Stück trage ich sie ab, ohne Aussicht auf Erfolg. Was übrig bleibt, ist ein Häuflein Elend, welches ich bin. Nachts sitze ich da, energielos von der aufgebrachten Kraft, schnaufend, zornig, enttäuscht, resignierend, verzweifelt, gottverlassen.

Ja, Sie haben richtig gehört: gottverlassen. In diesen Situationen, in denen ich mich selbst nach einem Kratzanfall wiederfinde, ist von Ihnen keine Spur. Ich spüre da nichts von Getragenwerden, nichts von Ihrer Liebe und Zuwendung. Da bin ich ganz hineingeworfen in das Dunkel der Verzweiflung, der Resignation, der Gottlosigkeit. Und da helfen auch keine frommen Sprüche und Geschichten oder die Bibel. Da geht es jetzt nur um uns beide, um Sie und mich. Sie können mir doch wohl noch ins Gesicht schauen, mir von Angesicht zu Angesicht gegenübertreten.

Ja, ich gebe zu: Schwer habe ich gegen Ihren Willen gesündigt und ich tue es immer noch und werde wohl auch in Zukunft schwere Verfehlungen gegen Ihre Liebe begehen. Aber habe ich es deshalb verdient, von

Ihnen alleingelassen zu werden? Habe ich es verdient, mich ständig selbst auflösen zu wollen? Habe ich den Tod verdient?

Wissen Sie: Es gibt einen Grund, warum ich es dennoch für wichtig erachte, dass wir an unserer Beziehung arbeiten – denn schließlich könnten Sie mir ja auch egal sein; ich muss Ihnen nicht nachlaufen; ich könnte meine eigenen Wege gehen. Es gibt aber einen Grund – und dieser ist Ihr Sohn.

Er ist mir sehr sympathisch. Immer wieder wird gesagt, dass er voller Vertrauen Ihnen gegenüber war. Wenn ich das schon höre! Und warum hatte er vor seinem Tod Angst? Warum hat er Blut geschwitzt? Angst ist doch wohl Ausdruck eines erschütterten Vertrauensverhältnisses. Ach, er hat sich Ihrem Willen gefügt? Ja, aber das kann man auch ohne Vertrauen. Das ist doch wohl christliche Kurzsichtigkeit, zu meinen, Ihren Willen zu erfüllen wäre Ausdruck des Vertrauens. Es könnte auch Ausdruck der Resignation sein: Was bleibt Ihrem Sohn auch anderes übrig? Man kennt ihn doch; überall hätte er geschnappt werden können. Ja, auch er wurde von Ihnen verlassen. Das macht ihn ja so sympathisch. Wir sind scheinbar Leidensgenossen.

Und vor dem Kreuz bleibe ich stehen: Oben hängt Ihr Sohn nackt und seine Haut ist durchbohrt und geschunden und unten sitze ich – nackt – und meine Haut ist zerfurcht und wundgekratzt und beide rufen: Eli, Eli, lema sabachtani!

Und kommen Sie mir ja nicht mit der Auferstehung. Das ist sicher die größte christliche Krankheit: Über jede Dunkelheit wird sofort ein Lichtlein entzündet. Ich bleibe aber jetzt so lange unter dem Kreuz sitzen, bis Sie mich holen. Ich werde kein Licht anzünden und ich werde nicht von selber weggehen. Ich werde mit Ihrem Sohn gemeinsam warten. Und wenn ich so nachdenke, ist das wohl der Ort, wohin Sie mich berufen haben: Als Ihr Diener soll ich hier am Kreuz stehen bleiben, im Dunkeln.

Gut, wenn das Ihr Wille ist, dann soll er geschehen. Aber fordern Sie nicht von mir, Licht zu sein, denn in mir ist alles dunkel. Fordern Sie nicht von mir, Ihnen zu vertrauen, denn oft genug habe ich Angst und bin verzweifelt. Fordern Sie nicht von mir, anderen Menschen zu helfen, wo ich doch selbst Hilfe brauche. Fordern Sie nicht von mir, schöne Worte über Sie zu verlieren, denn ich kenne Sie eigentlich gar nicht.

Finden Sie nicht, dass wir mehr an unserer Beziehung arbeiten sollten?

Kapitel 1

Anfang

Der Weg beginnt am Anfang. Das griechische Wort für Anfang, *arché*, bedeutet nicht nur in zeitlicher Hinsicht einen Beginn, sondern ist auch im Sinne von Prinzip, Fundament, Grundlage zu verstehen. In diesem Sinn spielt der Anfang in der Bibel eine bedeutende Rolle. Sie selbst beginnt mit diesem Wort, aber auch die Evangelien nach Markus und Johannes. Und im letzten Buch der Bibel, in der Offenbarung, wird Jesus als der Anfang und das Ende bezeichnet.

Ich beginne also mit dem Anfang. Am Anfang steht die Berufung. Der dargestellte Anfang ist aber kein zeitlicher Anfang in biographischer Hinsicht. Vielmehr bringen die ersten beiden Abschnitte eine Grundlage meiner Spiritualität und Berufung zur Sprache. Der erste ist eine Notiz, die ich auf einer meiner Pilgerreisen niedergeschrieben habe, der zweite eine Predigt über den reichen Jüngling. Dieses Fundament wird im dritten Abschnitt nochmals in Hinblick auf das Thema der Berufung reflektiert. Gleichzeitig geht es aber nicht einfach um mich, sondern dieses Kapitel soll Leserinnen und Leser anregen, sich mit ihrer eigenen Berufung auseinanderzusetzen.

Den Weg verloren

Geschrieben am 23. Juli 2013

Ich bin für einige Tage in Assisi. Seit einiger Zeit habe ich aufgehört zu beten. Es war für mich nur noch eine Qual und ich habe nicht verstanden, warum ich mich weiterhin diesem Zwang aussetzen sollte. Also habe ich einfach damit aufgehört.

Heute ist mir die Geschichte eingefallen, wo jemand auf See Schiffbruch erleidet und beginnt Gott um Hilfe anzuflehen. Es kommen mehrere Boote vorbei, die helfen wollen. Aber die in Seenot Geratenen steigen nicht ein, weil sie auf Gottes Hilfe vertrauen. Letztlich gehen sie unter und sterben. Im Himmel fragen sie Gott, warum er nicht geholfen habe. Er antwortet darauf, dass er ja mehrmals jemanden vorbeigeschickt habe.

Diese Geschichte ist mir deshalb eingefallen, weil ich mir in diesen Tagen die Frage gestellt habe, warum Gott schon so lange nicht mehr zu mir gesprochen hat. Eigentlich habe ich sie nicht mir gestellt, sondern Gott. Da aber keine Antwort gekommen ist, ist es eine Frage ins Leere gewesen. An den Orten, an denen ich diese Frage gestellt habe, bin ich zumeist allein gewesen – in einer Kirche, an einem abgeschiedenen Ort, wo ich gehofft habe, zur Ruhe zu kommen, um eine Antwort deutlich zu hören.

Einmal an einem solchen Ort kam ein österreichisches Ehepaar vorbei, das sich verlaufen hatte. Ich versuchte den beiden dann anhand des Stadtplanes zu zeigen, welchen Weg sie nehmen sollten. Sie dankten mir sehr und gingen weiter. Und da erkannte ich: Gott zeigt mir, welche Aufgabe ich habe. Das war ja meine eigentliche Frage: Da ich in den letzten zwei Jahren meine Lebensrichtung verloren hatte, wusste ich nicht mehr, wohin es in meinem Leben gehen sollte, welche Aufgabe mir gestellt ist.

Da hatte ich die Antwort. Wäre es nur dieses eine Paar gewesen, wäre dies nur meine Interpretation dieses Ereignisses. Aber schon seit meiner Anreise traf ich viele Menschen, denen ich Tipps gab, wohin sie gehen sollten, oder half, wieder den richtigen Weg zu finden, wenn sie sich verlaufen hatten.

Wie in dieser Geschichte der in Seenot Geratenen ist mir die Antwort auf meine Frage nicht im (flehenden) Gebet gekommen, sondern in der Begegnung mit den Menschen. Das Gebet hat mich lediglich offen gemacht für eine Antwort.

Berufung und Besitz

Predigt am 28. Sonntag im Jahreskreis 2015

Aus dem heiligen Evangelium nach Markus
In jener Zeit lief ein Mann auf Jesus zu, fiel vor ihm auf die Knie und fragte ihn: Guter Meister, was muss ich tun, um das ewige Leben zu gewinnen? Jesus antwortete: Warum nennst du mich gut? Niemand ist gut außer Gott, dem Einen. Du kennst doch die Gebote: Du sollst nicht töten, du sollst nicht die Ehe brechen, du sollst nicht stehlen, du sollst nicht falsch aussagen, du sollst keinen Raub begehen; ehre deinen Vater und deine Mutter! Er erwiderte ihm: Meister, alle diese Gebote habe ich von Jugend an befolgt. Da sah ihn Jesus an, und weil er ihn liebte, sagte er: Eines fehlt dir noch: Geh, verkaufe, was du hast, gib das Geld den Armen, und du wirst einen bleibenden Schatz im Himmel haben; dann komm und folge mir nach! Der Mann aber war betrübt, als er das hörte, und ging traurig weg; denn er hatte ein großes Vermögen. Da sah Jesus seine Jünger an und sagte zu ihnen: Wie schwer ist es für Menschen, die viel besitzen, in das Reich Gottes zu kommen! Die Jünger waren über seine Worte bestürzt. Jesus aber sagte noch einmal zu ihnen: Meine Kinder, wie schwer ist es, in das Reich Gottes zu kommen! Eher geht ein Kamel durch ein Nadelöhr, als dass ein Reicher in das Reich Gottes gelangt. Sie aber erschraken noch mehr und sagten zueinander: Wer kann dann noch gerettet werden? Jesus sah sie an und sagte: Für Menschen ist das unmöglich, aber nicht für Gott; denn für Gott ist alles möglich. Da sagte Petrus zu ihm: Du weißt, wir haben alles verlassen und sind dir nachgefolgt. Jesus antwortete: Amen, ich sage euch: Jeder, der um meinetwillen und um des Evangeliums willen Haus oder Brüder, Schwestern, Mutter, Vater, Kinder oder Äcker verlassen hat, wird das Hundert-

fache dafür empfangen: Jetzt in dieser Zeit wird er Häuser, Brüder, Schwestern, Mütter, Kinder und Äcker erhalten, wenn auch unter Verfolgungen, und in der kommenden Welt das ewige Leben. (Mk 10,17-30)

Liebe Pfarrgemeinde!
Bevor ich zum heutigen Evangelium komme, möchte ich noch ein kurzes Erlebnis erzählen. Ich hatte gestern irgendwo in Klagenfurt eine Taufe und im Anschluss an diese Taufe versammelte sich die Familie noch vor der Kirche, um einige Fotos zu machen. Wie es dann manchmal auch der Brauch ist, steckten mir die Eltern Geld, um mir so Danke für die Taufe zu sagen. Gleichzeitig warteten vor der Kirche einige Frauen. Ich vermute, es waren Romnija. Sie bettelten um Geld und kamen gleich zu mir, weil sie wahrscheinlich gesehen hatten, dass ich Geld bekommen hatte. Normalerweise gebe ich Bettlern nichts. Das mag jetzt jeder halten, wie er will. Ich mache es grundsätzlich nicht. Diese Situation war aber anders: Ich erhielt Geld und wurde gleichzeitig um solches gebeten: „Gibst du mir Geld, ich habe nichts.“ Da ist es schwer, Nein zu sagen. Ich wartete einige Zeit, musste mich noch umziehen und sprach drinnen mit der Mesnerin, ob diese Frauen öfters hier seien – und entschloss mich dann, zumindest ein Zehntel dessen herzugeben, was ich vorher erhalten hatte.

Es war nicht viel, was ich hier loslassen musste; nur zehn Prozent. Das heutige Gleichnis vom reichen Jüngling, die heutige Geschichte, die im Evangelium erzählt wird, bietet ja mancherlei Anlass für Missverständnisse und ich glaube, dass es in der Vergangenheit auch sehr viele Missinterpretationen dieses Gleichnisses gab.

Das erste Missverständnis liegt in der Schlussfolgerung, jeder müsse seinen Besitz verlassen. Das sagt das Gleichnis aber nicht aus, denn hier gibt es zwei Stufen, die man berücksichtigen muss. Die erste Stufe ist: „Herr und Meister, was muss ich tun, um das ewige Leben zu gewinnen?“ und Jesus zählt die Zehn Gebote auf. Er zählt also jene Grundsätze auf, die uns alle betreffen, die wir alle einhalten müssen. Und dann sagt dieser junge Mann: „Was muss ich noch tun? Das alles mach' ich ja schon!" Und dann kommt das Zweite: Jesus sagt, er solle seinen Besitz verkaufen und das Geld den Armen geben. Es geht in diesem Gleichnis nicht einfach darum, was *alle* tun müssen, sondern darum, was *einer* tun muss, um Jesus in seiner ganz individuellen Art und Weise nachzufolgen. Er muss seinen Besitz verkaufen und ihn den Armen geben. Das können wir auch umlegen auf unsere Berufung, die wir haben: Einerseits die allgemeine Berufung aus unserer Taufe, nämlich Zeugnis abzulegen für Jesus Christus. Andererseits die ganz individuelle Berufung, die bestimmt, wie mein konkretes Zeugnis auszusehen hat. Im Falle dieses Jünglings meint das den Verkauf seines Besitzes, das Loslassen von seinem irdischen Schatz, um sich einen bleibenden Schatz im Himmel zu suchen.

Ein zweites Missverständnis ist, dass gesagt wird, der Jüngling habe seinen Besitz nicht verkauft. Das steht aber gar nicht da. Zu lesen ist vielmehr, dass er traurig weggegangen ist. Wenn wir loslassen müssen, dann ist das die Zeit der Trauer, Zeit des Abschiednehmens. Loslassen ist nichts Einfaches, auch nicht wenn ich ein paar Euro hergeben muss und mir nicht sicher bin, ob das eben der richtige Weg ist. Wir wissen also nicht, ob dieser Jüngling nicht doch seinen Besitz verkauft hat und Jesus nachgefolgt ist. Das interessiert den Evangelisten auch gar nicht.

Das Interessante ist gerade dieses Loslassen. Was sind Sie bereit loszulassen, um Ihrer Berufung zu folgen? Und da ist Jesus, wie Sie sehen, ganz radikal. Er spricht in eine ganz konkrete Situation hinein, er spricht zu Menschen, er spricht zu seinen Aposteln, die wirklich alles verlassen haben, ihre Familie verlassen haben, um Jesus nachzufolgen. Was sind Sie bereit loszulassen in Ihrer Berufung, in Ihrer ganz individuellen Berufung? Dass das Loslassen mit Trauer einhergeht, liegt auf der Hand, und doch ist da die Frage: Wollen Sie sich einen irdischen Schatz erwerben oder einen himmlischen?

Dann gibt es noch diese eigenartige Passage, wo es heißt, dass eher ein Kamel durch ein Nadelöhr geht, als ein Reicher in das Himmelreich kommt. Verstanden wurde das immer als Anordnung, unseren Besitz loszulassen. Dagegen fügt Jesus hinzu: „Für Gott ist nichts unmöglich.“ Also: Für Gott ist es nicht unmöglich, dass auch ein Reicher in das Himmelreich kommt. Eine recht eigenartige Textstelle, voller Spannungen zu dem, was wir uns erwarten. Etwas ist unmöglich, aber für Gott ist nichts unmöglich.

Gottes An-Spruch

Das Selbstzeugnis als Bezeugung Gottes

Der christliche Zeuge wird von Gott angesprochen und steht daher unter seinem An-Spruch. Er bezeugt also nicht nur Gottes Wort, sondern auch wie dieses auf ihn selbst verändernd gewirkt hat. Der Zeuge spricht – zwar nicht ständig – auch von sich.

Dieses Selbstzeugnis im Zeugnis finden wir ebenfalls in der Bibel. In vielen prophetischen Büchern vermitteln die Zeugen nicht nur jene Worte, die Gott zu ihnen gesprochen hat, sondern auch wie Gott an ihnen gehandelt hat. So erzählen z. B. Jesaja, Jeremia und Ezechiel von ihren Berufungen. Der Apostel Paulus stellt ebenso seine Berufung dar, geht aber immer wieder auf seine Lebenssituation insgesamt ein, der er einen Zeugnischarakter zuschreibt. Und auch Johannes, der Autor des Buches der Offenbarung, schildert seine Verfolgung wegen des christlichen Glaubens. Wenn wir über die Bibel hinaussehen, dann zeigt sich dasselbe Bild: Überliefert werden nicht nur Worte und Taten von Christen, sondern immer auch wie Gott auf sie eingewirkt und sie verändert hat.

Aus den biblischen Berufungserzählungen, in denen Gott als konkret Beauftragender dargestellt wird, kann der Eindruck gewonnen werden, dass es in der Berufung um klare Anweisungen geht. In der Theologiegeschichte hat sich in diesem Sinn ein Offenbarungsverständnis entwickelt, das am Ersten Vatikanischen Konzil seinen Höhepunkt fand und *instruktionstheoretisch* bezeichnet wird: Gott offenbart uns seinen Willen mittels klaren Instruktionen. Dieses verengte Verständnis wurde zugunsten eines sogenannten *kommunikationstheoretischen* Offenbarungsverständnisses vom Zweiten Vatikanum erweitert: Gott will in erster Linie mit den Menschen eine Beziehung eingehen; daher offenbart er sich als der, der er ist, nämlich ein Gott, der in Beziehung treten will. Er ist das, was er tut: ein Gott in Beziehung. Das Eingehen dieser Beziehung mit Gott verändert den Menschen. Ein Bekenntnis dieser Veränderung ist daher immer zugleich Selbstzeugnis und Zeugnis von Gott. Dabei ist nicht ausgeschlossen, dass der Berufene in diesem Beziehungsprozess konkrete Ansprüche an sich selbst heraushört.

An dieser Stelle möchte ich ein biblisches Selbstzeugnis anführen, das sich ganz auf Gottes Wirken hin transparent macht. Es soll als Beispiel dienen, wie das Sprechen über sich Zeugnis des Wirkens Gottes sein kann. Im siebenten und achten Kapitel des Buches der Weisheit stellt sich der Autor als sterblicher Mensch dar, der von Gott auf dem Weg der Bildung und Erkenntnis geführt wird. Zugleich wird beschrieben, was die göttliche Weisheit ist und was sie beim Empfänger bewirkt. Hier ein Auszug:

> *„Auch ich bin ein sterblicher Mensch wie alle anderen, Nachkomme des ersten, aus Erde gebildeten Menschen. Im Schoß der Mutter wurde ich zu Fleisch geformt, in zehn Monaten in Blut verfestigt aus dem Samen eines Mannes nach lustvollem Beischlaf. Geboren atmete auch ich die gemeinsame Luft, ich fiel auf die Erde, die Gleiches von allen erduldet, und Weinen war mein erster Laut wie bei allen. In Windeln und mit Sorgen wurde ich aufgezogen; kein König trat anders ins Dasein. Alle haben den gleichen Eingang zum Leben, gleich ist auch der Ausgang. [...]*
> *Mir aber gewähre Gott, nach meiner Einsicht zu sprechen und zu*

denken, wie die empfangenen Gaben es wert sind; denn er ist der Führer der Weisheit und hält die Weisen auf dem rechten Weg. Wir und unsere Worte sind in seiner Hand, auch alle Klugheit und praktische Erfahrung. [...]
Alles Verborgene und alles Offenbare habe ich erkannt; denn es lehrte mich die Weisheit, die Werkmeisterin aller Dinge. In ihr ist nämlich ein Geist, vernunftvoll, heilig, einzigartig, mannigfaltig, zart, beweglich, durchdringend, unbefleckt, klar, unverletzlich, das Gute liebend, scharf, nicht zu hemmen, wohltätig, menschenfreundlich, fest, sicher, ohne Sorge, alles vermögend, alles überschauend und alle Geister durchdringend, die gedankenvollen, reinen und zartesten. Die Weisheit ist beweglicher als alle Bewegung; in ihrer Reinheit durchdringt und durchwaltet sie alles. […]
So beschloss ich, sie als Lebensgefährtin heimzuführen; denn ich wusste, dass sie mir guten Rat gibt und Ermutigung in Sorge und Leid. Mit ihr werde ich Ruhm beim Volke haben und trotz meiner Jugend vom Alter geehrt sein.[…] Mit ihr werde ich Unsterblichkeit erlangen und ewigen Ruhm bei der Nachwelt hinterlassen.“
(Weis 7,1-6.15f.21-24; 8,9f.13)

Der Weisheitslehrer weiß um sein durch und durch menschliches Leben, in dem Gott durch sein Geschenk der Weisheit, der Erkenntnis und Einsicht zu vernehmen ist. Jetzt kann der Weise alles Verborgene und Offenbare erkennen. Dieses Geschenk verändert sein Leben. Er führt die personifizierte Weisheit als Gefährtin mit nach Hause, die ihm nun mit Rat und Tat zur Seite steht. In diesem Selbstzeugnis wird Gottes Tat bezeugt.

Gerade die prophetischen Berufungserzählungen der Bibel, aber auch die Geschichten, wie Jesus seine Jünger und Jüngerinnen in die Nachfolge ruft, verstärken bei uns das Bild, dass im Leben eines Zeugen oder einer Zeugin ein zentrales Ereignis ausschlaggebend ist und zu einer radikalen Wende führt. In Wirklichkeit kann ein solches Ereignis zwar durchaus vorkommen, ist aber zumeist eingebettet in einen Entwicklungsprozess. Gerade der soeben gelesene Text zeigt ja, dass die Weisheit das Leben des Weisen begleitet und dieses Geschenk kein einmaliges Ereignis bleibt. Dieser Entwicklungsprozess kann auch mehrere Ereignisse beinhalten, in denen dem Zeugen seine Berufung deutlich wird. Somit erweist sich Berufung nicht als punktueller Zwischenfall, sondern als ein begleitender Vorgang. Besonders deutlich zeigt sich das an der Biographie des Franziskus von Assisi. Auch er fand sich erst durch mehrere Begebenheiten auf seinen Nachfolgeweg ein. So verstanden ist Berufung ein Anfang im Sinne von Grundlage, ein Wurzelstock, aus dem heraus der Zeuge lebt, handelt und verkündet. In vielen biblischen Lebensgeschichten zeigt sich, wie sich Gott immer wieder zu Wort meldet. Auch Jesus muss häufig auf seine Jünger und Jüngerinnen einreden, damit sie von ihrem Nachfolgeweg nicht abkommen; und auch Petrus wird mindestens zweimal in die Nachfolge gerufen.

Ich kann ebenso kein einmaliges Berufungserlebnis benennen, das den Startschuss für meine diakonale „Laufbahn" hätte sein können. Es gab in meinem Leben mehrere Ereignisse, die meinen Weg mit Gott bestimmten. Eine ausdrückliche Stimme, die etwas ganz Konkretes zu mir sagte, vernahm ich bis dato nie. Es war vielmehr so, dass mir in ganz bestimmten, bedeutungsvollen Lebenssituationen etwas klar wurde und ich ab diesem Zeitpunkt nicht mehr so leben konnte wie bisher. Wenn sich Gott darin gemeldet hat, dann nur in verborgener Weise.

Der Berufungsprozess

Daher ist auch das Erlebnis, das ich an den Anfang dieses Kapitels gestellt habe, nicht *das* Berufungserlebnis schlechthin. Es ist nur *ein* Erlebnis, bei dem mir etwas deutlich geworden ist. Und ich habe es an den Anfang gestellt, weil der Inhalt die Grundlage für die hier zu entfaltende dienende Spiritualität bildet: Gott meldet sich im Verborgenen, Menschen sind auf dem Weg, sie haben ihn verloren, ich bin Wegweiser.

Wie Gott sich im Leben von Menschen meldet, wird sehr unterschiedlich beschrieben. Manche haben Erlebnisse, bei denen sie eine Stimme hören, entweder von außen oder von innen kommend. Ich würde in meinem Fall eher von einer plötzlichen Gewissheit sprechen, einer jähen Erkenntnis, die sich in mein Leben einfügte. Dieses Einfügen kann harmonisch sein, also im Sinn von: „Das alles passt gut in mein bisheriges Leben." Es kann aber auch zu einem Bruch führen: „Ab jetzt muss ich etwas anders machen." Auch der Bruch kann sich in ein Leben einfügen als notwendiger, jetzt geforderter An-Spruch, das Alte hinter sich zu lassen und etwas Neues zu beginnen.

Im Zugehen auf meine Diakonenweihe kam mir die Erkenntnis, dass ich mich niemals als Priester gesehen hatte. Ich wollte zwar einmal in einen Orden eintreten und studierte Theologie, das Priesteramt zog ich aber niemals in Erwägung. Darin erkenne ich einen Hinweis, dass mein Weg schon sehr früh anders bestimmt war und ich den Diakonat als ein nichtpriesterliches Amt leben sollte. Umso befremdender ist es für mich, wenn mir gesagt wird, ich könne mich ja zum Priester weihen lassen, wenn die Zölibatsverpflichtung falle. So, als ob Priestersein oder der Aufstieg in der kirchlichen Hierarchie ein erstrebenswerteres Ziel oder eine vollwertigere Berufung wäre und der Diakonat nicht ausreichen würde. Die, die das sagen, haben zumeist mehr die bröckelnde kirchliche Struktur als die Bedeutung von Priester- und Diakonsein vor Augen.

Diese Erkenntnis meiner nichtpriesterlichen, diakonalen Berufung hat sich also nahtlos in mein Leben eingefügt. Gleichzeitig bedeutet sie auch einen gewissen Bruch: Wenn es meine Berufung ist, dann muss das auch konkrete Auswirkungen auf mein Leben haben. Es gilt also, mein Leben dem An-Spruch Gottes gemäß zu gestalten und dem Leben eine Wende zu geben.

Meine erste Erzählung soll aber auch zeigen, dass Gott durch ganz konkrete Menschen sprechen kann. In den Begegnungen mit Menschen kann sich Gottes Stimme, sein Ruf, verbergen. Wenn ich also mit offenen

Augen durch die Welt gehe und den Menschen begegne, so kann ich in diesen Zusammentreffen den An-Spruch Gottes vernehmen, der mich vielleicht sogar drängt, jetzt sofort und unmittelbar zu handeln. So schreibt Papst Benedikt XVI. in globaler Perspektive:

> *„Aus diesem Grund bitten ‚die Völker, die Hunger leiden, … die Völker im Wohlstand dringend um Hilfe'. Auch das ist Berufung, ein von freien Menschen an freie Menschen gerichteter Appell für eine gemeinsame Übernahme von Verantwortung." (P. Benedikt, CV, 17)*

Vom Loslassen und Scheitern

Dort, wo Menschen in ihrer Not nach Hilfe rufen, da meldet sich Gott und fordert uns zum Handeln auf. Daher kann der Ruf der Notleidenden als Ruf Gottes verstanden werden. Das Matthäusevangelium drückt das so aus, dass uns in den Geringsten Jesus Christus begegnet (Mt 25). Also: Nicht im Priester oder Diakon begegnen die Menschen Christus, sondern im Geringsten, im Notleidenden, im Schuldigen, im Gescheiterten, in dem, der in seiner Verzweiflung um Hilfe schreit. Gott spricht durch jene, die ihren Weg und dabei sich selbst verloren haben.

Also: Gott kann nicht nur durch eine innere und äußere Stimme oder als plötzliche Gewissheit, sondern auch durch den Schrei ganz konkreter Menschen berufen. Und sicherlich gibt es noch viele andere Wege, manchmal verborgene, wie Gott unserem Leben eine Richtung oder eine Wende geben kann.

War es von daher richtig, den Romnija nur zögerlich und eher unwillig Geld zu geben? Bat durch sie nicht Gott um Hilfe? Ich kann bis heute nicht sagen, was der richtige Umgang mit Bettlern und Bettlerinnen ist; ich spüre in mir immer wieder einen Gewissenskonflikt. Ich wünsche mir eine Gesellschaft, in der Betteln nicht mehr notwendig ist, und ich verstehe nicht, wieso es in einem der reichsten Ländern der Welt möglich ist, dass Menschen kein Leben ihrer Würde entsprechend führen können. Aber was helfen diese strukturellen Überlegungen den konkreten Bettlerinnen, die da vor mir standen? In diesem Moment nichts. Und ich erkenne in der Begegnung mit ihnen mein eigenes Versagen.

Wie arm wäre ich wohl geworden, hätte ich ihnen das ganze Geld gegeben? Eben gar nicht. Dennoch war es schwer für mich loszulassen. Wie eben auch für den reichen Jüngling. Im Zentrum dieser Erzählung steht das Loslassen von Besitz. Das Loslassen ganz allgemein kann als Grundzug von Berufung angesehen werden: Loslassen von dem, was bisher war; Loslassen von der Anerkennung, weil mein Dienst im Verborgenen zu geschehen hat; Loslassen von Beziehungen, weil nicht alle Menschen mitgehen; Loslassen von Idealen, weil ich an ihnen gescheitert bin. Der reiche Jüngling geht traurig weg. Er scheitert an einem Ideal, wie auch immer sein weiterer Weg aussehen mag: Entweder er gesteht durch den Verkauf seines Besitzes das Scheitern seines alten Ideals ein. Oder er scheitert am Ideal Jesu, weil er seinen Besitz nicht loslässt. Scheitern ist eine Dimension von Berufung. Aber: Selbst dem Scheiternden kann zugesagt werden: „Für Gott ist nichts unmöglich."

So bedeutet Berufung immer auch eine Art von Bruch. Um nach dieser Zäsur weiterleben zu können, muss ich das Scheitern des Alten eingestehen und loslassen können. Loslassen will aber erst einmal gelernt sein. Vom reichen Jüngling Franz von Assisi wissen wir, dass er dieses Loslassen von Besitz zustande brachte und damit sein Ideal verwirklichen konnte. An seinen alten Idealen ist er jedoch gescheitert; er musste sie loslassen. Aber auch in seiner neuen Lebensweise kannte er Situationen, wo seine Vorstellungen zu scheitern drohten oder sogar scheiterten. Beide reichen Jünglinge, aber noch andere Lebensgeschichten, die in diesem Buch dargestellt werden, zeigen uns, dass Scheitern eine Möglichkeit ist, wenn wir unserer Berufung folgen. Wir drohen verloren zu gehen und müssen dann wiedergefunden werden.

Die Möglichkeit des Scheiterns setzt den An-Spruch voraus, der uns in der Berufung begegnet. In der Berufung spricht uns Gott an; daraus erwächst ein Anspruch an uns, der zugleich Herausforderung ist und manchmal als Überforderung empfunden werden kann. Berufung provoziert uns, weil sie uns herausruft und herausfordert (beides lat. *provocare*). Berufung ist daher keine Beruhigungspille, die uns ein Leben vorgaukelt, das sich in völliger Sicherheit und Bequemlichkeit leben lässt. Wer berufen ist, muss sich auf den Weg machen, muss bereit sein, Anstrengungen und Mühen in Kauf zu nehmen, muss das loslassen, was er verlässt. Der Berufene geht diesen Weg nicht, weil ihm irgendetwas versprochen worden ist, sondern weil er ihn als Pflicht erkennt. Und genau wegen dieses An-Spruches geht der Berufene immer das Risiko des Scheiterns ein. Das gilt auch für den kirchlichen Amtsträger, also auch für den Diakon. Der Diakon kann ebenso an seiner Aufgabe und seiner Identität scheitern.

> *„Wenn in einer Gesellschaft Sicherheit und Absicherung als höchste Werte gelten, dann muß das Christentum Einspruch erheben: Nirgends in den biblischen Schriften und im Wärmestrom christlicher Überlieferung bedeutet die Begegnung mit Gott Beruhigung und Absicherung. Gewißheit wohl, Sicherheit nie!“ (Fuchs/Werbick, 1991, 48)*

Zwei Dimensionen von Berufung

Ich sehe in der Geschichte vom reichen Jüngling zwei Dimensionen von Berufung: eine allgemeine und eine spezielle. Allgemein gilt: Halte die Zehn Gebote ein! Speziell für den jungen Mann gilt: Verkaufe alles, was du hast, und gib das Geld den Armen! Letzteres ist also keine Aufforderung an alle. Auch das Zweite Vatikanum unterscheidet diese beiden Arten von Berufung. Die allgemeine Berufung nennt es die zur Heiligkeit:

> *„Allen hat er [Jesus Christus; K.S.] den Heiligen Geist gesandt, daß er sie innerlich bewege, Gott aus ganzem Herzen, aus ganzer Seele, aus ganzem Gemüt und aus ganzer Kraft zu lieben (vgl. Mk 12,30), und einander zu lieben, wie Christus sie geliebt hat (vgl. Joh 13,34; 15,12). Die Anhänger Christi sind von Gott nicht kraft ihrer Werke, sondern aufgrund seines gnädigen Ratschlusses berufen und in Jesus dem Herrn gerechtfertigt, in der Taufe des Glaubens wahrhaft Kinder Gottes und der göttlichen Natur teilhaftig und so wirklich heilig geworden. Sie müssen daher die Heiligung, die sie empfangen haben, mit Gottes Gnade im Leben bewahren und zur vollen Entfaltung bringen." (LG 40)*

Dieser Text geht davon aus, dass alle, die im christlichen Glauben getauft sind, bereits heilig sind. Das bedeutet, alle Christen sind durch den Empfang des Heiligen Geistes von Gott herausgerufen und mit ihm und den Menschen verbunden. Diese Berufung ist nicht Lohn für eine Leistung, sondern Geschenk. Ein Geschenk mit An-Spruch, denn wer den Geschenkcharakter erkennt, der wird auch erkennen, dass sich dieser Ruf, d. h. die Heiligkeit, im Leben entfalten muss. Unser Christsein trägt dann auch Früchte.

Über diese allgemeine Berufung hinaus hat jeder Christ seine spezielle Berufung, die sich ganz unterschiedlich und vielfältig ausgestalten kann. Zu diesen speziellen Berufungen sollen aber nicht nur bestimmte kirchliche Berufe (Pastoralmitarbeiterin ...) oder Lebensformen (Ehe, Orden …) gezählt werden, sondern auch ganz „profane" Lebensziele und -weisen. So kann auch eine Ärztin, ein Polizist, ein Revolutionär, eine Schriftstellerin, ein pflegender Angehöriger, eine Politikerin, eine Reinigungskraft, eine Hobbyschauspielerin, ein ehrenamtlich Tätiger usw. seine bzw. ihre Tätigkeit als Berufung erkennen.

Dabei ist auch wichtig zu sehen, dass Berufung zwar dauerhaft sein kann, aber nicht muss. Nirgends wird gefordert, dass *jede* Berufung bis zum Lebensende gelebt werden muss. Dies ist eine Vorstellung, die Berufung zu sehr vom Priester her versteht. Aber selbst ein Priester kann im Lauf seines Lebens unterschiedlichen Berufungen folgen, da sich ihm aus besonderen Situationen heraus neue Wege öffnen können, die im breiten Rahmen seines Priesterseins möglich sind. So gilt für alle Berufenen, dass sich Ansprüche, Anforderungen und Aufträge im Laufe eines Lebens ändern können. Berufung ist kein einmaliger Vorgang, sondern ein lebensbegleitender Prozess.

Gott als aufrufendes Gegenüber

Christlich verstandene Berufung hat in Gott immer ein Gegenüber. Dieses Gegenübersein löst sich auch nicht im ewigen Leben auf. Wir verschmelzen nicht mit Gott, einer Gottheit oder einer höheren Macht oder lösen uns in ein „Nichts" auf. Der Mensch bleibt in der christlichen Vorstellung immer ein Gegenüber eines personalen, persönlichen Gottes. Dieses Verständnis ist heute besonders zu betonen, da viele Zeitgenossen und Zeitgenossinnen von Berufung sprechen, damit aber keine von Gott ausgehende meinen. So wird gesagt, dass wir auf unsere innere Stimme hören müssten, die sagt, wozu wir berufen sind. Im heutigen Verständnis ist diese innere Stimme aber keine fremde, sondern die des eigenen Ichs. Dieses Ich wird als das unbewusste, das eigentliche, das wirkliche oder das Ich in der Tiefe bezeichnet. Zugleich ist diese Stimme keine, die durch das bewusste, willentliche Ich gesprochen bzw. erzeugt wird. Sie meldet sich einfach im Inneren des Menschen und er hat die Aufgabe hinzuhören, um seine eigentliche Bestimmung zu erfahren.

In seinem Buch „Sein und Zeit" arbeitet der Philosoph Martin Heidegger unter anderem den Rufcharakter des Gewissens heraus: Im Menschen ruft das Gewissen. Es erzählt aber keine Geschichten oder spricht über Begebenheiten in der Welt. Vielmehr gilt:

„Dem angerufenen Selbst wird ‚nichts' zu-gerufen, sondern es ist

> aufgerufen *zu ihm selbst, das heißt zu seinem eigensten Seinkönnen.“ (Heidegger, 1993, 273)*

Mit anderen Worten: Durch das Gewissen wird dem Menschen nichts über die Welt einfach zugerufen, sondern er wird aufgerufen, das, was er sein kann, zu verwirklichen. Der Mensch wird in seine eigenen Möglichkeiten gerufen. Und weil das Gewissen nichts über die Welt aussagt, kann Heidegger weiterschreiben:

> „Das Gewissen redet einzig und ständig im Modus des Schweigens. *So verliert es nicht nur nichts an Vernehmlichkeit, sondern zwingt das an- und aufgerufene Dasein [den Menschen; K.S.] in die Verschwiegenheit seiner selbst. Das Fehlen einer wörtlichen Formulierung des im Ruf Gerufenen schiebt das Phänomen nicht in die Unbestimmtheit einer geheimnisvollen Stimme, sondern zeigt nur an, daß das Verstehen des ‚Gerufenen‘ sich nicht an die Erwartung einer Mitteilung und dergleichen klammern darf.*
> *Was der Ruf erschließt, ist trotzdem eindeutig, mag er auch im einzelnen Dasein [im einzelnen Menschen; K.S.] gemäß seiner Verstehensmöglichkeiten eine verschiedene Auslegung erfahren.“ (Heidegger, 1993, 273f.)*

Der Ruf des Gewissens äußert sich im Schweigen, weil es nichts über die faktischen Gegebenheiten in der Welt aussagt. Das Gewissen als Stimme äußert sich also nicht lautlich. Dennoch handelt es sich nach Heidegger um eine eindeutige Mitteilung. Der Mensch, der sich in der Alltäglichkeit verloren hat, wird derart durch die innere Stimme gerufen, dass diese Alltäglichkeit an Bedeutung verliert und der Mensch vor seine eigentlichen Seinsmöglichkeiten gestellt wird. Obgleich dieser Ruf eindeutig ist, wird er vom Gerufenen je nach den Möglichkeiten seines Verstehens ausgelegt.

Auf die Frage, wer denn der Rufer sei, antwortet Heidegger, es zeichne diesen Rufer gerade aus, dass er unbestimmt, unbekannt, im Verborgenen ist. Weder möchte er es so verstanden wissen, dass der Mensch selbst dieser Rufer ist, noch sieht er darin einen Gottesbeweis. Obwohl Heidegger einer theologischen Interpretation des Gewissens eine Absage erteilt, ist es doch auffällig, wie nahe die §§ 54-57 von „Sein und Zeit" dem christlichen Sprachgebrauch sind.

Als Christ kann Heideggers Ausführungen durchaus zugestimmt werden, wobei zumindest die Möglichkeit offengelassen werden muss, dass dieser schweigende Rufer Gott im Verborgenen ist. Im verborgenen Schweigen sieht Gott uns als die an, die wir sein können, und ruft uns dazu auf, dieses Seinkönnen zu verwirklichen. Daraus darf nicht der Eindruck entstehen, der Ruf Gottes habe einzig den Zweck, die Seinsmöglichkeiten des Gerufenen zu vergrößern. Gott ruft die Menschen immer für andere; im Fall des reichen Jünglings zum Beispiel für die Armen, im Fall der Propheten für das Volk Israel. Mit anderen Worten: Gott ruft in die Pro-Existenz. In ihr liegt das eigentliche Menschsein.

Dieser Ruf wird als ein unbedingter Anspruch vernommen und verlangt bedingungslose Erfüllung. Dieses Verlangen ist jedoch kein Zwang, sondern lässt dem Gerufenen die Freiheit, sich diesem Ruf zu verweigern. Wenn er ihm folgt, geschieht das aus einer Selbstverpflichtung heraus, die die Aufgabe mit allen Risiken und der Möglichkeit des Scheiterns annimmt.

Um das Gesagte an einem Beispiel zu verdeutlichen: Über den Glauben an Gott wird manchmal gesagt, dass er dem Gläubigen inneren Frieden oder innere Ruhe verschafft. Als Folge des Glaubens kann das durchaus akzeptiert werden, aber nicht als sein letzter Zweck. Wer Glaube verzwecken und damit funktionalisieren will, wer den Glauben nur um etwas anderes willen lebt, hat den Ruf Gottes als unbedingten nicht vernommen, der dazu aufruft, in seinen Seinsmöglichkeiten seine Pro-Existenz für jene zu leben, zu denen er gerufen ist. In unserer Zeit ertönt dieser

Ruf sehr häufig als Schrei der Leidenden, Hungernden und Unterdrückten. Wer diesen unbedingten Ruf Gottes vernommen hat, knüpft an die Erfüllung keine Bedingungen mehr, sondern sieht sich aufgefordert, hier und jetzt dem Ruf zu folgen, auch um den Preis, eigene Bedürfnisse oder Wünsche hintanzustellen.

Mir ist bewusst, dass diese Thesen auch problematisch gedeutet werden können, denkt man zum Beispiel an die Ausübung von Gewalt im Namen eines unbedingt fordernden Gottes oder an Menschen, die im unterwürfigen Gehorsam sich selbst aufgeben. Dazu verweise ich an dieser Stelle vor allem auf den späteren Abschnitt „Gehorchen“.

Wodurch rechtfertigt sich aber die Annahme, dass dieser Rufer Gott ist? Ist Gott nicht einfach eine unnötige Prämisse, die noch dazu für sehr viel Unterdrückung gesorgt hat? Das sind alles sehr wichtige Fragen, deren Tragweite und Bedeutung nicht geleugnet werden sollen. In diesem Buch können sie allerdings nicht weiter erörtert werden. Vielmehr ist das christliche Glauben jener Verständnisrahmen, in dem ich meine eigene Geschichte deute und auslege und von dem ausgehend ich theologisch reflektiere. Es ist damit auch klar, dass einzelne Erlebnisse – wie das eingangs erzählte – keinen Beweis- oder Begründungsanspruch stellen (können). Dass Gott ruft, wird nicht bewiesen, sondern das Erlebnis wird von mir so verstanden, so ausgelegt.

Insofern Gott ein Gegenüber des Menschen ist, eignet jeder Berufung ein passivisches Moment. Es meldet sich eine Stimme, eine Gewissheit, eine Erkenntnis, die nicht von mir gemacht wird, aber für mich relevant, bedeutungsvoll wird und meine bisherige, alltägliche Existenz in ihrer Bedeutung in Frage stellt. Selbst jene, die aus ihrem Verständnis von Berufung Gott entfernen und ausschließlich auf die innere Stimme hören wollen, sehen in dieser Stimme etwas, was sich außerhalb unseres Willens kundgibt. So auch im christlichen Verständnis: Gott meldet sich außerhalb unseres Willens, manchmal auch gegen unseren Willen. Dabei gibt es auch ein aktives Moment, das nicht nur darin besteht, dass der

Mensch seine Berufung annimmt. Vielmehr muss er diese konkret auslegen, verwirklichen und leben. Auch der Widerstand gegen eine Berufung ist ein solches aktives Moment und kann verschiedene Formen annehmen. Viele biblische Berufungserzählungen erwähnen solche Widerstände: Amos möchte sich nicht „Prophet" nennen lassen; Jeremia empfindet sich als zu jung für seine Aufgabe; Jona läuft vor Gott davon; Maria kann zunächst nicht glauben, dass sie schwanger ist; die Frauen, die das leere Grab entdecken, schweigen vor Schrecken und Entsetzen.

Daher schreibt der tschechische Theologe und Priester Tomáš Halík in seinem Buch „Geduld mit Gott":

> *„Der Glaube an* den lebendigen Gott *hat die Gestalt eines Dialoges, in dem auch für Protestschreie Raum ist – manchmal lernt der Mensch erst durch viele Krisen und langes Suchen dem Geheimnis Auge in Auge gegenüber zu treten, die eigenen Zweifel zu ertragen und schließlich Gott die Freiheit zuzuerkennen, wahrer Gott zu sein, der sich oft vom ‚Gott unserer Träume' radikal unterscheidet." (Halík, 2016, 140)*

Das Glauben und die Berufung sind ein Dialogprozess mit Gott, in dem Menschen auf Gottes Wort hören und ihm antworten. Es ist der Weg der Auseinandersetzung mit Gott. Unser Antworten besteht nicht einfach im Jasagen. Gott will keine einfachen Jasager. Er ist bereit, sich mit den Widerständen des Menschen auseinanderzusetzen. Ich werde später daher auch von einem diskursiven Gehorsamsverständnis sprechen. Abraham, Mose und die Syrophönizierin sind nur drei Beispiele dafür. Und er ist bereit, von seinen ursprünglichen Vorhaben abzurücken, wenn Menschen sich mit ihm auseinandersetzen. In diesem Dialogprozess gibt es keine einfachen Antworten. Vielmehr sind wir weiterhin Fragende, Suchende.

> *„Erst wenn Fragen und Antworten einander begegnen, bekommen unsere Aussagen ihren wirklichen Sinn und ihre Lebensdynamik zurück: die Wahrheit* geschieht *im Dialog. Die Antworten sind oft in Versuchung, den Prozess unserer Suche abzuschließen, als ob der Gesprächsgegenstand ein Problem gewesen wäre, das schon gelöst worden ist. Aber mit einer nächsten Frage schimmert erneut die unerschöpfliche Tiefe des* Geheimnisses *durch. […]*
> *In unserer Zeit werden wir die Nähe Christi vielleicht am wirksamsten anbieten, wenn wir, seine Jünger, uns selbst zu* Suchenden und Fragenden machen, zusammen mit jenen, die fragen.“ *(Halík, 2016, 26f.)*

Die Wahrheit des christlichen Glaubens ist nicht in der menschlich immer gleichen erstarrten Antwort zu finden, sondern im suchenden Dialog mit Gott, der als der uns Rufende die erste Stelle einnimmt (Kapitel 2). Wenn auch wir uns wieder auf die Suche machen, die festen Bastionen, in die wir uns als Kirche eingemauert haben, aufbrechen, die lieb gewordenen Gewohnheiten loslassen, treffen wir auf unserem Weg all jene Menschen, die ebenso auf der Suche sind. So finden wir jene Menschen, die ihren Weg verloren haben (Kapitel 3).

Lobpreis an die Macht Gottes

In Anlehnung an das Danklied der Hanna (1 Sam 2,1-10)
Geschrieben im September 2008

Dem Herrn gehören die Pfeiler der Erde;
auf sie hat er den Erdkreis gegründet.

Gerechter Gott!
Mein Herz ist voll Freude über den Herrn,
erhöht ist meine Macht durch den Herrn.
Weit öffnet sich mein Mund gegen meine Feinde,
denn ich freue mich über deine Hilfe.
Du lässt Gerechtigkeit walten
und liebst mich und auch jene, die mich nicht lieben.

Dem Herrn gehören die Pfeiler der Erde;
auf sie hat er den Erdkreis gegründet.

Heiligster Herr!
Keiner ist heilig wie der Herr;
denn außer dir ist keiner.
Vieles ist mir heilig, grenze ich ab gegen Missbrauch.
In vielem suche ich Halt und verteidige es gegen Angriffe.
Aber:
Keiner ist ein Fels wie unser Gott.
Lasst euer großes Rühmen und Trotzen,
kein freches Reden komme aus eurem Mund;
denn der Herr ist ein Gott, der es merkt,
und von ihm werden die Taten geprüft.

Dem Herrn gehören die Pfeiler der Erde;
auf sie hat er den Erdkreis gegründet.

Richtender Gott!
Ja, du prüfst meine Taten und richtest, was krumm ist.
Der Bogen der Starken ist zerbrochen.
Die Schwachen aber sind umgürtet mit Stärke.
Die Satten verdingen sich um Brot.
Doch die Hungrigen hungern nicht mehr.
Die Unfruchtbare bekommt sieben Kinder,
doch die Kinderreiche welkt dahin.
Bei dir, Herr, sind selig die Armen und Schwachen,
die Kranken und Leidenden,
die Gedemütigten und Verstoßenen.

Dem Herrn gehören die Pfeiler der Erde;
auf sie hat er den Erdkreis gegründet.

Mächtiger Herr!
Denn dir ist alle Macht gegeben –
auf Erden und in den Himmeln.
Der Herr tötet und macht lebendig,
er führt zum Totenreich hinab und führt auch herauf.
Der Herr macht arm und macht reich,
er erniedrigt und er erhöht.
Den Schwachen hebt er empor aus dem Staub
und erhöht den Armen, der im Schmutz liegt;
er gibt ihm einen Sitz bei den Edlen,
einen Ehrenplatz weist er ihm zu.

Dem Herrn gehören die Pfeiler der Erde;
auf sie hat er den Erdkreis gegründet.

Ja, dem Herrn gehören die Pfeiler der Erde;
auf sie hat er den Erdkreis gegründet.

Dem Herrn gehören die Pfeiler der Erde;
auf sie hat er den Erdkreis gegründet.

Er behütet die Schritte der Frommen,
doch die Frevler verstummen in der Finsternis;
denn viel Macht hilft doch niemanden.

Dem Herrn gehören die Pfeiler der Erde;
auf sie hat er den Erdkreis gegründet.

Gott in den Himmeln!
Alles erfüllst du mit deiner Macht,
alles ist dir unterworfen,
alles richtest du nach deiner liebenden Gerechtigkeit.
Die, die du erwählst, lässt du den Thron besteigen
und salbst ihr Haupt.
Wer gegen den Herrn streitet, wird zerbrechen;
über ihn lässt er es donnern am Himmel.
Der Herr hält Gericht bis an die Grenzen der Erde.

Dem Herrn gehören die Pfeiler der Erde;
auf sie hat er den Erdkreis gegründet.

Vater Jesu Christi!
In deinem Sohn ist deine liebende Gerechtigkeit auf Erden
Wirklichkeit geworden.
Seinem König gebe er Kraft
und erhöhe die Macht seines Gesalbten.
Deine liebende Gerechtigkeit ist heute im Geist noch gegenwärtig.

Amen?

Kapitel 2

Der verborgene Gott

Aus dem Anfang wird deutlich: Der verborgene Gott ist immer noch der anwesende Gott. In seiner Verborgenheit ist er immer noch anwesend. Gott in der Verborgenheit – davon soll nun die Rede sein. Dazu werfe ich zuerst einen Blick in das sechste Kapitel des Matthäusevangeliums, um von da aus das gesamte Evangelium unter der Perspektive der Verborgenheit zu durchsuchen. Es wird sich zeigen, dass die Erfahrung der Verborgenheit verbunden wird mit dem Erleben von Dunkelheit und Finsternis. In die Finsternis geworfen leben die selbstsicheren, aber auch die risikoscheuen Jünger und Jüngerinnen in der äußersten Gottferne. Sie drohen verloren zu gehen.

Lesen wir aber zunächst den Bibeltext, in dem die Dienerinnen und Diener, die Knechte und Mägde des Glaubens aufgefordert werden, ihre guten Taten zu verbergen und nicht hinauszuposaunen. Sie sollen eine Spiritualität des Verbergens leben.

„Hütet euch, eure Gerechtigkeit vor den Menschen zu tun, um von ihnen gesehen zu werden; sonst habt ihr keinen Lohn von eurem Vater im Himmel zu erwarten.
Wenn du Almosen gibst, posaune es nicht vor dir her, wie es die Heuchler in den Synagogen und auf den Gassen tun, um von den Leuten gelobt zu werden! Amen, ich sage euch: Sie haben ihren Lohn bereits erhalten. Wenn du Almosen gibst, soll deine linke Hand nicht wissen, was deine rechte tut, damit dein Almosen im Verborgenen bleibt; und dein Vater, der auch das Verborgene sieht, wird es dir vergelten.
Wenn ihr betet, macht es nicht wie die Heuchler! Sie stellen sich beim Gebet gern in die Synagogen und an die Straßenecken, damit sie von den Leuten gesehen werden. Amen, ich sage euch: Sie haben ihren Lohn bereits erhalten. Du aber, wenn du betest, geh in

deine Kammer, schließ die Tür zu; dann bete zu deinem Vater, der im Verborgenen ist! Dein Vater, der auch das Verborgene sieht, wird es dir vergelten. Wenn ihr betet, sollt ihr nicht plappern wie die Heiden, die meinen, sie werden nur erhört, wenn sie viele Worte machen. Macht es nicht wie sie; denn euer Vater weiß, was ihr braucht, noch ehe ihr ihn bittet. […]
Wenn ihr fastet, macht kein finsteres Gesicht wie die Heuchler! Sie geben sich ein trübseliges Aussehen, damit die Leute merken, dass sie fasten. Amen, ich sage euch: Sie haben ihren Lohn bereits erhalten. Du aber, wenn du fastest, salbe dein Haupt und wasche dein Gesicht, damit die Leute nicht merken, dass du fastest, sondern nur dein Vater, der im Verborgenen ist; und dein Vater, der das Verborgene sieht, wird es dir vergelten.“ (Mt 6,1-8.16-18)

In der Verborgenheit

Der gerade gelesene Text findet sich in der sogenannten Bergpredigt (Mt 5,1-7,29), einer Rede Jesu, die er auf einem Berg an seine Jünger richtet. Im Rahmen dieser Predigt spricht Jesus auch über besondere Kennzeichen jüdisch-christlicher Spiritualität: das Almosengeben, das Beten und das Fasten (Mt 6). Fazit Jesu ist: *Posaune deine guten Werke nicht hinaus, sondern halte sie im Verborgenen* (griech. *krýptein* bzw. *kryptós*), *denn Gott, der im Verborgenen ist und das Verborgene sieht, wird es dir vergelten!* Spannen wir aber zunächst den Kontext auf: Nach den Kindheitserzählungen, der Taufe, der Versuchung Jesu und der Berufung der ersten Jünger liefert Matthäus einen Grundsatzbericht über das Tun Jesu: Jesus zieht in Galiläa umher, lehrt das Evangelium und heilt alle Gebrechen (Mt 4,23). Die Überschrift seiner Botschaft lautet:

„Kehrt um! Denn das Himmelreich ist nahe.“ (Mt 4,17)

Viele Menschen folgen Jesus, um zu hören, was er zu sagen hat. Von überall her sind sie gekommen, auch Heiden aus der Dekapolis. Als er diese Menge sieht, entschließt er sich, auf *den* Berg zu gehen. Es wird hier kein spezieller Berg genannt, aber es ist auch nicht irgendein Berg; es geht nicht um einen realen Berg, sondern um den Berg als Ort der Gottesbegegnung, den Berg als Ort, an dem Gott sein Gesetz erlässt. Was wir jetzt hören werden, ist das Gesetz Gottes, welches aber kein neues Gesetz ist, sondern die Erfüllung des alten Gesetzes (Mt 5,17-20). Jesus möchte die Menschen neu ausrichten auf das Himmelreich als eine lebendige Gottesbeziehung.

Das Gesetz Gottes garantiert die Gerechtigkeit und Gerechtigkeit ist das, worum es Jesus geht. Obwohl Jesus klar betont, dass es nicht um ein neues Gesetz geht, das das alte außer Kraft setzt, kontrastiert er dennoch scharf zwischen der Gerechtigkeit der Pharisäer und Schriftgelehrten auf der einen Seite und einer größeren Gerechtigkeit auf der anderen. Um mit den Worten des Apostels Paulus zu sprechen: Jesus möchte in den Jüngern einen erneuerten Geist für den Willen Gottes entfachen, der sich nicht stur an den Buchstaben des Gesetzes ausrichtet. Er möchte nicht das alte Gesetz aufheben, sondern einen neuen Geist, der eine erneute Motivation, eine erneute Ausrichtung und eine erneute Haltung bringt, das Gesetz zu erfüllen.

Vergleichen wir die Gerechtigkeit des Gesetzes mit einer Waage, wie sie ja auch in der römischen Göttin Justitia versinnbildlicht ist. Der Gesetzestreue hält die Waage im Gleichgewicht, der Gesetzesbrecher legt in eine Waagschale etwas hinein, sodass die Waage ins Ungleichgewicht kommt. Um das Gleichgewicht wiederherzustellen, muss auch in die andere Waagschale etwas gelegt werden. Diese Funktion hat die Strafe, wodurch Gerechtigkeit wiederhergestellt wird. Das ist jene Gerechtigkeit, die Jesus als die Gerechtigkeit der Pharisäer und Schriftgelehrten kritisiert, weil das Gesetz Gottes mit dem Geist der ausgeglichenen Waage verstanden wird.

Das ist aber nicht jener Geist, den Jesus im Sinn hat. Weil das Himmelreich nahe ist, zielt er auf eine höhere Gerechtigkeit, die sich nicht mehr an der Waage orientiert, sondern an der Beziehung des Menschen zu Gott. Der Geist der höheren Gerechtigkeit ist das Ausgerichtetsein auf Gott, ist ein Sich-Einlassen auf die Beziehung mit Gott. Wir dürfen jedoch nicht meinen, dass sich die Pharisäer und Schriftgelehrten, die sehr ernsthafte, religiöse Menschen waren und sich um ein gottgefälliges Leben bemühten, nicht auf Gott einließen. Sie waren gottesfürchtige Menschen und dieser Gegensatz, den Matthäus hier beschreibt, ist sicherlich eine Polemik gegen jene jüdischen Gruppierungen, die die Christen aus der Synagoge ausgeschlossen haben.

Schieben wir diese Polemik beiseite, so stellt sich die Forderung Jesu so dar, dass auf der einen Seite das Gesetz Gottes mit dem Geist der ausgeglichenen Waage befolgt werden kann – eine Denkweise, die ja auch unter Christen weit verbreitet ist – und auf der anderen Seite mit dem Geist der sich einlassenden Beziehung zu Gott. Letzteres hat nämlich zumindest zwei Konsequenzen: Zum einen dass nicht nur jene Bereiche unter die Gerechtigkeit fallen, die zu einem Gesetz verschriftlicht werden können, sondern dass auch die innere Haltung ein wesentliches Moment der Gerechtigkeit ist. So ist nach Jesus zum Beispiel nicht erst der vollzogene Ehebruch, der gerichtlich bewiesen werden kann, ein Unrecht, sondern auch schon das Begehren einer anderen Frau, welches als innerliches Geschehnis nicht mehr gerichtlich verfolgbar ist. Es gilt in diesem Fall also der Grundsatz: Das Übel soll schon in seinem frühen Entstehen verhindert werden. Zum anderen gibt diese höhere Gerechtigkeit mehr, als verlangt wird, sodass nicht mehr die ausgeglichene Waage angezielt wird, sondern das Übel aufgelöst werden soll. Als Beispiel kann die Forderung Jesu dienen, zwei Meilen mit jemandem zu gehen, der einen zwingt, eine Meile miteinander zu laufen. Dadurch wird der Zwang aufgehoben: Wer freiwillig mit jemandem zwei Meilen geht, kann gar nicht mehr zu einer Meile gezwungen werden. Es gilt in diesem Fall also der Grundsatz: Wer aus Freiheit mehr gibt, der löst das Übel auf.

Beide Konsequenzen zeigen ganz deutlich, dass es Jesus nicht um juristische Nachprüfbarkeit geht, die nur durch äußerliche Beweise fundiert werden kann. Vielmehr möchte er eine Ausrichtung der Haltung der Menschen, eine Hinordnung auf Gott. Jesus spricht hier den Zusammenhang zwischen Innerlichkeit und Äußerlichkeit an, über den ich schon in der Einleitung gesprochen habe. Er will der Verkürzung des Glaubens auf bloße Äußerlichkeiten die höhere Gerechtigkeit der Innerlichkeit entgegenhalten, die zu einem neuen Verhalten im Außen führt.

Heißt das nun, dass Jesus so vielleicht doch etwas Neues bringt? Vielleicht kein neues Gesetz, aber eine neue Zugangsweise zum Gesetz? Nein, auch das nicht, denn schon das Alte Testament orientiert sich nicht an der ausgeglichenen Waage, sondern an der Hinordnung auf Gott. Die Sprichwörter sagen beispielsweise:

> *„Sag nicht: Ich will das Böse vergelten. Vertrau auf den HERRN, er wird dir helfen!“* (Spr 20,22)

Wer Böses vergelten möchte, orientiert sich am Bild der ausgeglichenen Waage; wer das aber Gott überlässt, rechnet mit einer höheren Gerechtigkeit. Der Autor der Sprüche will den Leser und die Leserin auf Gott hin ausrichten. Jesus bringt also nichts Neues, wenn er dasselbe Anliegen hat. Er möchte zur Orientierung an einer höheren Gerechtigkeit motivieren und klar die Herausforderungen benennen.

Kehren wir zum Gang Jesu auf den Berg zurück. Zunächst könnte man meinen, Jesus wählt den Berg, damit er besser zu den Leuten sprechen kann. Darum geht es aber keineswegs. Denn oben angekommen, setzt sich Jesus hin. Danach treten die Jünger heran und bleiben stehen. Die Position des Volkes bleibt unerwähnt. Die Sitzposition Jesu ist also relativ unpraktisch, wenn er im Sitzen, umringt von stehenden Jüngern, zum Volk reden wollen würde. Es geht bei der Bergpredigt also nicht um eine Verkündigung an das Volk, sondern an die Jünger. Diese lehrt Jesus wie ein jüdischer Rabbi – im Sitzen. Die Bergpredigt ist also für seine Jünger bestimmt, für jene, die sich schon entschlossen haben, ihm nachzufolgen. Es ist daher keine Werbebotschaft Jesu, um neue Jünger zu rekrutieren, sondern eine Trost- und Lehrrede für jene, die sich ihm schon angeschlossen haben. Schließlich wäre es wohl eine schlechte Werberede gewesen, denn am Ende wird die Reaktion der Volksmenge als Erstaunen bzw. Erschrecken beschrieben. Jene, die noch unentschlossen sind, sind bloß Zaungäste dieser Botschaft, aber nicht die eigentlichen Adressaten. Es ist damit klar, dass von den Jüngern Jesu – bis heute – die höhere Gerechtigkeit gefordert wird. Konkrete Beispiele liefern die sechs Thesen und Gegenthesen (Mt 5,21-48) und dann die besagte Stelle über Beten, Fasten und Almosengeben. (Die Bezeichnung als „Antithesen" in der Bibelwissenschaft oder als „Die neuen Thesen" in der revidierten Einheitsübersetzung halte ich theologisch für problematisch, da Jesus sich weder gegen jüdische Vorschriften stellen noch neue Gesetze bringen will.)

Der Geist der höheren Gerechtigkeit ist der Geist der Innerlichkeit. Das meint, unser Handeln soll nicht an Äußerlichkeiten wie der Anerkennung durch Menschen oder juristischen Gesetzen gemessen werden, sondern ganz und gar an unserer Beziehung zu Gott. Diese Beziehung bleibt den anderen Menschen verborgen. Die wahre Spiritualität wird nicht durch äußerliche Gesetzlichkeiten, gesellschaftliche Konventionen oder religiöse Bestimmungen festgelegt, sondern durch das völlige Sich-Einlassen auf Gott, welches ein Sich-Einlassen im Verborgenen ist. Und Gott, der im Verborgenen ist, wird dies (an)erkennen.

Damit bin ich bei der eingangs zitierten Bibelstelle angelangt: Die darin beschriebenen drei Formen der Spiritualität, die sowohl unter Juden wie auch unter Christen eine hohe Bedeutung einnehmen, umfassen den Menschen in seiner Dreidimensionalität, nämlich in der Menschen- (Almosen geben), Gottes- (beten) und Selbstbeziehung (fasten). Im Zentrum steht die Gottesbeziehung, von der her die Menschen- und Selbstbeziehung gelebt werden soll. Aber auch der gesamte Abschnitt steht in einem Zentrum, nämlich dem der Bergpredigt. Mit dieser zentralen Stelle möchte der Autor die besondere Bedeutung des Gesagten unterstreichen. Im Zentrum, im Mittelpunkt unseres Glaubens steht Gott, der das Verborgene sieht, nicht das öffentliche Präsentieren der eigenen Frömmigkeit und nicht die menschliche Anerkennung. Darin liegt die höhere Gerechtigkeit, die dieser biblische Abschnitt nochmals thematisiert.

Das *Almosengeben* betrifft die Dimension der Beziehung zu anderen Menschen. Hier hat gerade jener Vorrang, der benachteiligt ist. Wenn wir das auf heute übertragen, so kann das nicht mehr besagen, menschliche Not durch Geld- oder Sachleistungen zu verbessern. Es muss prinzipieller verstanden werden: Menschen in Not sollen insgesamt Vorrang vor jenen haben, die nicht in Not sind. Aus ihrer Perspektive soll die Welt gesehen und gestaltet werden. Die katholische Soziallehre spricht von der vorrangigen Option für die Armen und Schwachen. Wenn ich nach dieser Option handle, fordert Jesus in aller Radikalität, dass meine Linke nicht wissen soll, was meine Rechte tut. *Tu Gutes und verschweig es!* So könnte der Imperativ lauten. Denn es geht nicht um die Anerkennung unter Menschen, sondern einzig um die Anerkennung durch Gott. Wer Gutes tut, dem muss diese Tat selbst schon Befriedigung sein, und er soll nicht noch zusätzlich Anerkennung von den Menschen fordern. Wird die gute Tat äußerlich bekannt, ist das der Nährboden für Selbstbeweihräucherung und Stolz, und somit der Nährboden für Sünde.

Das *Beten* betrifft die Dimension der Beziehung zu Gott. Vorrang in der Gottesbeziehung hat das Gebet, d. h. das Gespräch mit Gott, wobei dieses kein Plappern sein soll. Vorrang hat das ernst gemeinte Gebet, das Gebet, welches das zur Sprache bringt, was mich betrifft. Um es noch genauer zu sagen: Vom griechischen Wort für Beten her, *proseúchomai*, hat das Bittgebet gegenüber anderen Gebetsformen den Vorrang. Auch in dieser Beziehung kann ich mir nochmals die Anerkennung durch die Menschen sichern, indem ich in äußerlich-ritualistischer Weise meine Gebete an Gott vor den Menschen laut hinausposaune, die dann loben, welch gottgefälliges Leben ich führe. Ganz anderes fordert Jesus: *Verbirg dein Bitten vor den Menschen!* Also stell dich nicht öffentlichkeitswirksam in die Synagogen (Kirchen) und an die Straßenecken, sondern geh in deine Vorratskammer, in die Kammer, die im Haus versteckt und straßenseitig nicht einsehbar ist. Gott ist im Verborgenen, also verbirg dich, wenn du Gott nahe sein willst.

Selbstverständlich ist das gemeinsame Gebet (im Gottesdienst) nicht ausgeschlossen. Ausschließen möchte Jesus mit seiner radikalen Ansage aber, dass wir beten, um menschengefällig zu sein. Lukas formuliert so, dass wir nicht von unserer eigenen Gerechtigkeit überzeugt sein, sondern uns demütig zum Himmel erheben sollen (Lk 18,9-14). Das ist durch das Gemeindegebet nicht ausgeschlossen, welches als Zentralgestalt das Bittgebet hat. Das Bittgebet ist jedoch nicht der Grund für die Gabe Gottes. Vielmehr ist die Gabe Gottes Ermöglichungsgrund für das Bittgebet. Durch das aufrichtige Bittgebet wird der Mensch erst offen dafür, die Gabe Gottes als solche, also als Gabe und Geschenk, wahrzunehmen. Im Bittgebet wissen wir, dass nicht alles in unserer Macht steht, dass wir Empfangende sind. Für dieses Empfangen macht uns das Bittgebet offen und erst in diesem Bewusstsein können wir etwas als Geschenk und Gnade empfangen.

Das *Fasten* betrifft die Dimension der Beziehung zu sich selbst. Fasten meint, sich selbst Essen und Trinken vorzuenthalten. Es geht hier um menschliche Grundbedürfnisse, die das (irdische) Leben des Menschen erhalten. Wer sich ganz auf Gott einlässt, der wird sich auch auf die Relativität des irdischen Lebens einlassen und darüber hinaus nach einer größeren Gerechtigkeit streben, d. h. nach dem ewigen Leben, der ewigen Gottesnähe, dem Himmelreich. Daher kann er sich im irdischen Leben auch enthalten; er kann loslassen. Er kann sich auch bei seinen basalen Grundbedürfnissen zurücknehmen, wenn es die Verwirklichung der höheren Gerechtigkeit erfordert. Jedoch gibt es da keinen Grund, ein düsteres

Gesicht zu machen. Der Mensch, der sich auf dem Weg zur Gottesnähe befindet und sich daher einschränkt, hat wohl Grund genug zur Freude. Daher können wir ruhig unser Haar salben und unser Gesicht waschen. Wir können fröhlich sein und unser Fasten vor den Menschen verbergen, denn Gott, der im Verborgenen ist, wird es (an)erkennen.

Diese Anforderungen Jesu entsprechen so gar nicht unserem Zeitgeist. Wir wollen für alles, was wir geben, auch etwas nehmen – im gleichen Ausmaß – und wir stellen die Forderung auf, dass die, die nehmen, auch geben sollen. In einer idealen Welt wäre das vielleicht so. Und dieser Idealismus ist sicherlich auch dem Christentum inhärent. Jedoch ist das Christentum nicht blind vor der Realität, die Ausbeutung, Unterdrückung und mehr Nehmen als freies Geben beinhaltet. In unserer realen Welt braucht es Menschen, die frei heraus mehr geben als nehmen und sich mehr Lasten aufbürden, damit andere nicht so schwer tragen müssen. Es braucht Menschen, die bereit sind, etwas auszugleichen, was andere ins Ungleichgewicht gebracht haben.

Mir ist bewusst, dass diese Sätze auch als Aufforderung zur Selbstausbeutung missverstanden werden können. Jesus fordert aber keine Selbstausbeutung, sondern Hingabe für eine bessere Welt. Selbstausbeutung ist eine Form von Ausbeutung und in der Welt, die den Christen vorschwebt, hat Ausbeutung keinen Platz. Hingabe für andere darf nicht zum Selbstopfer mit überzogenem messianischem Größenwahn werden. Ich muss immer noch ich bleiben; ansonsten habe ich alles verloren, was ich hingeben kann – mich selbst.

In diesem kurzen Textabschnitt wird klar, dass Gott nicht in der äußeren Anerkennung durch andere Menschen zu finden ist, sondern in der Innerlichkeit, d. h. in der Verborgenheit. Das Verborgenhalten, zu dem Jesus uns aufruft, ist die Garantie dafür, dass es mir nicht um die Anerkennung durch Menschen geht. Selbstredend ist das nicht mit Leichtigkeit zu erreichen. Haben Sie selbst schon einmal versucht, etwas Gutes zu tun, es niemandem erzählt und es auch niemandem erzählt, dass Sie es niemandem erzählen?

In der kirchlichen Praxis zeigt sich oft anderes. Im Jahr 2011 wurde von der Europäischen Union das Jahr der Freiwilligenarbeit ausgerufen und von der Kirche das Ehrenamt zum Schwerpunkt gemacht. Damals konnte ich mich des Eindrucks nicht erwehren, dass es vor allem darum ging, wie man Ehrenamtliche zur Stützung zusammenbrechender kirchlicher Strukturen erhalten bzw. heranziehen kann, besonders deshalb, weil sie ja die finanziellen Ressourcen nicht belasten. Ging es um die Ehrenamtlichen als Menschen oder eher um ihre Instrumentalisierung? Ja, man sprach von einer neuen Dankeskultur, um ihnen gegenüber mehr Wertschätzung zum Ausdruck zu bringen. Aber handeln wir dann noch im Sinne Jesu, der eine Spiritualität der Verborgenheit fordert? Sind die vielen Dankesbekundungen, die bis hin zu Titel- und Ordensverleihungen gehen, wirklich im Geiste Jesu? Stellen wir damit nicht auch ein unchristliches Leistungsprinzip in den Mittelpunkt, das dem Menschen erst Wert zuspricht und öffentliche Aufmerksamkeit schenkt, wenn er gebraucht wird und etwas leistet? Was ist mit jenen, die nichts mehr leisten können oder die nichts leisten wollen, sondern einfach nur da sind? Mit jenen „Störenfrieden", die uns in ihrer Leistungsunfähigkeit oder -unwilligkeit auf die Nerven gehen? Hat man diesen schon einmal einen Orden verliehen?

Viele Jahre nach diesem Schwerpunktjahr ist die Situation noch dramatischer geworden: Mittlerweile ist ganz deutlich, dass nicht mehr nur jene die Kirche verlassen, die man im Allgemeinen despektierlich als „Taufscheinchristen" bezeichnet, sondern auch langjährige engagierte Ehrenamtliche. Sie kehren der Kirche den Rücken, weil die Stellung der Frau, die Bewertung von Homosexualität, der Umgang mit sexualisierter Gewalt und vieles mehr immer unerträglicher werden. Um die emotionale Lage dieser Gläubigen zu beschreiben, passt eine neue Wortkreation, die während der Coronapandemie geschaffen wurde: Die Christen sind „mütend", eine Mischung aus müde und wütend. Der aktuelle Papst hat insofern etwas Neues gebracht, indem er vor den Bischofssynoden Umfragen unter den Katholiken veranlasst hat. Konkrete Veränderung hat das aber nicht bewirkt. Und so manövriert das Kirchenschiff immer mehr in den Strudel der eigenen machtversessenen Ohnmacht und des lähmenden Aktivismus. Der Untergang des alten kirchlichen Systems wird immer spürbarer. Eine neue Kultur des Dankes und Zur-Schau-Stellens wird das nicht ändern, denn sie kann die Tiefe christlicher Spiritualität nicht vermitteln. Der Mensch wird so in seinem Innersten nicht von der Botschaft Jesu ergriffen.

Verborgenheit und Finsternis

Im folgenden Abschnitt möchte ich das bisher zum sechsten Kapitel des Matthäusevangeliums Gesagte in Beziehung zum restlichen Evangelium setzen. Dabei werden wir auf die Finsternis und ihren vielfältigen Bezug zur Verborgenheit stoßen. Beide Metaphern sollen in ihrer Mehrdeutigkeit dargestellt werden, ohne jedoch eine Systematik zu entwerfen. Am Ende werde ich noch einen ganz kurzen Blick über das Evangelium hinaus werfen.

Finsternis als sorgenvoller Blick in die Welt

Unmittelbar nach der gerade besprochenen Textstelle folgt das sogenannte „Sorgenevangelium“ (Mt 6,19-34). In der Einheitsübersetzung wird dieser Abschnitt mit „Von der rechten Sorge“ übertitelt. Dieser Titel gibt die Intention des Textes meines Erachtens nicht richtig wieder. Matthäus möchte nicht auf die *rechte* Sorge hinweisen, sondern darauf, sich *keine* Sorgen mehr darüber zu machen (V. 31), ob wir auch auf dieser Welt unsere Grundbedürfnisse wie Nahrung oder Kleidung stillen können. Die Sorge ist keine Haltung, wenn es um das Himmelreich geht. Jesus möchte die Hörer und Hörerinnen zum Vertrauen auf Gott motivieren, denn der himmlische Vater weiß, was wir brauchen (V. 32). Gott sollen wir suchen (V. 33), er wird uns geben, was wir nötig haben. Der Text knüpft also inhaltlich auch an das Fasten an und will den Jesus Nachfolgenden sagen, dass sie auch beim Verzichten und Loslassen ausreichend von Gott versorgt werden. Zu einer Selbstausbeutung kann es unter dieser Perspektive gar nicht kommen. In diesem Sinn beginnt das „Sorgenevangelium":

> *„Sammelt euch nicht Schätze hier auf der Erde, wo Motte und Wurm sie zerstören und wo Diebe einbrechen und sie stehlen, sondern sammelt euch Schätze im Himmel, wo weder Motte noch Wurm sie zerstören und keine Diebe einbrechen und sie stehlen! Denn wo dein Schatz ist, da ist auch dein Herz." (Mt 6,19-21)*

Es wäre eine Missinterpretation, wenn wir aus dieser Stelle schließen wollten, Jesus forderte die Besitzlosigkeit oder die Verachtung alles Irdischen. Vielmehr steht das *Sammeln* im Mittelpunkt: Beim Sammeln geht es um das Behalten-Wollen. Das Gesammelte hat für den Sammler einen hohen Wert, sodass es zum Schatz wird. Und genau diese Bewertung kritisiert Jesus. Er meint vielmehr: Erkenne, dass alles Irdische nicht wert ist, dass es gesammelt wird. Es kann dein Herz nicht endgültig erfüllen. Dass das Irdische dennoch für unsere Lebensführung von Nutzen ist, wird damit nicht bestritten. Oder mit anderen Worten: Dass die Schöpfung gut ist, wird nicht bestritten; auch nicht, dass wir zum Leben Irdisches wie Nahrung und Kleidung benötigen; trotz der Gutheit und dem Gebrauchswert der Welt bleibt der Schatz auf Erden aber endlich, begrenzt, brüchig, hinfällig und vorläufig. Der irdische Schatz kann Glück bringen, aber kein endgültiges und vollkommenes; er bleibt vergänglich.

Mit der Gegenüberstellung der beiden „Sammlungen" möchte Jesus bei den Hörerinnen und Hörern die Frage provozieren, woran sie ihr Leben, ihr Herz hängen wollen: Möchten sie ihr letztes Ziel in der Endlichkeit des Irdischen oder in der Unendlichkeit des Himmlischen suchen?

Möchten sie ihr Leben auf die Unbeständigkeit oder die Beständigkeit gründen?

In den folgenden beiden Versen führt Jesus diesen Gedanken weiter, indem er eine andere Metaphorik aufgreift:

> *„Die Leuchte des Leibes ist das Auge. Wenn dein Auge gesund ist, dann wird dein ganzer Leib hell sein. Wenn aber dein Auge krank ist, dann wird dein ganzer Leib finster sein. Wenn nun das Licht in dir Finsternis ist, wie groß muss dann die Finsternis sein!" (Mt 6,22f.)*

Jesus verschränkt zwei Bilderkreise: einmal Auge – Leib und einmal Licht – Finsternis. Verbunden sind beide Paare durch die Identifikation von Auge als Leuchte des Leibes. Mit dem Leib ist wieder das Innere des Menschen angesprochen, welches vom Auge erleuchtet wird und den anderen Menschen verborgen ist. Beide Stellen – vom Schätzesammeln und vom Auge als Leuchte – stehen im Kontext der Zurückweisung der irdischen Sorge. In diesem Zusammenhang steht das Auge für die auf Gott vertrauende Haltung. Wer den Worten Gottes traut, wer Gott vertraut, dessen verborgenes Inneres wird erleuchtet und hell sein. Wer allerdings dieses Vertrauen nicht aufbringt, dessen Inneres wird finster sein und, ach, wie groß wird diese Finsternis sein? Finsternis ist hier Folge des Misstrauens Gott gegenüber. Diese Finsternis kann die Ausrichtung auf das Irdische oder die Folge dieser Ausrichtung meinen, d. h. das verzweifelte Erstreben des Glückes im Bereich endlicher Glücksbringer, die letztlich den Menschen ziellos herumirren lassen und ihn in seine letzte große Verlorenheit stürzen. Die Verlorenheit ist der Weg, der von Gott wegführt, der in die Gottferne, die Gottverlassenheit führt.

Finsternis meint hier das Innere des Menschen, das vom Auge nicht erleuchtet ist, weil es sich nicht auf Gott hin ausrichtet und ihm vertraut. In dieser Finsternis blicken wir sorgenvoll in die Welt, wo wir wohl Halt und Sicherheit finden können.

Halt und Sicherheit in der Welt zu finden scheint für jene leicht zu sein, die es sich aufgrund ihrer materiellen Mittel gut einrichten können. Aber wie steht es mit jenen, die tagtäglich um ihr Überleben kämpfen müssen, sei es aus materieller, sei es aus psychischer Not? Jesus möchte sagen: „Habt Vertrauen! Gott weiß, was ihr braucht." Ich stelle mir dann jene Menschen in ihrer bedrohten Existenz vor und ich zweifle, ob ich ihnen wirklich guten Gewissens diese Botschaft Jesu zurufen kann. Ist es angesichts ihres Überlebenskampfes nicht ein Hohn zu sagen: Gott gibt euch, was ihr braucht? Allem Anschein nach tut er es nicht.

Finsternis als Verborgenheit

Schon am Anfang der Bergpredigt greift Jesus das Bild von Licht und Leuchte auf. Diesmal ist es ausdrücklich mit dem Thema Verborgenheit verbunden.

> *„Ihr seid das Licht der Welt. Eine Stadt, die auf einem Berg liegt, kann nicht verborgen bleiben. Man zündet auch nicht eine Leuchte an und stellt sie unter den Scheffel, sondern auf den Leuchter; dann leuchtet sie allen im Haus. So soll euer Licht vor den Menschen leuchten, damit sie eure guten Taten sehen und euren Vater im Himmel preisen." (Mt 5,14-16)*

An dieser Stelle werden wieder zwei Metaphernpaare zusammengeführt: Auf der einen Seite öffentlich – verborgen, auf der anderen Licht – Finsternis, wobei das Wort „Finsternis" nicht genannt, sondern stillschweigend mit „Verborgenheit" identifiziert wird. Diese Metaphernpaare erhalten aber einen anderen Bezug als im „Sorgenevangelium". Die Leuchte meint hier nicht jenen Leuchtkörper, der das Innere des Menschen erleuchtet, sondern die Jünger und Jüngerinnen selbst, deren Strahlkraft die Welt erleuchtet. Daher scheint es beim ersten Lesen einen Widerspruch zur Anweisung zur Verborgenheit zu geben. Denn diese Sätze können so verstanden werden: Jesus gäbe die Anweisung, wir sollen unsere Taten den Menschen präsentieren, sodass das Licht, das wir sind, die Welt erleuchtet. Genau besehen wird aber nicht ausdrücklich gesagt, wer das Licht entzünden und auf den Leuchter stellen wird. Es muss erst eine Aussage Jesu hinzugenommen werden, die er im Kontext der Ermutigung zum furchtlosen Bekenntnis äußert. Sie lautet:

> *„Darum fürchtet euch nicht vor ihnen [den Verfolgern; K.S.]! Denn nichts ist verhüllt, was nicht enthüllt wird, und nichts ist verborgen, was nicht bekannt wird.“ (Mt 10,26)*

Zwar nur indirekt angesprochen, aber deutlicher als in der anderen Bibelstelle, verweist Jesus auf Gott: Er entzündet das Licht, das wir sind. Er stellt den Leuchter auf. Er wird enthüllen und bekannt machen, nicht die Jünger und Jüngerinnen selbst. Der Christ soll sein Licht, d. h. seine guten Taten, im Verborgenen halten. Gott wird das Verborgene aufdecken und ans Licht bringen, das vor den Menschen leuchten wird. Das Aufgedecktsein bzw. das Leuchten wird als endzeitliches Geschehen verstanden, das zwar nicht notwendigerweise erst am Ende geschehen muss, aber trotzdem ein endgültiges Leuchten meint. Ziel dieses Leuchtens ist es nicht, dass der Christ vor den Menschen gut dasteht, sondern vielmehr, dass Gott gepriesen wird.

Verborgenheit meint hier – wie schon im sechsten Kapitel des Evangeliums – *das, was der Öffentlichkeit unzugänglich ist.* Indem die Verborgenheit im Gegensatz zum Licht steht, kann indirekt geschlossen werden, dass die – hier nicht erwähnte – *Finsternis kein Misstrauen Gott gegenüber, sondern lediglich jenen Raum bezeichnet, der den Menschen verschlossen bzw. nur jenen offen ist, die sich im Verborgenen aufhalten und in dem die Jünger und Jüngerinnen ihre guten Taten vollbringen.*

Führen diese Gedanken die Berufenen nicht in eine große Versuchung? Ja, ich kann meine guten Taten verborgen halten, weil ich später vor allen Menschen leuchten werde. Letztlich versteckt sich darin der gleiche Narzissmus derjenigen, die nach jeder guten Tat vor den Menschen glänzen wollen, nur dass jene das Zurschaustellen aufschieben. Wie gut können wir mit der Idee leben, dass Gott möglicherweise all unsere guten Taten verborgen halten wird?

Dunkelheit als Raum der Lehre

Nun, bei Matthäus ist zu lesen: Nichts bleibt verborgen, was nicht auch enthüllt wird. Dies gilt auch für die Lehre Jesu. Das drückt Matthäus unter Verwendung des Metaphernpaares Dunkelheit – Licht im Zusammenhang mit der Ermutigung zum furchtlosen Bekenntnis folgendermaßen aus:

> *„Was ich euch im Dunkeln sage, davon redet im Licht, und was man euch ins Ohr flüstert, das verkündet auf den Dächern!“ (Mt 10,27)*

Von Verborgenheit wird zwar nicht ausdrücklich gesprochen, jedoch ist deutlich, dass die Dunkelheit hier für eine Situation spricht, in der Jesus verborgen vor der Öffentlichkeit seine Lehre weitergibt. Sie ist keine Geheimlehre, sondern muss ans Licht der Öffentlichkeit. *Dunkelheit ist an dieser Stelle wie schon zuvor kein Ort des Schreckens oder des Gottesmisstrauens, sondern ein Raum der besonderen Nähe zu Jesus als dem Rabbi und Lehrer.*

In etwas freier Assoziation kann gesagt werden: Jesus begibt sich auf einen Berg, setzt sich und wird von den Jüngern umringt. Das Volk ist Zaungast. Was nun hier, in der dunklen Verborgenheit, gelehrt wird, soll ans Licht der Öffentlichkeit. Die Jünger werden aufgefordert, Jesu Lehre von den Dächern zu rufen.

Verborgenheit als Schutzraum für den himmlischen Schatz und als Verfall von Talenten

Im dreizehnten Kapitel des Matthäusevangeliums greift Jesus nochmals die Rede vom Schatz auf und vergleicht damit das Himmelreich. Ich zitiere hier die Lutherbibel, da sie den griechischen Text treuer wiedergibt als die Einheitsübersetzung.

> *„Das Himmelreich gleicht einem Schatz, verborgen im Acker, den ein Mensch fand und verbarg; und in seiner Freude geht er hin und verkauft alles, was er hat, und kauft den Acker." (Mt 13,44 – Lutherbibel)*

Das Himmelreich selbst ist der Schatz, der im Verborgenen liegt. Wer sein Herz an den Himmel hängt, weil er sein einziger Schatz ist, der wird voll Freude sein ganzes Vermögen dafür hingeben. „Vermögen" im doppelten Wortsinn, denn es meint einerseits den materiellen Besitz eines Menschen – „er verkauft alles, was er hat" – und andererseits die Fähigkeiten, die Talente eines Menschen, die er nun für dieses Himmelreich einsetzt. Wir erinnern uns an das Gleichnis Jesu von der Vergabe solcher Vermögen (Mt 25,14-30) und an den „schlechten" Knecht, der hingeht und das Vermögen, das er von seinem Herrn erhalten hat, eingräbt und verbirgt. Ich zitiere auszugsweise die Elberfelder Bibel, weil diese texttreuer ist als die Einheitsübersetzung:

> *„Denn es ist wie bei einem Menschen, der außer Landes reiste, seine eigenen Knechte rief und ihnen seine Habe übergab: Und einem gab er fünf Talente, einem anderen zwei, einem anderen eins, einem jeden nach seiner eigenen Fähigkeit; und reiste außer Landes. […]*
> *Der aber das eine empfangen hatte, ging hin, grub ein Loch in die*

Erde und verbarg das Geld seines Herrn.
Nach langer Zeit aber kommt der Herr jener Knechte und rechnet mit ihnen ab. […]
Es trat aber auch herbei, der das eine Talent empfangen hatte, und sprach: Herr, ich kannte dich, dass du ein harter Mann bist; du erntest, wo du nicht gesät, und sammelst, wo du nicht ausgestreut hast; und ich fürchtete mich und ging hin und verbarg dein Talent in der Erde; siehe, da hast du das Deine.
Sein Herr aber antwortete und sprach zu ihm: Böser und fauler Knecht! Du wusstest, dass ich ernte, wo ich nicht gesät, und sammle, wo ich nicht ausgestreut habe?" (Mt 25, 14f.18f.24-26 – Elberfelder Bibel)

Der Herr verteilt seine Talente und fordert, sie gewinnbringend einzusetzen. Und wie schon das Wort „Vermögen" ist auch das Wort „Talent" doppeldeutig: Es bezeichnet ein damaliges Zahlungsmittel und zugleich die Begabungen eines Menschen. Gott will, dass der Christ sein ganzes Leben und mit ihm sein ganzes Vermögen einsetzt für den himmlischen Schatz, der im Acker verborgen ist, und er will nicht, dass ein Knecht sein Vermögen in diesem Acker verbirgt. Denn dann hat er sein Leben hingegeben für das Erdhaft-Irdische und nicht für das Himmlische.

Wir erkennen hier eine doppelte Funktion der Verborgenheit: *Zum einen ist die Verborgenheit ein Schutzraum, in dem ich meinen gewonnenen Schatz vor Zugriffen der anderen beschütze und behüte.* Das Himmelreich liegt verborgen vor uns. Es scheint – wir wissen es nicht genau –, als ob der Mensch den Schatz gar nicht gesucht, sondern ihn überraschenderweise einfach gefunden hat. Der Schatz entpuppt sich als Geschenk, nicht als Lohn für eine Leistung. Der Finder setzt nun alles ein, um ihn zu bewahren.

Nicht so der faule bzw. ängstliche Knecht. Er verbirgt keinen Schatz, sondern eben all das, was er für die Vermehrung des Schatzes einsetzen könnte. *Zum anderen ist also die Verborgenheit gleichsam ein Versteck, in dem jede Tat zum Stillstand kommt.* Verborgenheit ist hier nicht der Raum guter Taten oder des Schutzes, sondern der Inaktivität. Der Knecht möchte, weil er ängstlich ist, die Verborgenheit auch als Schutzraum für sein Talent nutzen, versteht aber nicht, dass es beim Auftrag des Herrn gerade darum geht, ein Risiko einzugehen. Der Grund für dieses Verbergen ist die Angst vor dem unkalkulierbaren Wagnis, alles zu verlieren. Der Mensch, der sich vor dieser Verlorenheit ängstigt, verbirgt nicht nur seine guten Taten, sondern erstarrt bis hin zur Handlungsunfähigkeit.

Ist es aber so einfach, seine Angst zu überwinden? Wie erstarrt muss sich wohl der Knecht fühlen, wenn er sich zu keinem Risiko entschließen kann? Wieso hat er niemanden, der ihm beisteht und der ihm hilft, seine Ängste zu bewältigen? Erweisen sich die anderen Knechte nicht als äußerst unsolidarisch? Selbst der Herr reagiert nicht empathisch und mitfühlend, wie wir es sonst von Jesus in der Begegnung mit den „Sündern“ und „Sünderinnen“ kennen. Er qualifiziert den Knecht als böse und faul; dabei hatte dieser einfach nur Angst. Natürlich: Er könnte sich erinnern, dass er sich keine Sorgen mehr zu machen braucht; Gott sorgt für alles. Aber wie schnell kann eine solche Sorge wirklich überwunden werden? Und am Ende lässt der Herr diesen Knecht auch noch in die äußerste Finsternis werfen. (Dazu später mehr.) Macht das nicht jenen, die ohnehin schon in Angst und Sorge leben, noch mehr Angst und Sorgen?

Jesus geht im 25. Kapitel des Matthäusevangeliums insgesamt mit scharfen Worten gegen jene „faulen Knechte“ vor. Es geht also nicht um jene, die am Rand stehen, die sich noch nicht entschlossen haben, die noch nicht den Mut gefasst haben. Mit den Knechten sind nicht einfach die Nachfolgenden gemeint, sondern leitende Diener Jesu. (Im Alten Testament ist „Knecht“ ein Ehrentitel für Propheten.) Mit anderen Worten: Gemeint ist die religiöse Autorität (die kirchlichen Amtsträger), denen Jesus etwas deutlich ins Stammbuch schreiben will. Sie sollen auf ein Ziel hin ausgerichtet werden: auf die Geringsten. Zu ihnen sind die Knechte gesandt, für sie sollen alle Talente eingesetzt werden. Diesen Fokus auf die Geringsten, auf den Schrei der Unterdrückten, aber auch der schuldig Gewordenen und Gescheiterten als Schrei Gottes an die Jünger und Jüngerinnen macht Matthäus in der sogenannten Weltgerichtsrede deutlich. In den Hungrigen, Durstigen, Fremden, Nackten, Kranken und Gefangenen begegnen wir Jesus selbst. Wer sich auf ihre Seite stellt, darf zwar immer noch Angst haben – wie auch Jesus im Garten Getsemani. Er darf sich aber nicht von der Angst bestimmen lassen, sodass er in Folge alle Talente verbirgt.

In die finstere Gottferne geworfen

Am Ende der obigen Erzählung vom ängstlich-faulen Knecht steht eine Formulierung, die nur bei Matthäus zu lesen ist, insgesamt drei Mal, und in der die Finsternis eine besondere Rolle spielt. Jesus spricht nämlich davon, dass jemand in die äußerste Finsternis geworfen und dort heulen und mit den Zähnen knirschen wird.

In der ersten Stelle geht es um jene, die glauben, das Heil schon erreicht zu haben, weil sie mit Abraham, Isaak und Jakob zu Tisch sitzen (Mt 8,11f), d. h. jene, die meinen, die bloße Zugehörigkeit zu einem Volk, einer Religion oder einer kirchlichen Institution wäre für das Heil ausreichend. Es sind jene selbstgefälligen religiösen Menschen, die in ihrer Überheblichkeit sich selbst im Heil wähnen, denen aber der Glaube, das Vertrauen zu Gott und die existenzielle Hingabe fehlt. Bei so manchem Heiden findet Jesus mehr Glauben. Es gibt keinen Heilsautomatismus, basierend auf der bloßen Religionszugehörigkeit (christlich gesprochen: basierend auf bloßer Kirchenzugehörigkeit – egal auf welcher Stufe der Hierarchie). Ja, noch mehr: Auch jene, die nicht zur eigenen Religion gehören, können mit den Erzeltern im Himmelreich zu Tisch sitzen, wenn sie nur Jesus vertrauen.

Die zweite Stelle macht deutlich, dass aber auch Heiden (also Nichtjuden) nicht automatisch das Heil erlangen. Ein König lädt zu einer

Hochzeit. Die eigentlich Eingeladenen, d. h. das auserwählte Volk, sind nicht gekommen, haben im Gegenteil die Diener des Königs sogar noch misshandelt. Daher wurden Menschen von der Straße, d. h. die Heiden, eingeladen – die Guten und die Bösen (nicht die Randgruppen wie bei Lukas in Lk 14,21). Für diese gilt aber nicht, dass sie ohne weiteres Zutun am Mahl teilnehmen können. Vielmehr müssen sie angemessen zum Fest erscheinen.

Denn es werden jene in die äußerste Finsternis geworfen, die schlecht gekleidet zum Hochzeitsmahl kommen (Mt 22,13). Es werden jene hinausgeworfen, die sich nicht ordentlich vorbereitet haben, weil sie meinten, die bloße Anwesenheit beim Hochzeitsmahl genüge.

Die dritte Stelle ist jene vom Herrn, der seinen Knechten die Talente gibt. Es werden also die „schlechten" Knechte in die äußerste Finsternis geworfen (Mt 25,30), jene Verwalter, die ihre Talente lieber verbergen, anstatt sie einzusetzen, anstatt etwas zu riskieren.

Finsternis meint in diesem Zusammenhang ganz und gar keinen neutralen Raum. Vielmehr ist sie der Raum äußerster Gottferne und Gottverlassenheit, verbunden mit enormen Qualen. Diese drastische Botschaft passt so gar nicht zur zeitgenössischen Verkündigung, in der die Menschen in der scheinbaren Sicherheit gewogen werden, dass Gott immer lieb und nett ist. Wie sollen wir mit einer solchen Drohbotschaft umgehen? Indem wir sie als Trostbotschaft verstehen: Matthäus geht es im gesamten Evangelium um die Ausrichtung des Menschen auf Gott, was in Konsequenz bedeutet, sein Leben, sein Handeln und seine Haltung nach Gottes Vorstellungen zu gestalten. Die Botschaft geht an die Jünger und Jüngerinnen, die motiviert werden sollen, an der Seite der sozial An-den-Rand-Gestellten, der Schwachen, Schuldigen und Gescheiterten zu stehen, ganz unabhängig davon, welchen Glauben diese haben. Auf diese Weise erklärt sich Gott solidarisch mit den Ausgegrenzten und mit jenen, die sich für die Ausgegrenzten einsetzen, sogar wenn sie dafür mit dem Tod bedroht sind. Darin liegt der Trost für die Adressaten des Evangeliums. Wer sich diesem Anliegen Gottes allerdings nicht verschreibt, weil er lau und unentschieden ist oder einfach nicht handelt, stellt sich auf die andere Seite, die Seite der Finsternis. Das ist die Seite der Ausgrenzer, Unterdrücker und jener, die die Diener und Helfer der Ausgegrenzten behindern und töten. Bei allem Tröstenden in dieser Botschaft bleibt in der Drohung des Hinauswerfens in die äußerste Finsternis dennoch eine Brutalität bestehen, die nicht einfach wegerklärt werden kann und soll; gleichzeitig darf aber jene Brutalität nicht übersehen werden, mit der die Hochmütigen und die Siegessicheren die Verlierer und Außenseiter behandeln, nicht immer indem sie ihnen etwas Böses antun, sondern indem sie, vor allem ohne ein Risiko einzugehen, andere beim Tun des Bösen einfach gewähren lassen. Wer glaubt, gerettet zu sein, obwohl er Gewalt und Unterdrückung hinnimmt, der wird eines Besseren belehrt werden.

Das Verborgene wird offenbar

Schauen wir ein wenig über das Matthäusevangelium hinaus, so erkennen wir in der Bibel eine gewisse Grundlinie in Bezug auf die Verborgenheit: Verborgen heißt immer verborgen gegenüber Menschen. Denn Gott bleibt nichts verborgen, wie die Bibel an vielen Stellen bekennt (Ps 69,6; Koh 12,14; Mt 6). Dieses Verborgene wird eines Tages durch Gott offenbar werden (Mt 10,26; Mk 4,22; Lk 8,17; 12,2; 1 Kor 4,5; 1 Tim 5,25). Es spielt dabei keine Rolle, was sich da im Verborgenen befindet.

Wir haben schon gesehen, dass sich die guten und bösen Taten der Menschen im Verborgenen ereignen können. Auch das Alte Testament kennt diese Vorstellung (Lev 5,1-6). Sie werden eines Tages aufgedeckt und entweder Anerkennung oder Ablehnung finden.

Es gibt aber auch ein Geheimnis, das Gott von Beginn der Schöpfung an bzw. vor aller Zeit der Welt gegenüber verborgen hat (Ps 78,2; Mt 13,35; 1 Kor 2,7; Kol 1,26). Vor allem hat er das den Weisen und Klugen gegenüber verborgen, nicht aber den Unmündigen (Mt 11,25; Lk 10,21). Und so lehrt Gott bzw. Jesus auch seine Lehre und Weisheit nicht in aller

Öffentlichkeit, sondern im Verborgenen (Ps 51,8; Mt 10,27).

Das Himmelreich – so der Evangelist Lukas – ist wie ein Senfkorn, das gesät wurde und nun zu wachsen beginnt (Lk 13,18-21). Denn es kommt nicht so, dass man es beobachten kann. Obwohl es mitten unter uns ist (Lk 17,20-21), bleibt es zunächst verborgen. Je mehr es jedoch wächst, desto mehr wird es offenbar.

Schließlich gibt es noch zwei Körperteile, die eine wichtige Rolle spielen. Der eine ist das Herz, in dem der Mensch etwas verbergen kann; Menschen können dort ihre Absichten, Gedanken und Haltungen verbergen (Ps 44,22; 1 Kor 4,5; 14,25; 1 Petr 3,4). Der andere Körperteil ist das Angesicht Gottes, welches er vor den Menschen verbergen kann: Der Beter ist – womöglich aus eigener Schuld – großen Verfolgungen und Verspottungen ausgeliefert. Im Elend seines Daseins klagt er Gott und bittet ihn, sein Angesicht nicht zu verbergen. Erlebt der Beter die Befreiung aus der Hand der Feinde, stimmt er seinen Lobpreis an (Ps 10,11; 22,25; 30,8; Jes 64,6; Ez 39,23f.).

Die Rede vom Verbergen des Angesichts Gottes kehrt im Neuen Testament nicht wieder. Heißt das, dass diese Erfahrung des verborgenen Angesichts Gottes für Christen nicht mehr gilt? Nein. Im Neuen Testament findet sich eine Vielzahl von spirituellen Erfahrungen, die mit dem Angesicht Gottes in Verbindung gebracht werden: Lukas meint, dass Gott uns befreit hat und wir ihm in Heiligkeit und Gerechtigkeit vor seinem Angesicht dienen werden (Lk 1,74f.). Paulus sagt, dass unsere jetzige Erkenntnis nur Stückwerk ist, wir im ewigen Leben aber von Angesicht zu Angesicht schauen werden (1 Kor 13,12). Auch der Autor der Offenbarung hat die Schau des Angesichts Gottes durch seine Knechte in die Endzeit verlegt (Off 22,3f.). Thematisch stehen all diese Aussagen in Verbindung mit dem Verbergen des Angesichts Gottes, auch wenn es ausdrücklich nicht erwähnt wird.

Fazit

Ausgangspunkt meiner Betrachtung bildeten die drei Dimensionen der Spiritualität, wie sie im sechsten Kapitel des Matthäusevangeliums entfaltet werden. Dienende Spiritualität heißt, unsere guten Taten, wie wir unsere Beziehung zu den Menschen, zu Gott und zu uns selbst leben, verborgen zu lassen. Wir können darauf vertrauen, dass vor Gott nichts verborgen bleibt. Diese Grundhaltung wird dann nochmals durch den Hinweis verdeutlicht, dass wir uns keine irdischen Schätze sammeln sollen. Zu diesen Schätzen gehört auch das Sammeln von Anerkennung durch die Menschen. Jesus ruft: „Sei gut, aber trachte nicht nach Anerkennung!“

Dass wir keine irdischen Schätze sammeln sollen, bedeutet nicht das Streben nach Besitzlosigkeit. Auf diese werde ich im folgenden Kapitel zu sprechen kommen. Aber schon an dieser Stelle sei gesagt: Auch wenn die Gesandten Jesu wenig Besitz mittragen sollen, so gibt es kein Verbot weltliche Dinge zu gebrauchen. Selbst der besitzlose Franz von Assisi hatte Weltliches nötig, um leben zu können.

Grundsätzlich geht es um die Hinordnung auf Gott. Er ist der größte Schatz, den wir gewinnen können. Er soll uns so heilig sein, dass wir ihn – einmal erhalten – im Verborgenen schützen. Diese Hinordnung auf Gott bedeutet ganz konkret auch die Hinordnung auf die Geringsten – gemäß der Ausdrucksweise des Matthäusevangeliums. Die Knechte müssen die Welt aus der Perspektive derjenigen sehen, die von der Gesellschaft und der Kirche an den Rand gestellt werden. Ihnen gilt die oberste Priorität. Wer diese so nicht setzt, ordnet sich auch nicht auf Gott hin.

Dies alles ist aber keine Botschaft, keine Anforderung unterschiedslos an alle Menschen. Die Erstadressaten sind die Jüngerinnen und Jünger, jene, die in die Nachfolge Jesu berufen wurden und sich für diese Nachfolge entschieden haben. Im Gegensatz zu anderen jüdischen Rabbis, die von ihren Schülern ausgesucht wurden, hat Jesus sich seine Schüler und Schülerinnen selbst ausgesucht. Nicht jeden und jede hat er in die

Nachfolge gerufen. An die Nachfolgenden wird die Bergpredigt, das Sorgenevangelium und die Botschaft von der Spiritualität der Verborgenheit gerichtet. Wenn von den Knechten gesprochen wird, sind die Leitungsverantwortlichen gemeint, die belehrt und denen Aufgaben übertragen werden.

Wem aber Gott nicht nahe ist, ob aus eigener Schuld oder nicht, der erlebt in sich eine oft quälende Finsternis. Ihnen verbirgt sich Gott; ja, er verlässt sie. Diese Menschen drohen verloren zu gehen. Nach ihnen macht sich Jesus auf die Suche.

Du hast dich in Wolken gehüllt

Klagelieder, Kapitel 3

*Ich bin der Mann, der Leid erlebt hat durch die Rute seines Grimms.
Er hat mich getrieben und gedrängt in Finsternis, nicht ins Licht.*

*Täglich von Neuem kehrt er die Hand nur gegen mich.
Er zehrte aus
mein Fleisch und meine Haut,
zerbrach meine Glieder, umbaute und umschloss mich
mit Gift und Erschöpfung.*

Im Finstern ließ er mich wohnen wie längst Verstorbene.

*Er hat mich ummauert, ich kann nicht entrinnen.
Er hat mich in schwere Fesseln gelegt.
Wenn ich auch schrie und flehte, er versperrte den Weg meinem Gebet.
Mit Quadern hat er mir die Wege verriegelt, meine Pfade irregeleitet. Ein lauernder Bär war er mir, ein Löwe im Versteck.
Er ließ meine Wege sich verstricken, machte mich regungslos und einsam.
Er spannte den Bogen und stellte mich hin als Ziel für den Pfeil. In die Nieren ließ er mir dringen die Geschosse seines Köchers. Ein Gelächter war ich all meinem Volk, ihr Spottlied den ganzen Tag. Er speiste mich mit bitterer Kost und tränkte mich mit Wermut.*

Meine Zähne ließ er auf Kiesel beißen, er drückte mich in den Staub.

Du hast mich aus dem Frieden hinausgestoßen; ich habe vergessen, was Glück ist.

Ich sprach: Dahin ist mein Glanz und mein Vertrauen auf den HERRN. An meine Not und Unrast denken ist Wermut und Gift. Immer denkt meine Seele daran und ist betrübt in mir.
Das will ich mir zu Herzen nehmen, darauf darf ich harren: Die Huld des HERRN ist nicht erschöpft, sein Erbarmen ist nicht zu Ende.

Neu ist es an jedem Morgen; groß ist deine Treue. Mein Anteil ist der HERR, sagt meine Seele, darum harre ich auf ihn. Gut ist der HERR zu dem, der auf ihn hofft, zur Seele, die ihn sucht. Gut ist es, schweigend zu harren auf die Hilfe des HERRN.
Gut ist es für den Mann, ein Joch zu tragen in der Jugend. Er sitze einsam und schweige, wenn der HERR es ihm auflegt. Er beuge in den Staub seinen Mund; vielleicht ist noch Hoffnung. Er biete die Wange dem, der ihn schlägt, und lasse sich sättigen mit Schmach.

Denn nicht für immer verwirft der Herr.

Hat er betrübt, erbarmt er sich auch wieder nach seiner großen Huld.
Denn nicht freudigen Herzens plagt und betrübt er die Menschenkinder.
Dass man mit Füßen tritt alle Gefangenen des Landes,
dass man das Recht des Mannes beugt vor dem Antlitz des Höchsten,
dass man im Rechtsstreit den Menschen bedrückt,
sollte der Herr das nicht sehen?
Wer hat gesprochen und es geschah?
Hat nicht der Herr es geboten?
Geht nicht hervor aus des Höchsten Mund das Gute wie auch das Böse?
Wie dürfte denn ein Lebender klagen, ein Mann über seine Sünden?

Prüfen wir unsre Wege,
erforschen wir sie
und kehren wir um zum HERRN!

Erheben wir unser Herz samt den Händen zu Gott im Himmel!
Wir haben gesündigt und uns widersetzt;
du hast nicht vergeben.

Du hast uns in Zorn gehüllt und verfolgt, getötet und nicht geschont.
Du hast dich in Wolken gehüllt, kein Gebet kann sie durchstoßen.
Zu Unrat und Auswurf hast du uns gemacht inmitten der Völker. Ihren Mund rissen gegen uns auf all unsre Feinde. Grauen und Grube wurde uns zuteil, Verwüstung und Verderben. Tränenströme vergießt mein Auge über den Zusammenbruch der Tochter, meines Volkes. Mein Auge ergießt sich und ruht nicht; es hört nicht auf,
bis der HERR vom Himmel her sieht und schaut.
Mein Auge schmerzt mich wegen all der Töchter meiner Stadt. Wie auf einen Vogel machten sie Jagd auf mich, die ohne Grund meine Feinde sind. Sie stürzten in die Grube mein Leben und warfen Steine auf mich. Das Wasser ging mir über den Kopf;

ich sagte: Ich bin verloren.

Da rief ich deinen Namen, HERR, tief unten aus der Grube.
Du hörtest meine Stimme: Verschließ nicht dein Ohr vor meinem Seufzen, meinem Schreien!
Du warst nahe am Tag, da ich dich rief;

du sagtest: Fürchte dich nicht!

Du, Herr, hast meine Sache geführt, hast mein Leben erlöst.
Du, HERR, hast meine Bedrückung gesehen. Verschaffe mir Recht!

Du hast gesehen ihre ganze Rachgier, all ihr Planen gegen mich. Du hast ihr Schmähen gehört, o HERR, all ihr Planen gegen mich. Das Denken und Reden meiner Gegner ist gegen mich den ganzen Tag. Blick auf ihr Sitzen und Stehen! Ein Spottlied bin ich für sie. Vergilt ihnen, HERR, nach dem Tun ihrer Hände! Gib ihnen ein verhärtetes Herz! Dein Fluch über sie! Verfolge sie im Zorn und vernichte sie unter dem Himmel des HERRN!

Kapitel 3

Der verlorene Mensch

Der Mensch ist von der Gefahr bedroht, verloren zu gehen. Er verstrickt sich mehr in sein alltägliches Sosein, als dass er sich aufgerufen sieht, das zu verwirklichen, was er sein könnte. Gott ruft den Menschen in sein Seinkönnen, der verlorene Mensch hat sich aber so in sein faktisches Dasein verwickelt, dass er keinen Weg mehr findet, seine eigenen Möglichkeiten zu leben. Die Bibel drückt diese Gefahr mit dem Verlust des ewigen Lebens bzw. des Himmelreiches aus.

Das Christentum vertritt jedoch keine „esoterische" Selbsterlösungslehre, sondern sieht in der Hinordnung auf Gott den Menschen zu sich selbst gekommen. Umgekehrt gilt indes auch, dass Gott sich selbst darin verwirklicht, dass seine Schöpfung sich in all ihren Möglichkeiten, d. h. in ihren Potenzialen, entfaltet. Daher hat nicht nur der Mensch sich selbst verloren, wenn er sein Seinkönnen nicht ergreift, nein, auch Gott ist dann ein Verlierer. Er hat es nicht geschafft, das Verlorene zu finden, weil es sich womöglich nicht finden lassen wollte. Nicht nur der Mensch kann scheitern, nein, auch Gott kann scheitern. Im 15. Kapitel seines Evangeliums entfaltet Lukas in drei Gleichnissen diese Dramatik des Verlierens:

> *„Alle Zöllner und Sünder kamen zu ihm, um ihn zu hören. Die Pharisäer und die Schriftgelehrten empörten sich darüber und sagten: Dieser nimmt Sünder auf und isst mit ihnen. Da erzählte er ihnen dieses Gleichnis und sagte:*
> *Wenn einer von euch hundert Schafe hat und eins davon verliert, lässt er dann nicht die neunundneunzig in der Wüste zurück und geht dem verlorenen nach, bis er es findet? Und wenn er es gefunden hat, nimmt er es voll Freude auf die Schultern, und wenn er nach Hause kommt, ruft er die Freunde und Nachbarn zusammen und sagt zu ihnen: Freut euch mit mir, denn ich habe mein Schaf*

wiedergefunden, das verloren war! Ich sage euch: Ebenso wird im Himmel mehr Freude herrschen über einen einzigen Sünder, der umkehrt, als über neunundneunzig Gerechte, die keine Umkehr nötig haben.

Oder wenn eine Frau zehn Drachmen hat und eine davon verliert, zündet sie dann nicht eine Lampe an, fegt das Haus und sucht sorgfältig, bis sie die Drachme findet? Und wenn sie diese gefunden hat, ruft sie die Freundinnen und Nachbarinnen zusammen und sagt: Freut euch mit mir, denn ich habe die Drachme wiedergefunden, die ich verloren hatte! Ebenso, sage ich euch, herrscht bei den Engeln Gottes Freude über einen einzigen Sünder, der umkehrt.

Weiter sagte Jesus: Ein Mann hatte zwei Söhne. Der jüngere von ihnen sagte zu seinem Vater: Vater, gib mir das Erbteil, das mir zusteht! Da teilte der Vater das Vermögen unter sie auf. Nach wenigen Tagen packte der jüngere Sohn alles zusammen und zog in ein fernes Land. Dort führte er ein zügelloses Leben und verschleuderte sein Vermögen. Als er alles durchgebracht hatte, kam eine große Hungersnot über jenes Land und er begann Not zu leiden. Da ging er zu einem Bürger des Landes und drängte sich ihm auf; der schickte ihn aufs Feld zum Schweinehüten. Er hätte gern seinen Hunger mit den Futterschoten gestillt, die die Schweine fraßen; aber niemand gab ihm davon. Da ging er in sich und sagte:

Wie viele Tagelöhner meines Vaters haben Brot im Überfluss, ich aber komme hier vor Hunger um.

Ich will aufbrechen und zu meinem Vater gehen und zu ihm sagen: Vater, ich habe mich gegen den Himmel und gegen dich versündigt. Ich bin nicht mehr wert, dein Sohn zu sein; mach mich zu einem deiner Tagelöhner! Dann brach er auf und ging zu seinem Vater. Der Vater sah ihn schon von Weitem kommen und er hatte Mitleid mit ihm. Er lief dem Sohn entgegen, fiel ihm um den Hals und küss-

te ihn. Da sagte der Sohn zu ihm: Vater, ich habe mich gegen den Himmel und gegen dich versündigt; ich bin nicht mehr wert, dein Sohn zu sein. Der Vater aber sagte zu seinen Knechten: Holt schnell das beste Gewand und zieht es ihm an, steckt einen Ring an seine Hand und gebt ihm Sandalen an die Füße! Bringt das Mastkalb her und schlachtet es; wir wollen essen und fröhlich sein.
Denn dieser, mein Sohn, war tot und lebt wieder; er war verloren und ist wiedergefunden worden.
Und sie begannen, ein Fest zu feiern.
Sein älterer Sohn aber war auf dem Feld. Als er heimging und in die Nähe des Hauses kam, hörte er Musik und Tanz. Da rief er einen der Knechte und fragte, was das bedeuten solle. Der Knecht antwortete ihm: Dein Bruder ist gekommen und dein Vater hat das Mastkalb schlachten lassen, weil er ihn gesund wiederbekommen hat. Da wurde er zornig und wollte nicht hineingehen. Sein Vater aber kam heraus und redete ihm gut zu. Doch er erwiderte seinem Vater: Siehe, so viele Jahre schon diene ich dir und nie habe ich dein Gebot übertreten; mir aber hast du nie einen Ziegenbock geschenkt, damit ich mit meinen Freunden ein Fest feiern konnte. Kaum aber ist der hier gekommen, dein Sohn, der dein Vermögen mit Dirnen durchgebracht hat, da hast du für ihn das Mastkalb geschlachtet. Der Vater antwortete ihm: Mein Kind, du bist immer bei mir und alles, was mein ist, ist auch dein.
Aber man muss doch ein Fest feiern und sich freuen; denn dieser, dein Bruder, war tot und lebt wieder; er war verloren und ist wiedergefunden worden." (Lk 15)

Die Gleichnisse von der Verlorenheit

Das dritte Gleichnis dieser Trilogie ist wohl eines der bekanntesten. In der Einheitsübersetzung wird es als das „Gleichnis vom verlorenen Sohn" bezeichnet. Aus exegetischen, aber auch religionspädagogischen Erwägungen heraus wird dieses Gleichnis in der Praxis jedoch häufig „Gleichnis vom barmherzigen Vater“ genannt. In anderen Bibelübersetzungen finden sich noch ganz andere Überschriften. Diese sind ja von den Übersetzern eingefügt, finden sich also nicht im Originaltext und sollen die Aufmerksamkeit des Lesers, der Leserin auf die theologische Kernaussage hinlenken. Sicherlich hat dieses Gleichnis vielfältige Bezüge, mehrere theologische Stoßrichtungen und aufgrund der Länge auch verschiedene Schwerpunkte. Der Zusammenhang dieser drei Gleichnisse und deren Kernthema ist jedoch der verlorene Mensch. Alle Überschriften, die nicht von der Verlorenheit sprechen, bringen diesen Bezug nicht zur Geltung.

Der Verlust in der Nachfolge

Schon jetzt möchte ich darauf hinweisen, dass diese Gleichnisse auch im Zusammenhang mit der Nachfolge zu sehen sind. Zum einen, weil Jesus zwar zu den religiösen Führern spricht, aber seine Aussage auch Relevanz für jene habe, die ihm nachfolgen. Zum anderen, weil Lukas die Anforderung des Besitzverzichtes an die Nachfolgenden stellt und das Thema Besitz sowohl den Ausgangspunkt der Erzählung als auch ein leitendes Motiv dieser Gleichnisse ist. So heißt es unmittelbar vor den Gleichnissen:

> *„Ebenso kann keiner von euch mein Jünger sein, wenn er nicht auf seinen ganzen Besitz verzichtet.“ (Lk 14,33)*

Umso erstaunlicher, wenn es dann heißt, dass *alle* Zöllner und Sünder zu Jesus kommen. Bei den Zöllnern handelt es sich um Menschen, die mit der fremden Besatzungsmacht der Römer kollaborieren und die im Ruf stehen, sich unrechtmäßig an den Menschen zu bereichern. Und gerade diese marschieren nun bei Jesus auf, um ihn zu hören. Das ist den Pharisäern und Schriftgelehrten ein Dorn im Auge; sie empören sich und kritisieren Jesus dafür. Als Antwort auf deren Reaktion erzählt Jesus die drei

Gleichnisse vom Verlorensein und Wiedergefundenwerden. Er spricht also zur führenden Elite seiner Religion. Was heute manche Kreise über Menschen denken, die aus der Kirche ausgetreten sind, hat diese Elite vielleicht auch über die Sünder und Sünderinnen gedacht: Sie sind selbst Schuld, wenn sie aus der Gemeinschaft ausgeschlossen sind. Jesus hebt das Thema auf eine andere Ebene: Die Frage nach der Schuld steht nicht im Zentrum. Bedeutung hat hingegen das vorbehaltlose Suchen nach dem Verlorenen, sodass es am Ende ein großes Fest zu feiern gibt. In diesem Kontext sind also die Zöllner und Sünder gemeint, wenn in den Gleichnissen von den Verlorenen und Wiedergefundenen gesprochen wird.

Bleiben wir noch kurz beim Thema Nachfolge. Auch da wird die Verlorenheit mehrmals von Lukas thematisiert.

> *„Denn wer sein Leben retten will, wird es verlieren; wer aber sein Leben um meinetwillen verliert, der wird es retten. Was nützt es einem Menschen, wenn er die ganze Welt gewinnt, dabei aber sich selbst verliert und Schaden nimmt?“ (Lk 9,24f. – siehe auch Lk 17,33)*

Wie beim Bild des Schatzes bei Matthäus geht es auch hier um die richtige Lebensausrichtung: Wer sich auf die Welt, ja auf sein eigenes Leben ausrichtet, wird all das verlieren. Diese Ausrichtung ist existenzbedrohend. Und so müssen wir die Verlorenheit, von der im Folgenden gesprochen wird, auch verstehen. Das griechische Wort *apóllymi* bedeutet nicht nur „verlieren“, sondern auch „zugrunde gehen, vernichten, töten“. Es geht also nicht einfach um einen kleinen, verkraftbaren Verlust, sondern um einen Verlust, der die ganze Existenz bedroht. Damit wird der Verlust zum Gegenteil von Erlösung. Denn Existenzbedrohung heißt im christlichen Verständnis immer Verlust der Erlösung, des ewigen Lebens, des Himmelreiches. Oder mit anderen Worten: Der Mensch bleibt durch das Verbergen seiner Talente hinter seinen Seinsmöglichkeiten zurück. Insofern entfaltet sich sein Dasein nicht zum Leben in Fülle. Wer hingegen sein irdisches Leben um Jesu willen zu verlieren bereit ist, der hält nicht an seiner faktisches Existenz fest, sondern strebt nach denjenigen Möglichkeiten, die Gott in ihm sieht. Er strebt nach seinem Schatz im Himmel – mit dem Risiko des Scheiterns.

Gottes Verhältnis zu den Menschen

Aber nun zu den Gleichnissen: Ich fasse diese Gleichnisse als einen Dialog in sich (und zu anderen Textpassagen) auf. In diesem Gespräch wird der Prozess des Verlierens und Wiederfindens unterschiedlich beleuchtet. Diese perspektivische Ausleuchtung des Themas eröffnet einen Freiraum für die Leserin und den Leser, die Dynamik dieses Prozesses weiter zu reflektieren – auch auf das eigene Leben hin. Wir dürfen diese Gleichnisse also nicht als eindeutige Fixierungen von ein paar Glaubenstatsachen lesen. So verstanden wären sie widersprüchlich und würden keinen Sinn ergeben. Vielmehr beleuchten sie verschiedene Aspekte und bringen diese ins Gespräch miteinander.

Fragen wir uns zunächst, wer da etwas verliert: Im ersten Gleichnis ist es „einer von euch". Jesus spricht nicht von einem Hirten, sondern möchte seine Zuhörer direkt in die Situation hineinversetzen, Empathie für denjenigen bewirken, der etwas verloren hat. Im zweiten Gleichnis ist es eine Frau und im dritten ein Vater. Das jeweilige Ende der ersten beiden Gleichnisse macht deutlich, dass diese drei Personen sinnbildlich für Gott stehen. Jesus möchte mit der Einleitung des ersten Gleichnisses bewirken, dass sich die Zuhörer leicht in eine Alltagssituation und damit gleichzeitig in die Perspektive Gottes hineinversetzen können. Denn Gott hat etwas verloren.

Aus dem Kontext ist deutlich, dass es sich bei den Verlorenen um die Zöllner und Sünder handelt. Diese werden aber nicht durch drei Personen dargestellt, sondern durch ein Tier (Schaf), einen Gegenstand (Drachme) und erst zuletzt durch einen Menschen (Sohn). Dadurch kommen diese

Gleichnisse in die erste Schieflage: Schaf und Drachme lassen sich nur bedingt mit einem Menschen vergleichen. Dies wird deutlich, wenn man die formale Beziehung zwischen Verlorenem und Verlierendem mitbedenkt: In den ersten beiden Fällen sind es Besitzverhältnisse; im dritten Fall ist es ein Familienverhältnis. Legen wir das auf die Beziehung zwischen Gott und Mensch um: Handelt es sich hier um ein Besitzverhältnis? Oder vielmehr um ein Familienverhältnis?

Werfen wir dazu einen kleinen Blick ins Alte Testament: Für ein Besitzverhältnis würde zunächst die Befreiung des Volkes Israel aus Ägypten sprechen. Gott sagt:

> *„Denn mir gehören die Israeliten als Knechte, meine Knechte sind sie; ich habe sie aus Ägypten herausgeführt, ich bin der HERR, euer Gott." (Lev 25,55)*

Mit der Einstufung der Israeliten als Knechte ist ein Besitzverhältnis angesprochen. Der Prophet Jesaja sagt dazu noch mehr:

> *„Fürchte dich nicht, denn ich habe dich ausgelöst, ich habe dich beim Namen gerufen, du gehörst mir! […] Ich habe Ägypten als Kaufpreis für dich gegeben, Kusch und Seba an deiner Stelle." (Jes 43,1.3)*

Israel ist zurückgekauft worden, sodass sich die Besitzverhältnisse verändert haben. Der Gedanke nach einem solchen Verhältnis zwischen Gott und Mensch ist der Bibel also nicht fremd. Liest man jedoch Jesaja weiter, so zeigt sich, dass dieses Loskaufen eben nicht bedeutet, dass Gott Israel wie einen Gegenstand oder ein Tier oder einen Sklaven in Besitz nimmt. Gott verdonnert Israel nicht zur Sklavenarbeit, sondern sagt ihm seine Rettung und seine Liebe zu – dem Volk, das ihm teuer und wertvoll ist.

> *„Fürchte dich nicht, denn ich bin mit dir! Vom Aufgang der Sonne bringe ich deine Kinder herbei und vom Untergang her sammle ich dich. Ich sage zum Norden: Gib her! und zum Süden: Halt nicht zurück! Führe meine Söhne heim aus der Ferne, meine Töchter vom Ende der Erde! Denn jeden, der nach meinem Namen benannt ist, habe ich zu meiner Ehre erschaffen, geformt und gemacht.“ (Jes 43,5-7)*

Durch das Loskaufen von den versklavenden Ägyptern wechseln die Israeliten nicht wie Sklaven ihren Besitzer, sondern sie werden zu Söhnen und Töchtern Gottes. Sie werden in ein familiäres Verhältnis hineingenommen, bleiben aber im Eigentum Gottes.

Jesus führt dieses Bild eines familiären Verhältnisses der Glaubenden untereinander in seiner Verkündigung weiter. Schon Johannes der Täufer kritisiert die Haltung, dass man sich für gerecht hält, allein weil man Sohn Abrahams, also zugehörig zum Volk Israel, ist. Gott kann sogar aus Steinen Söhne und Töchter Abrahams machen. Entscheidender ist, dass die Gerechten auch Früchte bringen (Lk 3,7f.). Ebenso betont Jesus, diejenigen seien seine Mutter und seine Brüder, die auf sein Wort hören und es tun (Lk 8,19-21; 11,27f.). Bei Gott werden die familiären Verhältnisse neu definiert, was sich belastend auf die realen Familien der Nachfolgenden ausgewirkt und zu familiären Konflikten geführt hat (Lk 12,52f.; 14,26).

Gott ist ein Verlierer – der Mensch ist verloren

Trotz der oben erwähnten Schieflage in Bezug auf das Verhältnis von Verlierendem und Verlorenem, die die ersten beiden Gleichnisse erzeugen und die durch das dritte Gleichnis korrigiert wird, ist es sinnvoll, wenn auch vom Schaf und von der Drachme gesprochen wird. Diese beiden haben keine Vernunftbegabung und kein Reflexionsvermögen. Sie können daher auch nicht sündigen. Jesus vergleicht in den ersten beiden Gleichnissen die Sünderinnen und Sünder somit mit etwas, was nicht sündigen kann. Für ihn steht nicht die sündige Tat im Mittelpunkt, sondern es eröffnet sich vielmehr ein neuer Blick, nämlich auf die Folgen der Sünde für den, der eine Beziehung zu den Sündern und Sünderinnen hat: Dieser erleidet einen Verlust. Der Drachme und dem Schaf ist es dabei egal, dass sie ihrem Besitzer abhandengekommen sind.

Durch die Empathie, die Jesus in den Zuhörern bewirken will, soll die Gefühlslage dessen deutlich werden, der da etwas verloren hat: Es stehen nicht die Taten oder die emotionale Lage des Verlorenen im Mittelpunkt, sondern die Folgen, die der Verlust für den Verlierenden hat. Die deutsche Sprache kann das sehr schön ausdrücken: Der Verlierende ist der Verlierer. Gott wird zum Verlierer. Er *muss* reagieren, denn das Verlieren kann nicht das letzte Wort haben: Sowohl „einer von euch“ als auch die Frau machen sich nun auf eine Suche, die alles andere nebensächlich erscheinen lässt und nur das eine wiederfinden will: „Einer von euch“ lässt 99 Schafe stehen und sucht das eine; die Frau stellt das ganze Haus auf den Kopf, um die eine Drachme zu finden. Im Gegensatz zu den Drachmen, die die Frau während ihrer Suche sicher bewahren kann, bleiben die 99 Schafe ungeschützt zurück. In beiden Fällen werden aber die Verlierer aktiv, machen sich aktiv auf die Suche nach dem Verlorenen.

Gott macht sich auf die Suche – der Mensch wird gefunden

Auch das Wiederfinden hat Folgen für den Finder und die Finderin: In den ersten beiden Gleichnissen wird deren emotionale Lage geschildert. Die Gefühlswelt des Verlorenen und Wiedergefundenen spielt hingegen keine Rolle. Der Finder bzw. die Finderin ist „voll Freude“ und teilt diese Freude mit anderen Menschen. Während der bzw. die Suchende noch allein gesucht hat, sich womöglich einsam und beklommen gefühlt hat, tritt der bzw. die Findende aus diesem Alleinsein heraus und teilt die Freude mit anderen. Und so wird es auch im Himmel sein: Bei den Engeln wird es große Freude geben. Und Jesus setzt noch eines drauf: Über den einen umgekehrten Sünder wird mehr Freude herrschen als über die 99 Gerechten. Da kann man ziemlich eifersüchtig werden, dass Gott weniger Freude über den hat, der sich immer abgerackert und seine Gebote erfüllt hat. Sünde wird da sehr attraktiv: Wenn ich zum Sünder werde und später umkehre, wird sich Gott mehr über mich freuen, als wenn ich immer gerecht geblieben wäre. O glückliche Schuld! – Könnte man sich denken.

Gottes Machtverzicht und Freiheitsgeschenk – der Mensch geht verloren

Das dritte Gleichnis nimmt eine andere Perspektive ein: Zunächst werden ganz der verlorene Sohn und seine Geschichte beleuchtet. Er erwartet sich als Zweitgeborener, der kein Erstgeburtsrecht hat, wahrscheinlich außerhalb des familiären Hauses mehr Erfolg als innerhalb, wo er immer der zweite sein wird. Im Gegensatz zu „einem von euch“ und zur Frau macht sich der Vater nicht auf die Suche. Er lässt seinen Sohn ziehen, er lässt ihm die Freiheit, seinen Weg zu gehen. Wie sich der Vater fühlt, spielt dabei keine Rolle; er ist zu Beginn nur eine Nebenfigur.

Für die damaligen Zuhörer und Zuhörerinnen wird dennoch viel über den Vater ausgesagt: Obwohl diese Besitzaufteilung zu Lebzeiten des Hausherrn durchaus möglich war, empfiehlt die Weisheitsliteratur, dass der Vater erst das Erbe übergibt, wenn der Tag seines Todes gekommen ist. Ansonsten verliert er Macht über sein Haus und seine Familie (Sir 33,20-24). Der Vater hätte das Auszahlen des Erbes verweigern und seinen Sohn als störrisch und widerspenstig vor Gericht bringen können. Diesem hätte dann die Steinigung gedroht (Dtn 21,18-21). Stattdessen teilt der Vater seinen Besitz unter beiden Söhnen auf und schenkt ihnen die Freiheit, mit dem Besitz machen zu können, was sie wollen. Dabei sollte der Erstgeborene doppelt so viel des Besitzes erhalten wie der Zweitgeborene (Dtn 21,15-17). Schon zu Beginn der Erzählung erweist sich der Vater also als derjenige, der Macht und Besitz aufgibt und Freiheit und Leben schenkt. Sicherlich: In den Augen manch anderer agiert er dumm und schwach. Aber seine wahre Stärke wird sich noch zeigen.

Die weitere Geschichte des zweitgeborenen Sohnes soll nun beim Zuhörer Empathie für den Verlorenen erwecken, nicht mehr für den Verlierenden. Der Sohn erlebt seinen Niedergang, kommt im Leben ganz unten an, bei den Schweinen, die für Juden unreine Tiere sind und von Nichtjuden gehalten werden. Selbst das Fressen der Schweine hätte er gegessen. Das verrät etwas über den Selbstwert und die Selbstachtung des Sohnes. Er geht in sich, erkennt sein falsches Verhalten, möchte sich aus seiner miesen Lage wieder befreien, sieht sich aber voller Scham nicht mehr als Sohn seines Vaters, sondern als Tagelöhner. Diese bekommen wenigstens zu essen, während er vor Hunger „umkommt“, wie es in der Einheitsübersetzung heißt. Das ist aber der Moment, wo der Sohn seine existenzbedrohende Verlorenheit erkennt, denn im griechischen Text steht für „umkommen“ wieder das Wort *apóllymi*. In der Originalsprache kommt also deutlicher zum Vorschein, dass der Sohn seine eigene Verlorenheit erkennt und dadurch um seine Rettung bangt. (Als Psalmbeter hätte er jetzt vielleicht zu Gott geklagt, dass dieser sein Angesicht vor ihm Elenden verbirgt, und ihn um Rettung angefleht.)

Vielleicht kannten die vielen reichen Zöllner diese Angst selbst nicht; sie hatten ja genug zu essen. Man kann aber damit rechnen, dass es auch viele andere Menschen gab, die aufgrund ihrer gesellschaftlichen Randstellung existenzielle Sorgen hatten. Wie ich später noch ausführen werde, ist es ja gerade die Intention des Lukas, die Welt aus der Perspektive dieser Randständigen zu sehen. Die Jünger verspürten diese Angst am eigenen Leib, als sie mit Jesus im Boot waren und ein Sturm aufkam (Lk 8,24 – auch hier steht *apóllymi*).

Zurück zum verlorenen Sohn: Er kehrt also um, muss einen Weg zurücklegen (Schaf und Drachme können das nicht) und erst jetzt macht sich auch der Vater auf den Weg und geht dem Sohn entgegen. Jetzt ist er keine Nebenfigur mehr, sondern aktiv Handelnder. Da es sich beim Sohn um einen Menschen handelt, nicht um ein Tier oder einen Gegenstand, kann auch die Umkehr thematisiert werden. Es bedarf also nicht nur einfach der Verlorenheit, sondern das Verlorene muss seine Verlorenheit auch einsehen können und den Wunsch haben, sich aus der Verlorenheit heraus wiederfinden zu lassen. Das gerade können Schaf und Drachme nicht und damit wird die Schieflage der ersten beiden Gleichnisse ausgeglichen.

Umkehren heißt, sich finden lassen zu wollen. Es braucht aber auch das Entgegenkommen des Vaters, das Suchen des Verlierenden. Nur wenn der Vater dem Sohn entgegengeht, kann der Sohn wieder das sein, was er vorher war: Sohn, nicht Tagelöhner. Der Mensch, der sich von Gott finden lässt, wird wieder zu dem, der er ist: ein Dasein voller Möglichkeiten. Lässt sich jemand nicht finden, so erleidet nicht nur er oder sie einen Verlust, sondern auch Gott. An ihm, an ihr scheitert Gott.

Gottes ungleiche Freude über die Gemeinschaft mit den Menschen

Es ist daher nicht erstaunlich, dass der Vater wie „einer von euch" und die Frau reagiert, besser gesagt: Seine Freude findet einen noch gewaltigeren Ausdruck: Der zurückgekehrte Sohn kann sein Anliegen nicht einmal vollständig aussprechen, gibt der Vater schon die Anweisung, ihn in feine Kleider zu stecken und ein großes Fest zu veranstalten; ein Fest, das es für den Erstgeborenen noch nie gegeben hat. Ist es anlässlich einer solchen Ungleichbehandlung nicht verständlich, dass der andere Sohn zornig wird? Er hat zwar seinen Erbbesitz auch schon erhalten und quantitativ mehr als der Zweitgeborene, aber er ist beim Vater geblieben und hat dessen Machtlosigkeit nicht ausgenutzt. Vielmehr hat er ihm gedient und auf seine Gebote geachtet. Im Gegenzug hat er nie ein Geschenk erhalten, sondern nur das, was ihm zusteht. So tritt die Gefühlswelt des Erstgeborenen in den Vordergrund. Damit kehrt Jesus wieder zu seinen Zuhörern, den Pharisäern und Schriftgelehrten, zurück, die sich über ihn empörten. Sie sind ja mit dem Erstgeborenen gemeint. Der Vater aber ermutigt:

„Was mein ist, ist auch dein.“ (Lk 15,31)

Das ist rein auf der Besitzebene unsinnig, da der Vater sein ganzes Vermögen schon aufgeteilt hat und daher nichts mehr besitzt. Hier geht es dann wohl um die sich verschenkende Liebe des Vaters zu seinem Sohn, um eine Liebe, die nicht durch Teilung verringert werden kann, ja, die gar nicht (quantitativ) geteilt werden kann. Der Vater möchte seinem erstgeborenen Sohn die Freude vermitteln, die durch das Wiederfinden des Verlorenen in ihm geweckt wurde. Wie sich dieser Sohn freuen soll, so sollen sich auch die Gerechten, die Pharisäer und Schriftgelehrten über jeden freuen, der bereit ist, sich finden zu lassen.

Aus diesem Grund fasse ich diese drei Gleichnisse nicht als Scheltrede gegen die Pharisäer und Schriftgelehrten auf (im Gegensatz zu Lk 11,37-54). Vielmehr stellt Jesus ihnen sogar ein gutes Zeugnis aus: Sie sind die Gerechten, die immer auf Gott hören und seinen Geboten folgen. Was Gott gehört, gehört auch ihnen. Gleichzeitig möchte Jesus bei ihnen aber auch Empathie für Gott, der einen Verlust erlitten hat, und für die verlorenen Menschen bewirken, die ihrer Verlorenheit gewahr werden, in sich gehen und umkehren wollen. Ebenso sollen sie sich mit Gott freuen, wenn das Verlorene wiedergefunden wurde.

Diese drei Gleichnisse wollen den Pharisäern und Schriftgelehrten die Perspektive Gottes und damit das Handeln Jesu deutlich machen: Jesus ist gekommen, um zu suchen, was verloren ist. Für den Menschen bedeutet das: Ein Weg heraus aus der Verlorenheit ist immer möglich. Gott ist nicht derjenige, der wartet, sondern der sich aktiv auf die Suche macht, aber nur jene finden kann, die sich auch finden lassen wollen. Jeder, der verloren bleibt, verliert sein Leben und Gott ist dabei mit seiner Liebe gescheitert. Was aber bedeutet das für jene, die Jesus nachfolgen?

Jesu Suche und die Suche der Nachfolgenden

Wenn Jesus auf der Suche nach dem Verlorenen ist, was bedeutet das für jene, die ihm nachfolgen? Um dieser Frage nachgehen zu können, bedarf es eines erweiterten Blickes in das Evangelium nach Lukas. Im letzten Abschnitt möchte ich mir noch zwei Passagen aus dem Alten Testament ansehen.

Menschen auf der Suche nach Jesus

Viele Menschen, so schildert es Lukas, sind auf der Suche nach dem Messias. So sind sie schon in großen Scharen zu Johannes dem Täufer in die Wüste gezogen. Als dann Jesus auftritt und seine Worte und Taten bekannt werden, suchen ihn die Menschen (Lk 4,42; 5,18; 6,19 – wobei in der Einheitsübersetzung oft das Wort „versuchen" dort steht, wo sich im Griechischen das Wort *zätein* für „suchen" findet). Die Ersten, die sich auf die Suche nach Jesus machen, sind seine Eltern, nachdem er als Zwölfjähriger in Jerusalem geblieben ist, ohne sie darüber in Kenntnis zu setzen (Lk 2,41-52). Selbst von Herodes heißt es, er wäre auf der Suche nach Jesus (Lk 9,9), stellt ihm später viele Fragen, bleibt aber dann doch auf Distanz und verachtet ihn (Lk 23,6-12).

Auch Jesus selbst gibt – ähnlich wie im Sorgenevangelium bei Matthäus – die Anweisung, nicht zuerst irdische Dinge wie Nahrung und Kleidung zu suchen, sondern das Reich Gottes (Lk 12,29f.). Dieses ist in Jesus Gegenwart geworden; wer Jesus sucht, der sucht das Reich Gottes. Daher wird auch das Zu-Jesus-Kommen von Lukas besonders hervorgehoben. Denn wer zu ihm kommt, gleicht einem Mann, der sein Haus auf festem Grund baut (Lk 6,47-49). Schauen wir, wer da alles zu Jesus kommt: Es sind immer wieder die Zöllner, Sünder und Sünderinnen, die Kranken und die Heiden. Für jeden „Rechtgläubigen" der damaligen Zeit ein Ärgernis.

Man kann Jesus aber auch an der falschen Stelle suchen. So kommen die Frauen am dritten Tag nach dem Tod Jesu zum Grab und müssen erstaunt feststellen, dass da kein Leichnam mehr ist. Die beiden leuchtenden Männer fragen sie, warum sie den Lebenden bei den Toten suchen (Lk 24,5). Jesus ist nach seiner Auferstehung nicht mehr im Grab zu finden. Man muss sich neu auf die Suche machen. Jedoch kann uns folgende Aussage Jesu zuversichtlich stimmen:

> *„Darum sage ich euch: Bittet und es wird euch gegeben; sucht und ihr werdet finden; klopft an und es wird euch geöffnet. Denn wer bittet, der empfängt; wer sucht, der findet; und wer anklopft, dem wird geöffnet." (Lk 11,9f.)*

Dennoch scheint es für die Jünger und Jüngerinnen nach der Auferstehung unmöglich zu sein, sich auf die Suche nach Jesus zu machen. Zu groß ist die Enttäuschung. Sie drohen zu scheitern, weil sie in jemanden ihre Hoffnungen gesetzt haben, der selbst gescheitert ist. Obwohl die Gleichnisse von der Verlorenheit den Ausgangspunkt bei den Zöllnern und Sündern nehmen, dürfen nicht nur sie als die Verlorenen gesehen werden. Da Jesus zunächst von der Frage nach Sünde absieht, geht es in erster Linie nicht um die bösen Taten, sondern um alle Menschen, die drohen, sich selbst zu verlieren und in ihrer Existenz zu scheitern. Ob aus eigener oder fremder Schuld ist dabei nebensächlich. Nach der Auferstehung befinden sich die Jünger und Jüngerinnen in dieser Lage: Also muss sich Jesus auf die Suche nach ihnen machen und begegnet ihnen auf dem Weg nach Emmaus und in Jerusalem. Dass Gott durch Jesus auf der Suche ist, zeigt die Geschichte von Zachäus.

Jesus macht sich auf die Suche

Der Mittelteil des Evangeliums (Lk 9,51-19,27) wird auch als „Reisebericht" bezeichnet, weil Jesus einerseits von Galiläa nach Jerusalem seinem Schicksal entgegengeht, andererseits weil es in diesem Abschnitt immer wieder heißt, dass er von Stadt zu Stadt und Dorf zu Dorf geht. Innerhalb dieses Reiseberichtes stehen die drei zuvor besprochenen Gleichnisse an mehr oder weniger zentraler Stelle. Am Ende des Mittelteiles wird – wie so oft von Lukas – der Besitz zum Thema gemacht; und zwar mit der Geschichte über den obersten Zollpächter Zachäus und dem Gleichnis vom anvertrauten Geld (Lk 19,1-27). Im Anschluss zieht Jesus in Jerusalem ein. Ich möchte mich an dieser Stelle allein auf die Geschichte über Zachäus konzentrieren, denn in dieser Erzählung findet sich die einzige Stelle, in der die Suche nach dem Verlorenen die Aufgabe des Menschensohnes, d. h. die Aufgabe Jesu, ist.

> *„Dann kam er nach Jericho und ging durch die Stadt. Und siehe, da war ein Mann namens Zachäus; er war der oberste Zollpächter und war reich. Er suchte Jesus, um zu sehen, wer er sei, doch er konnte es nicht wegen der Menschenmenge; denn er war klein von Gestalt. Darum lief er voraus und stieg auf einen Maulbeerfeigenbaum, um Jesus zu sehen, der dort vorbeikommen musste. Als Jesus an die Stelle kam, schaute er hinauf und sagte zu ihm: Zachäus, komm schnell herunter! Denn ich muss heute in deinem Haus bleiben. Da stieg er schnell herunter und nahm Jesus freudig bei sich auf. Und alle, die das sahen, empörten sich und sagten: Er ist bei einem Sünder eingekehrt. Zachäus aber wandte sich an den Herrn und sagte: Siehe, Herr, die Hälfte meines Vermögens gebe ich den Armen, und wenn ich von jemandem zu viel gefordert habe, gebe ich ihm das Vierfache zurück. Da sagte Jesus zu ihm: Heute ist diesem Haus Heil geschenkt worden, weil auch dieser Mann ein Sohn Abrahams ist. Denn der Menschensohn ist gekommen, um zu suchen und zu retten, was verloren ist.“* (Lk 19,1-10)

Zachäus ist einer, der auf der Suche nach Jesus ist. Wieder geht es um einen Zöllner. Als solcher steht er schon in einem familiären Verhältnis (Sohn Abrahams) zur Gemeinschaft des Volkes Gottes. Zunächst ist also nicht Jesus auf der Suche nach Zachäus, sondern umgekehrt. Er weiß um seine Kleinheit, spielt aber nicht seine Macht aus, um Jesus zu begegnen, sondern findet eine Lösung, die keinen anderen beeinträchtigt: Er steigt auf einen Baum. Jesus begegnet ihm und ruft ihn beim Namen. Man erinnert sich an die Rückkehr des verlorenen Sohnes: Der Sohn kehrt zurück und der Vater geht ihm entgegen; Zachäus sucht Jesus und Jesus lädt sich zu ihm nach Hause ein. Und schon wieder empören sich alle, die das sehen, und verstehen nicht, wie Jesus zu einem Sünder einkehren kann. Tomáš Halík schreibt in seinem Buch „Geduld mit Gott", dessen leitendes Motiv die Zachäus-Erzählung ist:

> *„Zachäus kann uns als unverbesserlicher Individualist, als ‚nicht Einzuordnender' gelten – dort, wo die Menschen sich aus Begeisterung oder auch Erbostheit bereitwillig in Reih und Glied stellen, sucht er instinktiv einen versteckten Platz in der Krone eines Feigenbaumes. Er tut das nicht aus Hochmut, wie es scheinen könnte, weiß er doch gut von seinem ‚kleinen Wuchs' und seinen großen Schwächen, von seiner Schuld gegenüber den absoluten Anforderungen. Seine Rückzugs- und Außenposition ist er fähig und bereit zu verlassen, nur wenn er ‚beim Namen angesprochen' wird – dann kann es passieren, dass er plötzlich auch jene Anforderungen akzeptiert und sein Leben ändert. Zachäus ansprechen kann jedoch nur einer, dem dieser im Feigenbaum versteckte Mann nicht fremd und unbekannt ist; der ihn nicht geringschätzt und ihm nicht gleichgültig ist; dem nicht das fern liegt, was in dessen Sinn und Herz vor sich geht." (Halík, 2016, 23)*

Über die Begegnung selbst, über das Essen oder über die Gespräche erfahren wir nichts. Wir lesen nur von einer Aussage des Zachäus: Er teilt seinen Besitz mit den Ärmsten und gleicht sein Unrecht vierfach aus. Er tut also ein wenig von dem, wozu der reiche Jüngling aufgefordert worden ist. Daraufhin sagt Jesus seinem Haus das Heil zu. Zachäus hat auf seine Weise das gemacht, was der verlorene Sohn getan hat; beide haben einen Weg zu Gott bzw. Jesus (zurück) gesucht.

Erst am Ende erfahren wir, dass auch Jesus auf der Suche ist, dass er es von Anfang an gewesen ist und Zachäus gesucht hat. Hier verbinden sich beide Suchrichtungen: die Suche des Zachäus nach Jesus und die Suche Jesu nach dem Verlorenen. Die Zachäus-Geschichte ist die eines gegenseitigen Sich-Findens.

Wie ist die Suche Jesu also zu charakterisieren? Wie „einer von euch" die 99 Schafe zurücklässt, lässt auch Jesus die Gerechten, also die Pharisäer und Schriftgelehrten, zurück und wendet sich den Verlorenen zu. Wie der Frau auf der Suche nach der Drachme geht es Jesus darum, das eigene Haus, also die eigenen Volksgenossen, auf den Kopf zu stellen, damit er in ihnen das wiederfindet, was verloren gegangen ist. Finden meint aber kein polizeiliches Finden, sodass der Sünder oder die Sünderin der verdienten Strafe zugeführt wird. Das Verlorene ist herausgefallen aus der Gemeinschaft, aus der Gemeinschaft mit Volksgenossen und aus der Gemeinschaft mit Gott. Wiederfinden heißt in diesem Fall die Wiedervereinigung mit dieser Gemeinschaft. Die verlorenen Söhne und Töchter sollen wieder zu rechtmäßigen, vollwertigen Mitgliedern der Familie werden.

Jesus, der Arzt

Die Erzählung von Zachäus verweist nicht nur auf die drei Gleichnisse von der Verlorenheit, sondern auch auf die Nachfolgegeschichte des Zöllners Levi (Lk 5,27-32). Während Jesus sich bei Zachäus zuerst zum Essen einlädt und dann seinem Haus Heil zusagt, wird Levi zuerst in die Nachfolge gerufen. Danach gibt er mit vielen weiteren Zöllnern ein Gastmahl, bei dem auch Jesus zugegen ist. Wieder beschweren sich die Pharisäer und Schriftgelehrten. Die Antwort Jesu folgt prompt:

> *„Nicht die Gesunden bedürfen des Arztes, sondern die Kranken. Ich bin nicht gekommen, um Gerechte, sondern Sünder zur Umkehr zu rufen." (Lk 5,31f.)*

Was also an anderer Stelle als Finden bezeichnet wird, wird hier als Heilung verstanden. Dabei geht es aber nicht um eine wirkliche Krankheit, sondern wieder um Sünde. Mit diesem medizinischen Vokabular soll die überwältigende Macht der Sünde zum Ausdruck kommen: War die Sünde des verlorenen Sohnes eine Tat, für die er sich entschieden hat, ist die Sünde als Krankheit eine Gewalt, die den Menschen überfällt und der er erliegt. Hier braucht es einen Arzt mit Vollmacht, der diese Krankheit heilen kann. Die Heilungsmethode ist die Nähe zu Jesus und der Ruf zur Umkehr.

Im gesamten Lukasevangelium nimmt die Heilung Kranker einen zentralen Stellenwert ein. Die Verbindung mit der Sünde wird dabei an mehreren Stellen herausgestrichen. So zum Beispiel bei der Heilung eines Gelähmten (Lk 5,17-26), unmittelbar vor der Berufung des Levi. Waren wir nicht auch schon Lebenssituationen ausgesetzt, in denen wir uns wie gelähmt und handlungsunfähig gefühlt haben? Üben solche Erfahrungen nicht eine gewaltige Macht auf uns aus, die uns zu Boden drückt? Auch die Geschichte der Jünger beschreibt oft Situationen der Lähmung; nicht zuletzt bei der Entdeckung des leeren Grabes. Wer aber gelähmt ist, der kann sich nicht mehr auf die Suche begeben. Er muss von anderen getragen werden. Um den Lahmen wieder handlungsfähig zu machen, vergibt Jesus ihm daher zunächst seine Sünden. Als daraufhin – wieder einmal – die Schriftgelehrten und Pharisäer murren, weil nur Gott Sünden vergeben könne, heilt er den Gelähmten kurzerhand. In Jesus hat er sein Heil gefunden. Er ist zu sich gekommen und kann seine Seinsmöglichkeiten wieder voll ausschöpfen.

Auch wenn ich hier – die Sprache des Lukas aufnehmend – von Sünde spreche, so dürfen wir deshalb keinen verengten Blick auf die Lebenssituation dieser Menschen werfen: Die Zeitgenossen Jesu sehen die Kranken, denen Jesus begegnet, als Sünder und Sünderinnen an, da sie aufgrund ihrer Sünden für krank gehalten werden. Jesus sieht aber in erster Linie nicht auf die Sünde, obwohl er sie nicht verschweigt. Jesus sieht in erster Linie den verzweifelten, den gescheiterten, den leidenden Menschen. Er wirft einen anderen Blick darauf, was diese Menschen sind, und sieht in ihnen, was sie sein können. Jesu Ruf zur Umkehr ist ein ermutigender Zuruf zu entfalteten Lebensmöglichkeiten. Er erkennt nicht nur die Macht der Ohnmacht, sondern auch die Macht der Liebe, die in den Menschen am Werk ist.

An anderer Stelle verbindet Jesus ausdrücklich die Vergebung mit der Liebe und formuliert ein ähnliches Ungleichgewicht wie bei den beiden Söhnen im Gleichnis vom verlorenen Sohn. Jesus ist bei einem Pharisäer zum Essen eingeladen. Da kommt eine Frau, küsst seine Füße, benetzt sie mit ihren Tränen und salbt sein Haar. In den Augen des Pharisäers ist sie eine Sünderin; dem widerspricht Jesus nicht, sagt ihr aber die Vergebung zu. Und zum Pharisäer sagt er:

> *„Deshalb sage ich dir: Ihr sind ihre vielen Sünden vergeben, weil sie viel geliebt hat. Wem aber nur wenig vergeben wird, der liebt wenig."* (Lk 7,47)

Mit verschiedenen Bildworten beschreibt Lukas die zentrale Aufgabe von Jesus: Er ruft zur Umkehr. Er vergibt die Sünden. Er heilt die Kranken. Er sucht die Verlorenen. Dass es dabei nicht bloß um die Zuwendung zu einzelnen Personen oder um die „Vergeistigung" des Heiles geht, macht gerade der Evangelist Lukas deutlich, der einer der vehementesten Fürsprecher für die Neugestaltung sozialer Verhältnisse ist.

Verkehrung sozialer Verhältnisse

„Selig, ihr Armen, denn euch gehört das Reich Gottes. Selig, die ihr jetzt hungert, denn ihr werdet gesättigt werden. Selig, die ihr jetzt weint, denn ihr werdet lachen." (Lk 6,20f.)

Im Gegensatz zum Evangelisten Matthäus meint Lukas die materiell Armen und nicht jene, die sich vor Gott als arm erweisen (vgl. dazu Mt 5,3 und auch die Weherufe in Lk 6,24-26). Vom materiellen Besitz im Zusammenhang mit dem Erben erzählt eine andere Geschichte, die Lukas noch vor dem Gleichnis vom verlorenen Sohn wiedergibt (Lk 12,13-21). Dabei wird Jesus von zwei Brüdern gebeten, er möge ihr Erbe aufteilen. Das veranlasst Jesus, über die Vorläufigkeit des Besitzes und die Unsinnigkeit von Besitzanhäufungen zu sprechen, indem er das Gleichnis vom Mann erzählt, der größere Scheunen bauen lässt. Die Pointe der Geschichte:

„Du Narr! Noch in dieser Nacht wird man dein Leben von dir zurückfordern. Wem wird dann das gehören, was du angehäuft hast? So geht es einem, der nur für sich selbst Schätze sammelt, aber bei Gott nicht reich ist." (Lk 12,20f.)

Was bringt der angesammelte Besitz, wenn niemand weiß, wann sein letztes Stündlein geschlagen hat. Daher:

„Und er sagte zu seinen Jüngern: Deswegen sage ich euch: Sorgt euch nicht um euer Leben, was ihr essen sollt, noch um euren Leib, was ihr anziehen sollt! Denn das Leben ist mehr als die Nahrung und der Leib mehr als die Kleidung." (Lk 12,22f.)

„Fürchte dich nicht, du kleine Herde! Denn euer Vater hat be-

schlossen, euch das Reich zu geben. Verkauft euren Besitz und gebt Almosen! Macht euch Geldbeutel, die nicht alt werden! Verschafft euch einen Schatz, der nicht abnimmt, im Himmel, wo kein Dieb ihn findet und keine Motte ihn frisst! Denn wo euer Schatz ist, da ist auch euer Herz." (Lk 12,32-34)

Lukas stößt damit in dieselbe Richtung wie Matthäus in seinem Sorgenevangelium. Umso erstaunlicher daher zunächst, dass Jesus in den ersten beiden Gleichnissen, in denen ja Besitzverhältnisse als Vergleich genommen werden, nicht sagt: „Lass das eine Schaf, lass die eine Drachme liegen. Sammle dir lieber Schätze im Himmel." Nein, das kann er gar nicht sagen, denn in diesen beiden Gleichnissen sind die Besitztümer Analoga für Menschen und daher für das, was im Himmel zählt.

Während in den ersten beiden Gleichnissen die Besitzverhältnisse als Vergleich mit der Beziehung Gottes zu den verlorenen Menschen dienen, spielt Besitz im dritten Gleichnis eine andere Rolle: Der Zweitgeborene nimmt sich seinen Besitzanteil und verprasst ihn. Er hat es anders gemacht als der reiche Mann aus dem Gleichnis mit dem Vorratsscheunen. Er lebt so, als ob es kein Morgen gäbe, macht sich keine Sorgen um die Zukunft. Folgt der verlorene Sohn damit nicht eigentlich der Anweisung Jesu, sich keine Sorgen ums Leben zu machen und keinen Besitz anzuhäufen, weil wir ja nicht wissen, wie lange unser Leben noch andauert? Nun, die Sünde liegt nicht so sehr darin, dass der Sohn das Geld verbraucht, sondern vielmehr darin, dass er sich dabei nicht an Gott und seinen Geboten ausrichtet; er führt ein zügelloses Leben und verbraucht sein Geld mit Dirnen – was vielleicht nur eine Unterstellung des Bruders ist – und lebt schließlich bei unreinen Schweinen. Den Armen hat er kein Geld gegeben. Vielleicht beginnt die Sünde aber schon früher, nämlich darin, dass der Sohn überhaupt das Geld für sich haben will und so nach irdisch-vergänglichem Glück strebt. Denn wie heißt es im Scheunengleichnis: So geht es einem, der den Besitz nur für sich haben will. Er scheitert und findet sich in einer verzweifelten Lage vor.

Das ganze Evangelium ist von der Ächtung sozialer Ungleichheit durchdrungen, die es gilt im Hier und Jetzt – also nicht irgendwann in Zukunft oder in einer neuen Welt – zu verwirklichen. Dass daher von den Jüngern und Jüngerinnen Besonderes gefordert ist, deutet sich in der Zachäus-Geschichte in Verbindung mit der Geschichte vom Bettler bei Jericho (Lk 18,35-43) unmittelbar davor an: Der blinde Bettler hat keinen Besitz und erhält von Jesus die Sehkraft, woraufhin er ihm nachfolgt. Zachäus besitzt sehr viel, gibt einen Großteil, aber nicht alles, den Armen und folgt Jesus nicht nach. Von Levi heißt es, dass er alles verlässt und Jesus nachfolgt. Allen aber ist das Heil zugesagt. Ist das nicht auch die Antwort auf die bange Frage der Jünger – wenn kein Reicher das ewige Leben erlangt, wer soll es dann noch erlangen? Für den suchenden Gott ist nichts unmöglich.

Besitzverzicht der Nachfolgenden

Was besagt das alles also für jene, die Jesus nachfolgen? Dass Lukas die sehr hohe Anforderung des Besitzverzichtes an die Nachfolgenden stellt, habe ich schon erwähnt. Was das konkret bedeutet, erfahren wir bei der Aussendung der Zwölf und der 72: Keinen Stab, keine Schuhe, kein Brot, kein Geld, kein zweites Hemd sollen sie mit sich tragen (Lk 9,2; 10,4). Ich bin der Ansicht, dass bei den Evangelisten Matthäus, Markus und Lukas Nachfolge noch wörtlich und nicht im übertragenen Sinn zu verstehen ist: Mit den Nachfolgenden sind jene Menschen gemeint, die Jesus auf seinem Weg durch die Städte und Dörfer in Galiläa, Dekapolis, Samaria, Judäa bis hin nach Jerusalem begleiten. Konsequenterweise gibt es bei diesen Evangelisten nach der Auferstehung Jesu auch keinen Ruf zur (erneuten) Nachfolge. Mit wenigen Ausnahmen (Joh 21,19-22; 1 Petr 2,21; Off 14,4) spielt auch der Begriff „nachfolgen" im restlichen Neuen Testament keine bedeutende Rolle.

Daraus folgt auch, dass bei den „Jesus-Freunden" zwischen jenen zu unterscheiden ist, die ihm nachfolgen (z. B. Levi), und jenen, die zwar gemäß seinen Worten leben, aber dort bleiben, wo sie auch bisher gelebt haben (z. B. Zachäus; vgl. dazu auch Lk 9,49f.). Letzteren gegenüber gibt es zwar die Vorgabe, mit Besitz verantwortungsvoll umzugehen, Almosen zu geben und sich nicht unrechtmäßig zu bereichern, aber nicht generell auf Besitz zu verzichten.

Die Lebensweise des Besitzverzichtes der Nachfolgenden hat von daher drei Perspektiven: Die *erste* ist praktischer Natur. Wer ständig unterwegs ist, kann nicht viel mit sich tragen. Er muss notgedrungen auf vieles verzichten. Die *andere* Perspektive ist eine endzeitliche: Jesus fordert mehr Besitzverzicht, als für Wanderpropheten üblicherweise notwendig wäre. Das soll ein Zeichen dafür sein, dass sie ihr Leben ganz auf Gott hinordnen und sich in den irdischen Dingen kein ewiges Glück und Heil erhoffen. Sie brauchen sich nicht zu sorgen; Gott wird Sorge tragen. Die *dritte* Perspektive ist dann, dass sie nicht nur zeichenhaft auf eine neue Sozialordnung verweisen, sondern diese auch tatsächlich leben sollen. In der Apostelgeschichte, die ebenfalls von Lukas geschrieben wurde, heißt es daher auch, dass die ersten Christen alles verkauften und den Erlös untereinander aufteilten (Apg 2,43-47).

Aber natürlich galt auch für die Nachfolgenden, dass sie nicht auf alles verzichten mussten, immerhin hatten sie noch Kleider am Leib. In diesem Zusammenhang ist auch auf einen bemerkenswerten Hinweis über die Frauen im Gefolge Jesu einzugehen:

> *„Die Zwölf begleiteten ihn und auch einige Frauen, die von bösen Geistern und von Krankheiten geheilt worden waren: Maria, genannt Magdalena, aus der sieben Dämonen ausgefahren waren, Johanna, die Frau des Chuzas, eines Beamten des Herodes, Susanna und viele andere. Sie unterstützten Jesus und die Jünger mit ihrem Vermögen.“* (Lk 8,1-3)

Die erwähnten Frauen gehören also zu den Geheilten, zu den Verlorenen, die Jesus gefunden hat. Sie folgen Jesus auf seinem Weg und geben ihr Vermögen (im doppelten Wortsinn), um die ganze Gemeinschaft zu unterstützen.

Die Suche der Nachfolgenden

Wir können also die Lebensweise Jesu als Suche nach dem Verlorenen beschreiben, aber auch als ärztliche Heilung Kranker. Nachdem wir nun die Anforderung an die Nachfolgenden in Hinblick auf den Besitzverzicht herausgestellt haben, besteht die Frage, ob sie auch den Auftrag haben, zu suchen, was verloren ist. Gleich vorweg: Ein solcher Auftrag ist explizit im Lukasevangelium nicht zu finden. Der Auferstandene erteilt den Auftrag, Zeugen für Gottes Handeln in Jesus Christus zu sein (Lk, 24,44-48; Apg 1,8). Eine nähere Bestimmung, was dieses Zeugesein bedeutet, gibt es an dieser Stelle nicht. Dennoch meine ich, dass die Jünger und Jüngerinnen aufgefordert sind, sich auf die Suche nach den Verlorenen zu machen, dass darin ihr Dienst besteht.

Blicken wir in die Zeit vor dem Tod Jesu, so lesen wir von verschiedenen Aufträgen an bestimmte Personen(gruppen): Den ersten Jüngern wird zugesagt, dass sie von nun an Menschen fischen werden (Lk 5,10). Bei der Aussendung der Zwölf gibt Jesus ihnen den Auftrag, Kranke zu heilen (Lk 9,1f.). Den 72 gibt er denselben Auftrag; von ihnen möchte er aber auch, dass sie neue Arbeiter für die Ernte finden (Lk 10,2f.9).

Liegt es hier nicht schon nahe zu sagen, macht euch auf die Suche nach den Verlorenen? Wendet euch den Armen und Sündern und Sünderinnen zu? Heilt die Kranken? In der Apostelgeschichte zeigt sich genau das: Die erste Heilung, die von Petrus bezeugt wird, ist die Heilung eines gelähmten Bettlers. Im Namen Jesu wird er von Petrus aufgerichtet, weil dieser kein Geld besitzt, das er ihm geben könnte (Apg 3,1-11). Man bringt dann auch Kranke und Geplagte zu ihm, die er heilt (Apg 5,12-16). Da kommen also die vor Ohnmacht Handlungsunfähigen, die Leidenden und Niedergedrückten zu Petrus. Ist das nicht auch jene Art der Suche nach dem Verlorenen, die auch Jesus gelebt hat?

Was für Lukas die Armen, die Sünder und Sünderinnen, die Verlorenen sind, sind bei Matthäus die Geringsten. Aus ihrer Perspektive soll die Welt gesehen werden. Ihnen gilt die vorrangige Option der Diener Christi. Hier ist eine entsprechende innere Haltung erforderlich, die besser ist als das beflissene, emsige Bedienen, wie Jesus Marta deutlich macht: Maria hat das Bessere gewählt, denn sie lauscht den Worten Jesu, während Marta bedient (Lk 10,38-42). Das bedeutet aber keine grundsätzliche Kritik am Dienen: Die innere Haltung, die ich im Hören auf das Wort Jesu gewinne, muss auch im Dienen Früchte tragen. Dann wird sogar der Herr kommen, seine wachsamen Knechte zum Hinsetzen auffordern und sie bedienen (Lk 12,35-48).

Dienende Spiritualität wendet sich den Verlorenen zu, ja, macht sich aktiv auf die Suche nach ihnen. Dabei gehören die Diener gleichzeitig auch zu jenen, die selbst immer wieder auf der Suche nach Jesus sind, auf sein Wort hören und sich von ihm finden lassen müssen.

Von der Verlorenheit zur Verlassenheit

Mit dem verlorenen Schaf greift Lukas ein Motiv aus dem Alten Testament auf. Auf zwei Passagen daraus möchte ich in diesem Zusammenhang zu sprechen kommen. Der Prophet Ezechiel kennt die Situation, dass die Herde von ihren Hirten verlassen worden ist.

> *„Und weil kein Hirt da war, zerstreuten sie sich und sie wurden zum Fraß für alles Getier des Feldes, als sie zerstreut waren. Meine Schafe irren auf allen Bergen und auf jedem hohen Hügel umher und über die ganze Erdoberfläche sind meine Schafe zerstreut. Doch da ist keiner, der fragt, und da ist keiner, der auf die Suche geht. Darum, Hirten, hört das Wort des HERRN: […] Siehe, nun gehe ich gegen die Hirten vor und fordere meine Schafe aus ihrer Hand zurück.“* (Ez 34,5-7.10)

Ezechiel geißelt diese schlechten Hirten in einer langen Rede (Ez 34), in der die Hirten angeklagt werden, weil sie nur sich selbst geweidet, aber auf ihre Herde vergessen haben. Die Hirten haben ihre Herde verlassen. Jetzt wird Gott selbst aktiv: Er stellt sich auf als Richter, zuerst gegen die Hirten und dann zwischen Schaf und Schaf (vgl. dazu auch die Weltgerichtsrede in Mt 25,31-46). Gott wird aus allen Ländern seine verlorenen Schafe sammeln. Lukas bietet zur verlorenen Herde das Gegenbild: die armen Hirten, die in der Geburtsnacht Jesu bei ihrer Herde Nachtwache halten (Lk 2,8). Ähnlich übrigens beim Evangelisten Johannes: Im letzten Kapitel schärft Jesus Petrus ein, dass dieser auf seine Herde achtgeben soll (Joh 21,15-23).

Ezechiel bringt mit seiner Anklage die Perspektive Gottes ein. Aus Sicht der Betroffenen kann sich das ganz anders darstellen. Sie können sich von Gott verlassen sehen, wie ich am Beispiel der letzten drei Verse des langen Psalms 119 zeigen möchte:

> *„HERR, ich habe Verlangen nach der Rettung durch dich und deine Weisung ist mein Ergötzen. Meine Seele lebe, sodass sie dich lobe. Deine Entscheide sollen mir helfen. Ich bin umhergeirrt wie ein verlorenes Schaf. Suche deinen Knecht! Denn nie habe ich deine Gebote vergessen."* (Ps 119,174-176)

Der Beter sehnt sich wie der verlorene Sohn nach Rettung, er fühlt sich wie ein verlorenes Schaf und fordert Gott auf, ihn zu suchen. Er ist bereit, sich finden zu lassen. Was verloren ist, das war einmal Teil der Gemeinschaft. Beim Bild vom verlorenen Schaf sind also nicht die Heiden gemeint, d. h. jene, die gar nie Teil des Volkes Israel gewesen sind, sondern die eigenen Volksgenossen (siehe dazu ganz explizit Mt 10,5f.; 15,24). Sie sind dann in Sünde verfallen oder – wie der Beter des Psalms – vernehmen das Wort Gottes nicht mehr. Der Beter achtet zwar Gottes Gebote, erfährt aber Gott in weiter Ferne.

In zweifacher Weise werden hier Verlorenheit und Verlassenheit miteinander verknüpft: Einerseits sind es die Hirten, die die Herde verlassen, die folglich wie verloren auf der Suche ist, andererseits ist es Gott, der den Menschen verlässt, sodass er wie ein verlorenes Schaf herumirrt, das gefunden werden will. Kann das Erste in einer beißenden Kirchenkritik reformuliert werden, ist das Zweite eine existenziell-spirituelle Erfahrung, die heute wenig ernstgenommen wird. Beides wird uns noch beschäftigen.

Gebet in der Dunkelheit

Von Teresa von Kalkutta

Herr, mein Gott,
wer bin ich, dass du mich im Stich lassen solltest?
Das Kind Deiner Liebe – das nun meistgehasste –
dasjenige, das Du weggeworfen hast als unerwünscht – ungeliebt.

Ich rufe, ich klammere [mich an dich], ich will –
und da ist Niemand, der mir antwortet –
Niemand, an den ich mich klammern kann –
nein, Niemand. –
Allein.

Die Dunkelheit ist so dunkel – und ich bin allein. –
Unerwünscht, im Stich gelassen. –
Die Einsamkeit des Herzens, das nach Liebe verlangt, ist unerträglich. –
Wo ist mein Glaube? –
Selbst tief drinnen in meinem Innersten ist nichts als Leere & Dunkelheit. –
Mein Gott – wie schmerzhaft ist dieser unbekannte Schmerz.
Es schmerzt ohne Unterlass. –
Ich habe keinen Glauben. –
Ich wage nicht, die Worte & Gedanken auszusprechen, die mein Herz bedrängen – & die mich unsagbare Agonie erleiden lassen.
So viele unbeantwortbare Fragen leben in mir – Ich habe Angst davor, sie zu enthüllen – wegen der Gotteslästerung. –

Wenn es einen Gott gibt, verzeih mir bitte. –
Vertraue, dass alles im Himmel mit Jesus enden wird. –
Wenn ich versuche, meine Gedanken zum Himmel zu erheben – erlebe ich

eine solch überzeugende Leere, dass diese Gedanken wie scharfe Messer zurückkehren & meine innerste Seele verletzen. –
Liebe – das Wort – es bringt nichts. –
Man erzählt mir, dass Gott mich liebt – jedoch ist die Realität von Dunkelheit & Kälte & Leere so überwältigend, dass nichts meine Seele berührt.
Bevor das Werk anfing, gab es so viel Einheit – Liebe – Glaube – Vertrauen – Gebet – Opfer. –
Habe ich den Fehler gemacht, mich blind dem Ruf des Heiligsten Herzens hinzugeben?
Am Werk ist kein Zweifel – weil ich davon überzeugt bin, dass es Sein und nicht mein ist. –
Ich fühle nichts – nicht ein einziger einfacher Gedanke oder eine Versuchung befällt mein Herz, auf irgendetwas im Werk Anspruch zu erheben.

Die ganze Zeit lächeln. –

Die Schwestern & die Leute machen solche Bemerkungen. – Sie glauben, dass mein ganzes Wesen von Glaube, Vertrauen & Liebe erfüllt sind & und dass die Vertrautheit mit Gott und das Einssein mit Seinem Willen mein ganzes Herz durchdringen müsste. –
Wenn sie nur wüssten – und wie meine Fröhlichkeit nur der Deckmantel ist, unter dem ich die Leere & das Elend verberge.
Trotz allem –
diese Dunkelheit & Leere sind nicht so schmerzvoll wie die Sehnsucht nach Gott. –
Der Widerspruch, fürchte ich, wird mich aus der Gleichgewicht bringen. –
Was tust du, Mein Gott, jemand so Kleinem an?
Als Du mich batest, Deine Passion in meinem Herzen einzuprägen –

Ist dies die Antwort darauf?
Wenn es Dir Ruhm bringt,
wenn du davon einen Tropfen Freude bekommst –
wenn Seelen dadurch zu dir gebracht werden –
wenn mein Leiden Dein Dürsten stillt –
dann bin ich bereit, Herr, mit Freuden all das anzunehmen
bis zum Ende meines Lebens –

& ich werde Dein verborgenes Angesicht anlächeln –
immer.

(Teresa von Kalkutta, zitiert nach Kolodiejchuk, 2007, 218-220 – Schreibfehler übernommen)

Kapitel 4

Die Dunkelheit meines Lebens

Ich bin nun bei meinem zentralen Kapitel angekommen. Die Zeit, in der diese Texte entstanden sind, war eine der intensiven Selbstvergewisserung, die polyzentrisch um meine Biographie, das Diakonenamt und die Kreuzigung Jesu kreiste. Dies sind auch die drei Fluchtpunkte, auf die die folgenden vier Texte zulaufen.

Biographisch steht meine damalige Auseinandersetzung mit meiner Hautkrankheit im Mittelpunkt, deren spirituelle Seite sich mir in dieser Zeit geoffenbart hat. Zugleich spielt auch meine Familie eine bedeutende Rolle. Viel hat sich seither verändert, nicht nur äußerlich, sondern auch innerlich, in meiner Bewertung der angeführten Personen und meiner Spiritualität. Wozu sind dann diese alten Texte noch gut? Weil sie trotz des Weges, den ich seitdem gegangen bin, ihre Gültigkeit haben. Sie bilden den Wurzelstock, aus dem heraus neue Triebe gewachsen sind. Sie sind daher authentische Zeugnisse meiner spirituellen Mitte.

Ich möchte betonen, dass ich mit diesen Texten nicht meine besonders schwere Kindheit darstellen möchte. Sie war keineswegs schwer. Ich hatte aber auch keine rundum sorgenlose Kindheit. Damit unterscheiden sich meine Kinderjahre wohl kaum von denen anderer Menschen. Vielmehr möchte ich mein Leben im Licht des Glaubens beleuchten, deuten und verstehen, sodass ich als Zeuge im Selbstzeugnis Gott bezeuge. Wichtigstes Anknüpfungsereignis ist dabei die *Kreuzigung Jesu*. Damit verbunden können diese Texte auch als Darstellung menschlicher Verlorenheit verstanden werden, wenngleich davon nicht ausdrücklich die Rede ist. Es scheint mir fast so, dass eine Macht am Werk war, die in mir eine Spannung aufriss, die ungeheilt geblieben ist. Eine Zerrissenheit, aus der heraus Jesus zu Gott den Schrei des Verzweifelten stößt.

Bloß: Da ist kein Gott. Gott ist nicht mehr verborgen anwesend, sondern hat den Menschen verlassen. Jesus schreit den verzweifelten Schrei des Gottverlassenen. Die Kehrseite des Kreuzes ist die Osterkerze. Bildet das Kreuz den biographischen Bezugspunkt, so stellt die Osterkerze den theologischen Bezugspunkt zum *Diakonat* dar. Sie sind zwei Seiten einer Münze: Biographisches und Theologisches gehören zusammen.

Die Texte habe ich inhaltlich nicht geändert, sondern sie stehen so da, wie ich sie geschrieben habe – mit der Ausnahme, dass ich Fehler korrigiert und manchmal den Text sprachlich verbessert habe. Heute würde ich manches anders schreiben. Einiges davon werde ich im letzten Kapitel nochmals thematisieren, so z. B. die Zuordnung von Laien und Klerikern. Im Abschnitt „Die Osterkerze" nehme ich auch auf eine Passage des Kirchenrechtes Bezug, die Papst Benedikt XVI. ein Jahr nach Abfassung dieses Textes geändert hat. Diese Änderung war ein wesentlicher Eingriff in das Verständnis des Diakonates, worauf ich im Abschnitt „Handeln in der Person Christi, des Hauptes" ausführlich zu sprechen kommen werde.

Die Osterkerze

Geschrieben im Dezember 2008

Diese Zeilen schreibe ich am Tag des Hl. Stephanus, des ersten Märtyrers. Der erste Märtyrer – ein Diakon – ein Heidenchrist.

Liturgie als verdichtete symbolische Dramaturgie soll in Handlungen und Gesten Werk von und für das Volk Gottes sein, Diese Dramaturgie bringt die Kirche in ihrer sichtbaren und unsichtbaren Dimension zum Ausdruck. Nicht immer ist diese symbolische Darstellung gut und richtig gelungen; verändern sich theologische Zugänge, so muss sich auch die Liturgie verändern.

Die zentrale liturgische Feier im Jahreskreis ist die Auferstehungsfeier, in der dem Diakon gleich zu Beginn eine Rolle zukommt, die für sein Wesen steht. Zumindest ist sie geeignet, zur theologischen Profilierung des Diakonats beizutragen.

Hier ist allerdings die besondere Dramaturgie zu beachten, die das römische Messbuch vorsieht, nicht jene, wie sie tatsächlich praktiziert wird: Die gesamte Auferstehungsliturgie muss zu einem Zeitpunkt gefeiert werden, an dem es dunkel ist. Christus, unser Licht, unsere Sonne ist untergegangen. Er liegt im Grab, der Himmel und die Erde haben sich verdunkelt. Diese Dunkelheit ist auch in die Kirche eingezogen. Auch sie hüllt sich in Dunkelheit.

Zur Erhellung der Nacht wird vor der Kirche ein Feuer angezündet. Es soll aber nicht nur die Nacht erhellen, sondern in uns auch die Sehnsucht nach dem ewigen Licht, nach Jesus Christus, wecken. Um dieses Feuer versammelt sich das Volk Gottes, nicht in der Kirche. Diese ist nicht nur dunkel, sondern auch leer. Kirche versammelt sich um das Licht Christi, nicht einfach in Gebäuden. Das Volk Gottes wird erst zu einem solchen, wenn es sich um Christus sammelt, sich nicht in einem Haus versammelt. Und dennoch ist das Kirchengebäude, welches dunkel und leer ist, Symbol der Kirche als Volk Gottes: Es vergegenwärtigt jenen Teil der Kirche, der voll Dunkelheit ist, voll Dunkelheit aufgrund von Schmerz und Leid, von Einsamkeit und Krankheit, von Verzweiflung und Hoffnungslosigkeit, die Dunkelheit jener, die unter die Räder gekommen sind, der Armen, Schwachen und Unterdrückten, jener, die Gottes Nähe nicht wahrnehmen oder nicht wahrnehmen wollen oder können, kurz: Die dunkle Kirche ist Realsymbol der Gottverlassenheit.

Die Osternacht lebt – wie auch das gesamte Christentum – von der Spannung von Dunkelheit und Licht und wir dürfen nicht die eine Seite zu Lasten der anderen Seite mehr betonen. Unser Leben spielt sich in dieser eschatologischen Spannung ab, die hier in einer symbolischen, feierlichen Form zum Ausdruck kommt.

Nach der Segnung des Feuers wird die Osterkerze entzündet und der Diakon nimmt sie auf. Die Osterkerze ist die realsymbolische Vergegenwärtigung des Heilsereignisses Jesu Christi, welches sich zumindest ebenso in doppelter eschatologischer Spannung manifestiert. Zum einen in der schon angesprochenen Spannung von Dunkelheit und Licht, zum zweiten aber – und dies ist schon im Feuer präsent – in der Spannung von

Heil und Selbstzerstörung. Die Kerze kann nur Licht bringen, wenn sie sich selbst zerstört. Je mehr Licht sie gibt, desto schneller geht sie der eigenen Vernichtung entgegen. In dieser Spannung steht das Heilsereignis Jesu Christi, dessen symbolische Verwirklichung die Kerze ist. Christus musste sterben, er musste sich völlig seinem Auftrag hingeben, um den Menschen Heil zu bringen. Die Osterkerze ist nicht einfach Symbol für die Auferstehung, sondern für die Spannung von Tod und Leben, von Dunkelheit und Licht. In dieser Spannung leben Menschen zu allen Zeiten und die Gegenwart dieser Spannung wird ebenfalls durch die Osterkerze manifestiert. Sie spricht es aus: Hier und heute wird das Licht Jesu für uns ansichtig, das Licht, das nur erscheinen kann, wenn es sich selbst zerstört. Die Osterkerze wird damit zum allumfassenden, in diesem Sinne katholischen Symbol für Jesus Christus, der gestern gewirkt hat und heute wirkt, der der Anfang und das Ende, das Alpha und das Omega ist. Christus, der war, der ist und der kommt! Nicht nur Alpha und Omega findet man auf der Osterkerze, sondern auch die Wundmale als Verdeutlichung der Spannung von Tod und Leben und die Jahreszahl als Verdeutlichung der Gegenwart dieser Spannung.

Und so singt an dieser Stelle der Diakon zum ersten Mal: „Lumen Christi“, „Christus, das Licht“, und alle danken Gott dafür. Dann setzt sich die Prozession in Gang, geht in das Kirchengebäude. Kirche als Volk Gottes ist auf dem Weg, ist nicht in der Vollendung, befindet sich immer im Prozess. Kirche ist nicht Stillstand, sondern in ständigen Veränderungsprozessen befindlich. Gott hat zu allen Zeiten sein Volk aufgerufen, sich aufzumachen in ein Land, wo Milch und Honig fließen, wegzugehen und sich aus der Knechtschaft zu befreien oder einfach umzukehren und wieder auf den Weg Gottes zurückzugehen. So ruft er auch heute noch beständig, seine Wege zu gehen. Er begleitet uns und leuchtet uns den Weg. Er geht uns voran, wir folgen ihm. So geht er auch bei der Osterprozession voran, in den Händen des Diakons. Er geht uns voran in die dunkle und leere Kirche, in die Kirche voll Schmerz, Verzweiflung und Hoffnungslosigkeit. Dorthin geht Christus, das Licht, voran mit seinem Schmerz, seiner Verzweiflung, seiner Hoffnungslosigkeit – seiner Gottverlassenheit. Dort ist Christus der Erste.

Von daher wäre zu Recht zu fragen, ob es ein richtiges Zeichen ist, dass der Thuriferar und der Navikular (d. h. der Weihrauch) der Osterkerze vorangehen. Das Verbrennen des Weihrauchs erinnert an das Rauchopfer aus alter Zeit. In Psalm 141 wird Gott um Hilfe angefleht und dieses flehende Gebet soll aufsteigen zu Gott wie der Rauch der Opferdarbringung. Aus diesem Rauchopfer wird im Neuen Testament, im achten Kapitel der Offenbarung Jesu Christi Weihrauch, der von einem Engel gesammelt wird und durch den die Gebete der Heiligen, d. h. derer, die an Gott festgehalten haben, emporsteigen. In beiden Fällen wird gesagt, dass der Rauch vor Gott aufsteigt. Jedoch ist zu fragen, ob dieses „vor" eine strenge Ortsbezeichnung meint. Denn der Wechsel vom Alten zum Neuen Testament ist zu beachten: Jesus Christus als das endgültige Opfer hat jede weitere Opferhandlung beendet. Der Opfercharakter kann der Liturgie nur deshalb zugesprochen werden, weil sie das endgültige Opfer vergegenwärtigt, nicht wiederholt. Dies wird auch deutlich, dass in der Offenbarung kein Mensch, sondern ein Engel, d. h. Gott selbst, den Weihrauch gibt und verbrennt. Gott ist es, der handelt, der sich selbst hingibt, um die Dunkelheit hell zu machen. Er ist der Erste, der vorangeht, und kein Mensch oder menschliches Gebet. Das „vor" meint in der biblischen Sprache zwar eine Ortsbezeichnung, aber aus Sicht der Menschen, sodass der Thuriferar und der Navikular direkt hinter der Osterkerze gehen müssten, damit er aus Sicht der Menschen vor der Osterkerze geht; der aufsteigende Weihrauch ist die Sammlung der Gebete der Menschen, die vor dem Thron Gottes aufsteigen.

Erster ist Christus. Als Osterkerze wird er vom Diakon getragen und dies bringt auch zum Ausdruck, was der Diakon ist. Zunächst ist er nicht selbst die Osterkerze, d. h., er ist nicht selbst Christus, er ist kein zweiter, sozusagen gegenwärtiger, menschlicher Christus. Vielmehr handelt er in der Person Jesu Christi (CIC 1983, 1008). Der Diakon ist – wie jeder Getaufte – Gesandter Christi. In seinem Auftrag handelt er und wo und wie er handelt, handelt er stellvertretend für Christus. Nicht er repräsentiert Christus, sondern dies tut – im Rahmen der Liturgie – die Osterkerze. Er handelt aber als Beauftragter, als Gesandter Jesu. Jedoch handelt er nicht nur in seinem Auftrag, sondern sein Handeln hat auch einen speziellen Inhalt, nämlich die Osterkerze selbst. D. h., Jesus Christus ist nicht nur der, der den Diakon beauftragt, sondern zugleich auch der Inhalt dieses Auftrages. Der Diakon ist also von Christus gesandt, Christus zu verkünden. Dies kommt dem Diakon allerdings nicht aufgrund seiner Weihe zu, sondern aufgrund der Taufe. Diese spezielle Beauftragung ist eine, die allen Getauften zukommt.

Die Besonderheit des diakonischen Auftrages liegt in der weiteren Entfaltung der Osterdramaturgie. Während dem getauften Laien der Weltcharakter eigen ist, ist der Diakon auf die Kirche hin ausgerichtet. Mit der Osterkerze geht er nicht von der Kirche hinaus in die Welt, sondern von draußen kommt er in die Kirche. Er kommt aber in eine dunkle leere Kirche, dorthin, wo Kirche als solche vielleicht gar nicht mehr sichtbar ist. Während der Priester ganz im Zentrum des Lichtes beheimatet ist, steht der Diakon am Rand des Lichtes, dort also, wo schon viel Dunkelheit ist. Dorthin bringt er das Licht, indem er mit seinem Handeln im Auftrag Christi diesen Christus vergegenwärtigt, der nur Licht bringt, indem er sich völlig verbrennt.

Das Gemeinsame von Laien und Klerikern ist also der gemeinsame Auftrag, stellvertretend für Christus zu handeln, sodass Christus präsent wird. Im Unterschied zum Laien handelt der Diakon mit Blick auf die Kirche, nicht mit Blick auf die Welt. Im Unterschied zum Priester handelt er aber nicht im Zentrum der Kirche, sondern an ihrem Rand.

Der Diakon ist damit nicht einfach der Assistent des Priesters im Sinn des Oberministranten, wie es die Allgemeine Einführung ins Messbuch (AEM 127) nahezulegen scheint. Um den Dienst des Oberministranten zu erfüllen, bräuchte es keine Weihe. Und gerade in der Dramaturgie der österlichen Lichtfeier wird deutlich, dass es nicht um eine Hilfestellung für den Priester geht, sondern um den liturgisch-symbolischen Ausdruck der Würde des Diakons. Dass der Diakon in der Gemeindemesse dem Priester assistiert, soll vielmehr zum Ausdruck bringen, dass der Diakon vom Rand (des Altares = Christi = der Kirche) hin zum Zentrum, in dem der Priester steht, arbeitet.

Diese Bewegung, dieser Prozess vom Rand ins Zentrum wird durch die Prozession ausgedrückt: Am Feuer in der Dunkelheit der Nacht ruft der Diakon „Lumen Christi“ – „Christus, das Licht“. Am Rand der Kirche, am Eingang in der Dunkelheit der Kirche ruft er ein zweites Mal „Lumen Christi“ – „Christus, das Licht“. Am Rand der Kirche erhalten nun alle Menschen vom Licht der Osterkerze ihr Licht. Dann ist man bereit, ins Zentrum zu gehen; so ruft der Diakon zum dritten Mal vom Zentrum der Kirche (= Altar) aus „Lumen Christi“ – „Christus, das Licht“. Diese Bewegung vom Rand zum Zentrum ist die Prozession des Lebens eines Diakons. Dies ist die Spannung, in der der Diakon sein Leben vollbringt.

Nach dem Abstellen der Osterkerze geht der Diakon zum Ambo, um das Osterlied zu verkünden. Er steigt also in den Himmel hinauf (Ambo vom griech. *anabaínein* = hinaufsteigen), um von dort aus das Loblied auf die Heilstaten Gottes zu singen. Das Exsultet bringt nochmals die doppelte eschatologische Spannung von Dunkelheit und Licht, von Tod und Leben zum Ausdruck. Im Abschluss verdichtet es sich:

„Darum bitten wir dich, o Herr:
Geweiht zum Ruhm deines Namens,
leuchte die Kerze fort,
um in dieser Nacht das Dunkel zu vertreiben.
Nimm sie an als lieblich duftendes Opfer,
vermähle ihr Licht mit den Lichtern am Himmel.

Sie leuchte, bis der Morgenstern erscheint,
jener wahre Morgenstern, der in Ewigkeit nicht untergeht:
dein Sohn, unser Herr Jesus Christus,
der von den Toten erstand,
der den Menschen erstrahlt im österlichen Licht;
der lebt und herrscht in Ewigkeit.“

Auch das Weihrauchmotiv wird im Osterlob weitergeführt, wenn gleich zu Beginn des Osterlobes vom Erschallen der Posaune zum Sieg gesungen wird. Der Engel aus der Offenbarung leitet mit seinem Weihrauchritual das Blasen der sieben apokalyptischen Posaunen ein. Sie ertönen nun im Osterlob.

Dunkelheit und Licht – das ist auch das zentrale Motiv zu Weihnachten, dem zweiten Hochfest der Christenheit. Damit verbindet sich das gesamte Heilsereignis in diesem Motiv. Im Prolog des Johannesevangeliums steht:

„Und das Licht leuchtet in der Finsternis und die Finsternis hat es nicht erfasst.“ (Joh 1,5)

Dieser Vers gibt schon einen Hinweis auf das Schicksal Jesu. Weil die Finsternis ihn nicht erfasst hat, musste er ganz herabsteigen in die äußerste Finsternis, in den Kreuzestod. Jesaja hat noch die Vision des lauten Jubels, wenn das Kind geboren wird.

„Das Volk, das im Dunkel lebt, sieht ein helles Licht; über denen, die im Land der Finsternis wohnen, strahlt ein Licht auf. Du erregst lauten Jubel und schenkst große Freude. Man freut sich in deiner Nähe, wie man sich freut bei der Ernte, wie man jubelt, wenn Beute verteilt wird.“ (Jes 9,1-2)

Weihnachten ist das Fest, welches in zwei Wochen das ganze Heilsmysterium aufreißt, von der Geburt des Kindes bis zur Wiederkunft des Menschensohnes. Vereint sind diese Ereignisse im Erscheinen des Lichtes in der Finsternis. Und indem wir zu Weihnachten den Johannes-Prolog lesen, verweisen wir auch schon auf Ostern, auf den Tod und das Leben Jesu. Wieder ist diese doppelte Spannung aufgerissen. Um aber klar zu sehen, dass dies alles in der Macht Gottes liegt, müssen wir wieder Jesaja lesen, wobei der Versuch unternommen werden soll, zentrale weihnachtliche und österliche Motive zusammen zu denken: Das Licht, welches in der Dunkelheit erscheint, einmal als schwaches Kind in der Ärmlichkeit einer Futterkrippe, einmal als Osterkerze in der Dunkelheit der Nacht und der Kirche, einmal als gerechter Menschensohn bei der Erscheinung des Herrn, wo der ganze Kosmos mit seinen Gestirnen von ihm kündet. Vom Himmel her kommt die Gerechtigkeit, indem der Himmel taut. Zugleich tut sich die Erde auf, indem sie durch das österliche Feuer geöffnet wird. Wie auch die Geburt Christi eine Vereinigung der vom Himmel kommenden Gnade und der irdischen Eltern ist. So spricht der Herr:

„Ich bin der Herr und sonst niemand.
Ich erschaffe das Licht und mache das Dunkel,
ich bewirke das Heil und erschaffe das Unheil.
Ich bin der Herr, der das alles vollbringt.
Taut, ihr Himmel, von oben,
ihr Wolken, lasst Gerechtigkeit regnen!
Die Erde tue sich auf und bringe das Heil hervor,
sie lasse Gerechtigkeit sprießen.
Ich, der Herr, will es vollbringen.“
(Jes 45,6b-8)

Und noch eine Stelle vereint weihnachtliche und österliche Motive, obwohl sie nur zu Weihnachten gelesen wird. Denken wir doch zusammen:

Die Hirten und Sterndeuter, die zur Krippe pilgern, und das Volk Gottes auf dem Weg ins Zentrum des Lichtes als liturgisch-symbolische Verdichtung der Kirche als pilgerndes Gottesvolk. Machen wir uns auf zum Licht; das Licht, das im Jesuskind erscheint, soll übergehen auf uns alle, wie es am Rand der Kirche in der Osterliturgie geschieht. Denn draußen ist es dunkel:

„Auf, werde licht,
denn es kommt dein Licht,
und die Herrlichkeit des Herrn geht leuchtend auf über dir.
Denn siehe,
Finsternis bedeckt die Erde
und Dunkel die Völker,
doch über dir geht leuchtend der Herr auf,
seine Herrlichkeit erscheint über dir.
Völker wandern zu deinem Licht
und Könige zu deinem strahlenden Glanz.
Blick auf und schau umher:
Sie alle versammeln sich und kommen zu dir.
Deine Söhne kommen von fern,
deine Töchter trägt man auf den Armen herbei."
(Jes 60,1-4)

Verzweifelt zerrissen

Geschrieben im Dezember 2009

Nun weg von den theologischen Erörterungen, hin zu meinem eigenen Leben. Ich werde der Diakon sein, der die Osterkerze in die dunkle Kirche trägt. Ich werde am Rand der Kirche stehen, ich werde die Spannung zwischen Licht und Dunkelheit aushalten. Seit meiner Geburt lebe ich in dieser Spannung.

Mein Mutter trennte sich von meinem Vater noch während der Schwangerschaft. Treue war für meinen Vater kein gelebter Wert. Sicherlich war dieser Schritt meiner Mutter richtig, doch hat er mich in eine Spannung hineingeboren, die mich innerlich zerrissen hat: Ich bin der Sohn einer Mutter, die alles für mich gemacht hat, mich an die erste Stelle gestellt hat, und zugleich bin ich Sohn eines Vater, der mich nicht geliebt hat, der mich abgelehnt hat. Ich erfuhr von Kindheit an, wie es ist, geliebt und zugleich gehasst zu werden. Von klein auf wollte auch ich nichts mit meinem Vater zu tun haben. Gerichte schrieben es aber vor, dass mein Vater mich sehen durfte. Ich wurde zum Spielball eines Beziehungskonflikts, den letztlich meine Mutter gewann, indem mein Vater sich nicht mehr blicken ließ.

Auch mit zehn Jahren lehnte ich ab, meinen Vater zu sehen, als das Jugendamt anrief. Mit 16 Jahren – nachdem ich meinen Vater 13 Jahre lang nicht gesehen hatte – wollte ich die Gelegenheit nutzen, seine Sicht kennenzulernen, da er mich um ein Gespräch gebeten hatte. In diesem Gespräch kam nichts, keine Entschuldigung, kein „Es tut mir leid", nur: „Anderen Frauen geht es auch so wie deiner Mutter." Und dann noch Beschuldigungen gegen meine Mutter. Hätte ich mich wieder zum Spielball einer gescheiterten Beziehung machen lassen sollen?

Dennoch muss ich meinem Vater danken – und dies meine ich aufrichtig: Wäre all das nicht geschehen, ich wäre nicht der, der ich eben bin. Mir würde diese innere Zerrissenheit fehlen, die mich erst wahrhaft dazu qualifiziert, Diakon zu sein. Erst diese Zerrissenheit zwischen Liebe und Ablehnung lässt mich ein Teil derjenigen Menschen werden, die selbst in einer inneren Zerrissenheit leben. Und nur wenn ich selbst an dieser Dunkelheit leide, bin ich einer von denen, die am Rand der Kirche stehen. Und nur wenn ich einer von jenen bin, kann ich auch Licht für jene sein. Schon von Anbeginn meines Lebens schrieb sich Gott in mein Leben ein, indem er mir diese Zerrissenheit schenkte.

Auf der anderen Seite hatte ich eine Mutter, die immer an meiner

Seite war, immer für mich da war und mir so das rechte Selbstvertrauen schenkte, das ihr selbst gefehlt hatte. Sie nahm mich an, wie ich eben war, und so lernte ich mich auch anzunehmen. „Mein Sohn bist du!“ Bis heute ist sie aber allein geblieben, hatte zwar ein paar Beziehungen gehabt, die aber alle glücklos gewesen waren, sodass sie letztlich ohne Mann geblieben ist. Ihre Sehnsucht war eine andere. Ich hätte ihr eine glückliche Beziehung gewünscht, eine Erfüllung dieser Sehnsucht, jedoch traf sie dazu nicht auf die passenden Männer. Oder sie war blind, sodass sie keinen klaren Blick für den richtigen Mann entwickeln konnte.

Welche Männer sind mir im Laufe der Beziehungen meiner Mutter entgegengetreten? Jedenfalls keine „echten“ Männer, sondern nur solche, die auf ihren eigenen Vorteil bedacht waren. Aber was bin ich für ein Mann? Wenn ich an meine ersten Ehejahre denke, so war ich nicht viel besser. Nicht dass ich meine Frau betrogen hätte, aber zumindest wollte ich ausbrechen, denn der Alltag war für mich ein Gefängnis mit zu vielen Verpflichtungen. Nicht nur wollte ich ausbrechen, sondern ich habe es auch getan. Allzu oft ließ ich sie mit unserem Sohn allein. Das alles war meine Verantwortung und Resultat meiner inneren Zerrissenheit. Und heute bin ich meiner Frau dankbar, dass sie trotz des Leides, das ich ihr zugefügt hatte, bei mir geblieben ist. Hätte sie sich damals getrennt, ich wüsste nicht, was mir dann in meinem Leben überhaupt noch gelungen wäre. All dieses Dunkel habe ich auch in mir, ich darf es nicht verleugnen.

Ein weiterer Mann prägte mein Leben: mein Großvater, der 20 Jahre seines Lebens aufgrund einer Querschnittslähmung an den Rollstuhl gefesselt war. Je länger er im Rollstuhl war, desto mehr zog er sich zurück. Anfangs ging er noch ins Freie, aber im Lauf der Jahre verkroch er sich in sein Zimmer, sah fern, rauchte Zigaretten und trank Bier. Je länger sein Leben dauerte, desto mehr sah man ihm seine Verzweiflung an. Ich hatte ihn sehr gern und je mehr ich darüber nachdenke, desto mehr entdecke ich die dunklen Seiten an ihm, den Hang zur Sucht und zur Verzweiflung.

Die letzte Erfahrung, die ich mit ihm machte, war ebenso eine der Verzweiflung: Nach einer Woche Krankenhausaufenthalt besuchte ich ihn. Er konnte nicht mehr verständlich sprechen; kein Wort konnte ich von dem Menschen verstehen, den ich sehr liebte. Unter Tränen musste mich meine Mutter hinausbringen, weil ich mich gar nicht mehr beruhigen konnte. Was mag er dabei wohl gefühlt haben? Ich weiß es nicht. Das war meine letzte Begegnung mit ihm. Eine Woche später starb er.

Heute bin ich Mitarbeiter der Krisenintervention des Roten Kreuzes und begleite Menschen, die mit dem Tod eines Angehörigen konfrontiert sind. Je mehr ich mich in diese Situationen begebe, desto mehr spüre ich das Leben. In dieser abgrundtiefen Erfahrung des Todes ist die Erfahrung des Lebens in seiner verdichteten Form präsent. Die Dunkelheit verdichtet sich zum Licht. Dort ist das wahre Leben zu finden. Die wahren Momente des Lebens finde ich nicht im Lachen und in der Freude – und ich lache sehr viel –, sondern vielmehr im Durchleben der Dunkelheit, des Leides, der Verzweiflung.

Im Übrigen bringt der Tod eines Menschen nicht nur Trauer, sondern kann auch Erleichterung bedeuten. Auch diese Erfahrung konnte ich in meiner eigenen Familie machen und damit kehre ich zum Thema der Zerrissenheit zurück: Beim Tod meiner Großmutter veränderte sich unsere Familiensituation, weil ein Mensch gestorben war, der von vielen als Last empfunden wurde. Es ist tragisch, das am Ende des Lebens eines Menschen über ihn zu sagen, denn es drückt eine große Hoffnungslosigkeit aus: Es wird mit dem Tod zunehmend schwerer, ein anderes Bild von diesem Menschen zu erlangen. Sie hatte die bewusste oder unbewusste Absicht, Menschen für sich zu vereinnahmen, zu instrumentalisieren. Wie oft stand ich zwischen ihr und meiner Mutter, zwischen einem Menschen, den ich nicht verletzen wollte, und einem Menschen, den ich liebte? Wie soll sich da ein Kind entscheiden, wenn es in einen solchen Konflikt hineingezogen wird?

Ein Erlebnis, welches symptomatisch für die vielen Konflikte steht:

Im Streit wollte meine Mutter mit mir nach Hause fahren und ging schon voraus zum Auto. Mit einem Trick wollte meine Großmutter mich im Haus behalten und sperrte dann die Eingangstür vor mir unbemerkt ab. Als ich nicht nach draußen kam, wollte meine Mutter mich holen, kam aber nur vor die versperrte Eingangstür, die zum Teil aus dickem Glas bestand. Sie begann zu klopfen und je länger sie klopfte und niemand öffnete, desto heftiger wurde sie, bis schließlich das Glas zu Bruch ging und sie sich ihre Finger aufschnitt. Gibt es für ein Kind überhaupt die Möglichkeit, aus einer solchen Situation unbeschadet herauszukommen? Die Vereinnahmungsversuche meiner Großmutter waren aber nicht nur solcher Art, sondern bestanden zeit ihres Lebens vor allem aus moralischem Druck. Diesem standzuhalten war die größte Herausforderung für alle Familienmitglieder, wobei ich es in den letzten Jahren nur schaffte, indem ich den Kontakt auf ein Minimum beschränkte. Sie hätte sich sicher etwas anderes verdient, jedoch bin ich hier an die Grenze, an den Rand des für mich Leistbaren gestoßen. Ich hoffe, sie hat jetzt ihre ewige Seligkeit gefunden.

Aus all diesen Erfahrungen kann ich nicht unbeschadet hervorgehen. Hier ist kein Glanz und keine Glorie. Hier ist alles dunkel, kein Licht, keine Erlösung, kein Erlöser. Hier ist kein Gott, der mich rettet. Hier gibt es nur Zerstörung, nur Schaden, nur Gottverlassenheit, nur Dunkelheit. Wo ist denn der Gott, der mit eisernem Zepter dreinfährt, sich auf meine Seite stellt? Nirgends. Nirgends ist er, vielmehr lässt er den Schaden einer kleinen Kinderseele zu. Was ist das für ein Gott, der das zulässt?

Ich gebe zu, dass ich ein gestörtes Gebetsleben habe. Ich weiß nicht, wie ich einen Gott anbeten soll, der das zulassen konnte und zugleich von mir fordert, ganz in seinen Dienst zu treten, der in mich die Dunkelheit eingepflanzt hat, damit ich Licht für andere bin, der mich geschwächt hat, um für andere da zu sein. Ist dieses Joch, dass du mir da auferlegst, wirklich so leicht zu tragen, Gott? Manchmal würde ich gern davonlaufen, will von all dem nichts wissen; das scheint mir der leichteste Weg zu sein.

Vielleicht mache ich das noch, hau' einfach den Hut drauf und du kannst mich gern haben.

Entäußerung der inneren Zerrissenheit

Geschrieben im Dezember 2009

Teresa von Kalkutta hat ihre Dunkelheit verborgen, nach außen hin hat sie immer gelächelt. Für sich hat sie diese Dunkelheit verstanden als Läuterungsprozess, als Läuterung von ihrem Hochmut. Einerseits ist das nachvollziehbar: Wer ein solches Werk wie das von Teresa beginnt, läuft immer Gefahr, sich für etwas Besseres, für auserwählt zu halten. Und tatsächlich ist jeder, der berufen ist, ein Auserwählter und kann so leicht dem Hochmut verfallen. Auch ich bin dieser Gefahr ausgesetzt und befürchte in vielen Alltagssituationen immer wieder zu wenig demütig zu sein. Andererseits bin ich dazu berufen, meine Dunkelheit nicht für mich zu behalten. Vielmehr entäußert sie sich gegen meinen Willen. Für andere bloß eine Krankheit, für mich Entäußerung meiner inneren Dunkelheit. Ich spreche von meiner Hautkrankheit, die ich seit meiner Kindheit habe und die sich im Laufe der Jahre zwar verändert hat, aber nicht verschwunden ist.

Was ist die Haut? Haut ist die Grenze des Körpers, es handelt sich um ein Grenzphänomen. Ich bin hier ganz hingeworfen an den Rand meines eigenen Körpers. Als Kind hin- und hergerissen zwischen Vater und Mutter, zwischen Großmutter und Mutter, zwischen Ablehnung bzw. Manipulation und Angenommensein – hier immer ein Grenzgänger –, stoße ich an die Grenze meines Körpers, der genauso auf- und zerreißt wie meine Seele. Somit aber als Diakon berufen, von dieser Grenze, vom Rand der Kirche, vom Rand menschlicher Existenz in Leiden, Verzweiflung, Hoffnungslosigkeit und Tod nicht abzuweichen, sondern stehen zu bleiben, nicht den Menschen zu helfen, sondern mit ihnen zu sein, nicht bloß geistig bei ihnen zu sein, sondern mit meiner ganzen körperlichen Existenz all die Dunkelheit zu leben. Ich erlebe diese Krankheit als Zwang, der mich wahrhaft demütigt. Und ich habe keine Wahl. Ich kann aus meiner Haut nicht heraus. Ich habe nur die Möglichkeit, meinem Körper Gewalt anzutun, entweder indem ich mich wund kratze und die Haut von meinem Körper ziehe, so als ob ich meine eigenen Grenzen vernichten wollte, oder ich behandle mich mit Medikamenten, die letztlich andere Teile meines Körpers zerstören. Indem ich also meinem Körper Gewalt antue, arbeite ich auf meine eigene Selbstzerstörung hin. Das ist wohl die größte Demütigung: Nicht dass mir wie Hiob von einem anderen alles weggenommen wird, sondern dass ich es selbst bin, der all das an sich selbst vollzieht. Und dennoch habe ich den Hochmut Hiobs in mir, Gott zu fragen, wieso das alles sein muss. Bis heute habe ich keine Antwort. Er schweigt. So bleibt mir letztlich nur die Frage: *Lema sabachtani? Warum hast du mich verlassen?* Das ist meine größte Dunkelheit.

Neurodermitis drückt ja auch schon vom Namen her aus, dass es sich um keine bloße Hauterkrankung handelt, sondern dass die Psyche – medizinisch die Neuronen – eine Rolle spielt. Natürlich kann man diese Krankheit auch aus rein medizinischem Blickwinkel betrachten. Dies ist die übliche Zugangsweise. Daher wurden verschiedene Ärzte und Heiler aufgesucht, vom Hautarzt über den Homöopathen bis hin zur Horoskopleserin, es gab mehrere Krankenhausaufenthalte mit extremen Kortisonbehandlungen und zahlreichen Diäten. All das hat eine Veränderung bewirkt, aber die Krankheit habe ich noch heute und sie quält mich nach wie vor. Soll ich mein restliches Leben damit verbringen, nach Heilung zu suchen? Es ist doch ganz nutzlos, ein Leben damit zu verschwenden, bis zum Tod nach endlicher Heilung zu suchen. Und diese Suche nach endlicher Heilung führt in eine neue Zerrissenheit: Welcher Arzt hat recht? Welche Behandlung ist die richtige? Ich habe aufgehört zu suchen, denn ich wurde nur in neue unlösbare Gegensätze verstrickt, die mir nutzlos erschienen. Das alles ist Windhauch und Luftgespinst. Ich will nicht endliche Heilung, sondern unendliches Heil. So bin ich nach wie vor gewalttätig gegen mich, weil es eben nicht um mich geht, sondern meine Berufung mich zu jenen Menschen schickt, die am Rand, an der Grenze ihres Lebens leben. „Wer mir nachfolgen will, der nehme sein Kreuz auf sich.“

Die Haut selbst könnte aus vielen Blickwinkeln betrachtet werden: ihre Funktion für den Körper, ihr Umgang in heutiger Zeit mit Kosmetik, Tattoos, Brandings usw., die Pflege der Haut unter verschiedenen klimatischen Bedingungen, aber auch ihre soziale Funktion. Und gerade Letztere hat sich bei mir ausgewirkt. Natürlich sah man mir diese Krankheit an – als Kind mehr denn heute. So wurde ich ausgegrenzt und verspottet. Meine Haut war Anlass, mich auszugrenzen, mich sozial an den Rand zu stellen. Und wieder habe ich mich am Rand vorgefunden, diesmal am sozialen Rand. Ich habe erkannt, dass bei allem Leid, das dadurch verursacht wurde, dies meine Bestimmung ist: nicht bei jenen zu stehen, die drin sind, sondern bei jenen, die draußen stehen.

Es sei aber auch gesagt, dass ich – so wie ich eine Mutter hatte, die an meiner Seite stand – auch Freunde hatte, die mich annahmen, wie ich war. Mit meiner Haut, mit meinen unüblichen Ansichten, mit meinen schwierigen Seiten. Ihnen bin ich dankbar, denn alle Menschen, die an meiner Seite waren, haben mich stark gemacht. Sie alle haben mir etwas geschenkt, was ich niemals zurückgeben kann. Eine Schuld, die ich niemals begleichen, sondern die ich nur demütig annehmen kann. Aber es hat mich stark gemacht, mein Leben, mich selbst anzunehmen, meinen Weg zu gehen, auch wenn er vom Normalen abweicht. Mein Leben war bisher eben nicht nur leidvoll, sondern es bewegte sich immer in dieser Spannung von Leid und Freude, Verzweiflung und Glück, Hoffnungslosigkeit und Hoffnung. Wäre alles nur Leiden gewesen, wäre ich zerstört, aber nicht zerrissen. Erst das Hineingestelltsein in zwei gegensätzliche Extreme reißt eine Spannung auf, die sich an meinem Körper manifestiert. Und so sehr ich darunter leide, so sehr bin ich für all das dankbar, weil es mein Leben auf die existenzielle Bedeutung des Christusereignisses und seiner Verwirklichung im Handeln in der Person Christi ausrichtet. Denn auch wenn ich von Gott keine Antwort erhalte, so halte ich dennoch an Christus, dem Osterlicht, fest.

Das Kreuz

Geschrieben im Dezember 2009

Obwohl ich die Osterkerze und die Dramaturgie der Auferstehungsfeier als symbolische Entfaltung des Wesens des Diakons ansehe, hatte das Kreuz für mich immer schon mehr Bedeutung als die Auferstehung. Mein persönliches Hochfest ist mehr der Karfreitag als die Auferstehungsliturgie. Dies liegt aber mehr an der kirchlichen Praxis als an der liturgisch-theologischen Bedeutung.

Dem Christen ist es scheinbar eigen, so schnell wie möglich zur Auferstehung und zum Licht zu gehen. Dagegen findet man im aktuellen Messbuch für den Karsamstag folgende Bestimmung:

> *„Am Karsamstag verweilt die Kirche am Grab des Herrn und betrachtet sein Leiden und seinen Tod. Das Meßopfer wird nicht gefeiert, der Altar bleibt unbedeckt. Erst in der Osternacht, in der die Kirche die Auferstehung des Herrn erwartet, bricht die österliche Freude durch, die sich durch fünfzig Tage in ihrer ganzen Fülle entfaltet."*

Zwar sind am Karsamstag nur Eucharistiefeiern verboten, dennoch besteht die Frage: Wenn ich den Tod und die Grabesruhe Jesu ernst nehmen will, wenn ich in den österlichen Tagen den Weg Jesu vom Abendmahl bis zur Auferstehung mitgehen will, wie sinnvoll sind dann in unseren Breitengraden die zahlreichen Feuer- und Speisesegnungen, mit denen der Karsamstag zugepflastert wird? Ist das Essen des Ostermahles am Karsamstag da nicht sinnwidrig? Und sind nicht überhaupt jegliche Arten von Liturgie sinnwidrig – vielleicht mit Ausnahme von Andachten vor dem Grab? Ist dieser Akt des raschen Übergehens vom Tod Jesu am Karfreitag zur Festspeise am Nachmittag des Karsamstages nicht ein Zeichen dafür, dass wir den Tod nicht aushalten? Und nehmen wir uns da eben gerade nicht erst die Freude an der Auferstehung, die wir in der Osternacht feiern?

Ich halte es für ein wesentliches spirituelles Element des Christentums, bei der Hoffnungslosigkeit der Menschen haltzumachen. Der Karsamstag ist der Feiertag dieser Hoffnungslosigkeit.

Gerade in meiner Tätigkeit in der Krisenintervention habe ich gesehen, wie falsch es ist, vorschnell über das Leiden zu Vertröstungen überzugehen, und wie wichtig es ist, beim Leiden stehen zu bleiben, es auszuhalten und bei den Menschen zu sein. Das Durchleben des Leidens muss eben gelebt werden, nicht besprochen. Gute Ratschläge sind fehl am Platz. Erst das Durchleben des Leidens und Menschen, die nicht von der Seite weichen, eröffnen neue Hoffnungshorizonte. Ich habe viele Menschen getroffen, die am Rand ihrer Existenz gestanden sind, die nicht mehr weiter wussten, deren Leben aufgrund des Todes eines geliebten Menschen zu Ende schien. Soll man ihnen sagen, dass das Leben weitergeht? Was soll das für ein absurder Trost sein, wenn alles zerstört zu sein scheint? Ich habe gesehen, wie im Zulassen des Leids neue Hoffnung, neuer Lebensmut erwächst.

Christen neigen dazu, schnell am Leid vorbeizugehen, und setzen ihr ganzes Engagement auf die Vertröstung durch das Licht. Das ging mir immer zu schnell und daher hatte ich innerlich den Karfreitag noch gar nicht durchlebt, da kam schon die Osternacht. Dabei wird aber das Heilswirken des Kreuzes übersehen, weil man meint, das Heil liege allein in der Auferstehung.

Das Kreuz ist aber Tötungsmittel und Heilszeichen zugleich. Wir müssen die ganze Szenerie von der Verhaftung bis zur Kreuzigung betrachten, auch wenn die Evangelien das unterschiedlich darstellen: Der sogenannte Verräter Judas (eigentlich der, der Jesus überliefert, „tradiert“ hat) kommt aus dem engsten Jüngerkreis; er ist einer der zwölf Apostel. Seine engsten Vertrauten stellen sich nun gegen Jesus, entweder indem sie ihn den Behörden übergeben wie Judas oder indem sie davonlaufen oder indem sie ihn verleugnen wie Petrus. Von nun an muss er den Weg allein gehen. Mit Abstand folgen ihm einige. Die jüdischen Autoritäten wollen sich nicht die Finger verbrennen, weil Jesus doch eine große Gefolgschaft hat, also hat man das Problem an die römischen Behörden weitergespielt. So kommt Jesus zu Pilatus, der ihn jedoch nicht als sein Problem ansieht. Aber Pilatus ist Taktiker: Wenn er dem Volk die Wahl lässt und sie sich für die Freilassung Jesu entscheiden, dann steht das jüdische Volk gegen seine Führer. Und ein Volk, das uneins ist, ist leichter von einer fremden Besatzungsmacht zu beherrschen. Jesus wird so zum Spielball der Politik. Das Volk hat nun die Entscheidung zwischen Jesus und dem Räuber und Mörder Barabbas. Der Name des Letzteren heißt übersetzt Sohn des Vaters – Abba –, jene Anrede, die Jesus für Gott verwendet. Hier stehen also zur Wahl: Jesus, der wahre Sohn Gottes, und Barabbas, der falsche Sohn Gottes, der Sohn Gottes, der zum Leben führt, und der Sohn Gottes, der in den Tod führt. Das Volk entscheidet sich für Barabbas. Jetzt hat Jesus das ganze Volk gegen sich.

Von den Römern wird er als dornengekrönter König, der keine Macht besitzt, verspottet. Dann beginnt sein Weg zur Kreuzigung. Hilfe wird ihm nur zuteil, weil ein Mann dazu gezwungen wird. Am Kreuz hängend wird er von den Leuten verspottet und im Gegensatz zu den Worten Gottes gebracht: Gott hat in den Schriften versprochen, dass der Messias mit Macht und Herrlichkeit kommen wird. Jesus wird in diesem Spott also die theologische Legitimation entzogen. Und nicht nur dass ihm die Messianität abgesprochen wird: Das Kreuz als Symbol des Gottesfluches macht deutlich, dass Gott sich von diesem Menschen abgewandt hat:

„Wenn jemand ein Verbrechen begangen hat, auf das die Todesstrafe steht, wenn er hingerichtet wird und du den Toten an einen Pfahl hängst, dann soll die Leiche nicht über Nacht am Pfahl hängen bleiben, sondern du sollst ihn noch am gleichen Tag begraben; denn ein Gehenkter ist ein von Gott Verfluchter. Du sollst das Land nicht unrein werden lassen, das der Herr, dein Gott, dir als Erbbesitz gibt.“ (Dtn 21,22f.)

„Christus hat uns vom Fluch des Gesetzes freigekauft, indem er für uns zum Fluch geworden ist; denn es steht in der Schrift: Verflucht ist jeder, der am Pfahl hängt.“ (Gal 3,13)

So bleibt Jesus nur noch der Schrei über die Gottverlassenheit.

Jesus stirbt hier einen realsymbolischen absoluten Tod: Von den Freunden verlassen, verraten und verleugnet, von den Menschen fallen gelassen, zum Spielball der politisch-religiösen Machthaber geworden, verspottet von Fremden und den eigenen Volksgenossen, jeder theologischen Legitimation beraubt und letztlich von Gott verlassen und verflucht. Jesus stirbt also nicht irgendeinen, sondern den absoluten Tod.

Hier stirbt aber nicht nur ein Mensch. Hier stirbt Gott selbst diesen absoluten Tod. Gott, der das absolute Leben ist, stirbt nun den absoluten Tod, letztlich von sich selbst verlassen. Jetzt hat Gott wirklich alles umfasst, jetzt erweist er sich als Herr über Leben und Tod, als Herr über Licht und Dunkel. Das wahre Herrsein über die Dunkelheit erweist Gott in seinem Ausgeliefertsein und seiner Ohnmacht. Damit umfasst Gott alle Extreme von Leben und Tod. Und im Tempel kann der Vorhang zerreißen und den Weg frei machen für die Menschen hin zum Heiligen, zum Zentrum. Indem Gott selbst diesen Weg zum Kreuz gegangen ist, hat sich für die Menschen Heil verwirklicht. Gott ist kein Unbeteiligter mehr, sondern er steht an der Seite der Menschen in ihrem Alleingelassensein, in ihrer Ohnmacht, in ihrer Verzweiflung, in ihrem Leiden und ihrer Hoffnungslosigkeit. In dieser dunklen Gottverlassenheit ist Gott ganz gegenwärtig und im Durchleben des Leidens eröffnen sich neue Hoffnungshorizonte, die den Weg ins Zentrum, in die Mitte des Lebens frei machen. Das Tötungsmittel Kreuz wird so für uns zum Heil. Das Kreuz ist damit nur eine andere Ansicht der Osterkerze, sozusagen die Osterkerze von der anderen Seite: Während das Kreuz todbringend Heil verwirklicht, bringt die Osterkerze heils- und lichtgebend sich selbst den Tod. Wer also bei der Osterkerze nur zum Licht kommt, hat die tiefe Symbolik der Kerze, in der das Kreuz eingeschrieben ist, nicht verstanden.

Mit der Osterkerze in der Hand wird der Diakon zum Kreuzträger. Vom Feuer im Vorhof der Kirche, wo wir uns noch an die Seite des Petrus stellen können, geht er voran vom Rand ins Zentrum, einen Weg, der frei gemacht wurde. Die Osterkerze durchbricht als Licht die Dunkelheit der Kirche, eine Dunkelheit, die auch bei der Kreuzigung eine wesentliche Rolle spielt.

Dunkelheit und Finsternis bedeutet nicht immer, aber doch in überwiegenden Fällen Gottferne, quälende Gottverlassenheit, ein Heulen, das zum Himmel schreit. Im Gegenzug ist dann das Licht die wärmende Nähe Gottes, die den Menschen im Inneren erleuchtet, sodass er leuchtet zur Verherrlichung Gottes.

Diese Gedanken führen mich zur Kreuzigung Jesu, wie sie bei den Synoptikern, also bei Markus, Matthäus und Lukas, in sehr ähnlicher Weise vorliegt. Markus erzählt folgendermaßen:

> *„Als die sechste Stunde kam, brach über das ganze Land eine Finsternis herein. Sie dauerte bis zur neunten Stunde. Und in der neunten Stunde rief Jesus mit lauter Stimme: Eloï, Eloï, lema sabachtani?, das heißt übersetzt: Mein Gott, mein Gott, warum hast du mich verlassen? Einige von denen, die dabeistanden und es hörten, sagten: Hört, er ruft nach Elija! Einer lief hin, tauchte einen Schwamm in Essig, steckte ihn auf einen Stock und gab Jesus*

zu trinken. Dabei sagte er: Lasst uns doch sehen, ob Elija kommt und ihn herabnimmt. Jesus aber schrie laut auf. Dann hauchte er den Geist aus. Da riss der Vorhang im Tempel von oben bis unten entzwei." (Mk 15,33-38)

Zur sechsten Stunde, also mittags, wo die Sonne am hellsten scheint, kommt eine große Finsternis über die ganze Erde. Hier ist nicht bloß ein Land – z. B. Judäa – gemeint, sondern die ganze Schöpfung Gottes. Der Evangelist erinnert uns an die Schöpfung:

„Im Anfang schuf Gott Himmel und Erde; die Erde aber war wüst und wirr, Finsternis lag über der Urflut und Gottes Geist schwebte über dem Wasser." (Gen 1,1f.)

Die Erde wird bei der Kreuzigung in gewisser Weise zurückversetzt zum Ausgangspunkt. Ein Informatiker würde sagen: Gott macht einen Reboot seiner Schöpfung, aber keine Festplattenformatierung. Will heißen: Gott streicht nicht das Vergangene und löscht alles aus, sondern möchte aufbauend am Bisherigen einen Neustart durchführen. Und dieser Neubeginn kann nur aus der Finsternis hervor- und heraufsteigen.

Es ist sinnvoll, noch einmal einen Tag zurückzublicken: Jesus feiert mit den Aposteln das Letzte Abendmahl. Während des Mahles verweist Jesus schon auf die Auslieferung und die Verleugnung. Spannung wird aufgebaut. Nach dem Essen verlassen sie den Saal und gehen in den Garten Getsemani, wo Jesus von den Zwölf nochmals drei absondert, um schließlich noch ein Stück weiter allein zu beten. Es wird deutlich, welche Angst Jesus hat und wie er sich wünscht, nicht sterben zu müssen. Hier wird nicht der furchtlose Held vorgestellt, der mit heroischer Haltung in den Tod geht. Hier wird ein Mensch präsentiert, der zerknirscht und verzweifelt ist und zudem noch von seinen Freunden nicht gestützt wird. Schon jetzt ist Jesus allein, denn seinen engsten Freundeskreis scheint am Schlafen mehr zu liegen als am Wachen und Beten. Es zeichnet sich ab, dass Jesus den letzten Gang allein gehen muss.

Die erste Ankündigung trifft ein: Jesus wird aufgrund des Judas gefangen genommen, abgeführt und verhört. In der Zwischenzeit leugnet Petrus, Jesus zu kennen, und als ihm bewusst wird, dass sein Herr und Meister auch das angekündigt hat und dass er das noch vollmundig bestritten hat, bricht er in Verzweiflung über sein Handeln zusammen. Jesus ist allein, seine Jünger haben sich wie eine Bande von Feiglingen davongemacht. Hier wird auch etwas über die Kirche gesagt: Insofern sie auf die Apostel gründet, was durch die Apostelkreuze in vielen Kirchen symbolisiert wird, gründet sie nicht auf einer Gruppe von Heroen, sondern von Antihelden, von Feiglingen und Versagern. Trotz vieler herausragender Taten und mutiger Christusbekenntnisse, die die Zwölf und die Sieben und viele andere Jünger und Jüngerinnen nach Pfingsten begangen haben, steigt die Kirche aus den finstersten Abgründen des Menschen hervor. Die Apostel sind bis dahin die treulosen Knechte, die geglaubt haben, schon mit dem neuen Abraham, Isaak und Jakob zu Tisch zu sitzen. Sie sind in die äußerste Finsternis geworfen und heulen dort und knirschen mit den Zähnen.

In gewisser Weise ist Judas der Einzige, der noch zu Jesus steht: Er hat bekannt, dass er zu Jesus gehört. Als Zelot wollte er, dass Jesus endlich seine königliche Messianität offenbart und das Volk anführt zur Befreiung von der Vorherrschaft der fremden Besatzungsmacht. Erst als er nach dem Tod Jesu verstanden hat, dass Jesu Königtum nicht von dieser Welt ist, wird er in suizidale Verzweiflung gestürzt. Wenn wir sagen, dass dieses Königtum nicht von dieser Welt ist, heißt das aber nicht, dass es nicht ein Königtum über diese Welt ist. Denn so sagt der Auferstandene im Matthäusevangelium:

> *„Mir ist alle Macht gegeben im Himmel und auf der Erde.“ (Mt 28,18)*

Kehren wir zurück zu Jesus vor der Kreuzigung, der von den Jüngern alleingelassen wird. Am Ende des Verhörs stellt sich zusätzlich noch die ganze Volksmenge gegen Jesus. Das Volk spricht das Urteil über Jesus, er wird verspottet, verlacht und gedemütigt. Selbst am Kreuz wird er noch verhöhnt und ihm werden die Worte im Mund verdreht, er bleibt in babylonischer Sprachverwirrung unverstanden. Damit hat aber Jesus immer noch nicht die äußerste Finsternis betreten. Das, was noch fehlt, ist das Zeichen des Kreuzes, das hinweist auf die Gottverlassenheit, die Jesus in seinem Todesschrei nochmals ausstößt. Von den Menschen bis aufs Letzte gedemütigt, stirbt er als ein von Gott Verlassener in der äußersten Finsternis.

Lukas strafft diese Szene und lässt das Psalm-Zitat weg. Abgesehen von den Parallelstellen mit Matthäus gibt es noch ein Sondergut, welches in Verbindung mit der Kreuzigung steht, nämlich das Benediktus: Die Barmherzigkeit wird uns besuchen,

> *„um allen zu leuchten, die in Finsternis sitzen und im Schatten des Todes, und unsre Schritte zu lenken auf den Weg des Friedens.“ (Lk 1,79).*

Damit ist in wenigen Worten das gesagt, was bisher ausgeführt wurde: Jesus ist dort, wo die feigen Verräter und Verleugner sind, wo die faulen und untätigen Knechte sitzen, die sich aus Angst lieber davonschleichen wie Diebsgesindel, wo jene sind, die nur mitmachen, aber keine Mühen auf sich nehmen wollen, wo die Hochmütigen und Überheblichen sind, die sich in ihrer eingebildeten Heilsgewissheit in die letzte Verzweiflung gestürzt haben. Ja, lieber guter und braver Christ, kannst du damit leben, dass Jesus genau zu jenen gekommen ist, die in der Finsternis sind, dass nicht die Gesunden, sondern die Kranken den Arzt benötigen? Oder bist du wirklich so überheblich, dass du glaubst, Jesus wäre in erster Linie zu dir gekommen? Wenn du so glaubst, bist du schon in der äußersten Finsternis und Jesus ist tatsächlich zu dir gekommen, aber nicht weil du makellos bist!

Finsternis bedeckt

Gebet, angelehnt an Psalm 139

*Nachdem ich geformt wurde in den Tiefen der Erde,
wurde ich hineingeboren in das verborgene Dunkel.*

*Finsternis bedeckt mich
und Nacht umgibt mich.*

*Herr, ob ich sitze oder stehe, du glaubst, du weißt von mir,
ob ich gehe oder ruhe, du glaubst, ich bin dir bekannt.*

*Erst dein Sohn betrat diese Finsternis,
schrie auf zu dir, der du ihn verlassen hast.*

*Finsternis bedeckt ihn
und Nacht umgibt ihn.*

*Gehe ich den altbewährten Weg hinauf zum Berg,
siehe, da begegnet mir dein Sohn.*

*In dieser himmlischen Unterwelt
streckt er seine Hand mir entgegen
und wir sind beide vereint.*

*Finsternis bedeckt uns
und Nacht umgibt uns.*

*Wie schwierig, o Gott, sind diese Gedanken.
Kannst du sie begreifen?*

Kapitel 5

Menschen auf des Lebens Weg

Der bisherige Weg, auf dem ich durch die Themen Verborgenheit und Dunkelheit, Verlorenheit und Besitzverzicht, Verlassenheit und Scheitern gegangen war, mündete in der offenen Bezeugung meiner persönlichen Spiritualität, die von meinen Lebenserfahrungen geprägt war. Man könnte das bisher Gesagte auch als Entfaltung des Anfangs auffassen. Von dieser Zwischenstation ausgehend will ich nun zwei weitere Schritte setzen, die ins siebente und letzte Kapitel münden, in dem ich einen Beitrag zur theologischen Profilierung des Diakonats in einer dienenden Kirche leisten möchte. Während also das vierte Kapitel sehr persönlich ist, ist das siebente Kapitel theologisch, kreist aber um dieselben Themen.

Das eigene Leben im Licht des Glaubens zu sehen bedeutet nicht nur, auf die Bibel als Heilige Schrift und Wort Gottes zurückzugreifen, sondern auch auf die Wirkung, die dieses Wort auf andere Zeugen hatte. Damit kann sich ein konkretes Leben in eine spirituelle Tradition einschreiben. Tradition – ein Wort, das so oft missverstanden wurde, indem man meinte, alles einmal Festgelegte dürfe nicht geändert, müsse genau so über Jahrhunderte hinweg gelebt werden. Hingegen ist Tradition in erster Linie als Prozess des Übergebens (lat. *tradire* = griech. *paradidónai* = übergeben) und Übernehmens zu verstehen. Dieser Prozess, in dem das Wort Gottes bewahrt wird, ist ein lebendiger, sodass seine konkrete Gestalt immer neue Formen annehmen kann.

Es gab in meinem Leben verschiedene Menschen aus der Geschichte des Glaubens, die mich besonders prägten. Nicht dass ich vollumfänglich die „Lehre“ und Spiritualität dieser einfach übernahm; vielmehr knüpfte ich nur an bestimmte Dimensionen ihres Zeugnisses an. Der erste und für mich bis heute wichtigste Heilige ist Franz von Assisi, den ich in meiner Jugend kennengelernt habe. Damals inspirierte mich vor allem seine konsequente Nachfolge, deren Mittelpunkt das Leben in Armut ist. Viele andere spirituelle Aspekte blieben von mir unbeachtet.

Im Jahr 2007, also drei Jahre vor meiner Weihe zum Diakon, las ich das Buch „Komm, sei mein Licht“ von und über Teresa von Kalkutta. Den Anlass, dieses Buch zu lesen, weiß ich heute nicht mehr, nur, dass es bei mir einen nachhaltigen Eindruck hinterließ. In der dort dargestellten Dunkelheit und Abwesenheit Gottes erkannte ich meine eigene Lebenssituation wieder. Auch hier gilt: An viele andere Facetten der Spiritualität Teresas kann ich bis heute nicht anknüpfen.

Es ist naheliegend, sie in die Nähe des Karmeliters Johannes vom Kreuz, des Autors des Lehrbuches „Die Dunkle Nacht“, zu stellen. Zum einen deshalb, weil er in diesem Buch auf die Erfahrung der spirituellen Dunkelheit eingeht, zum anderen weil sich Teresa bei ihrem Eintritt in den Loretoorden nach der Hl. Thérèse von Lisieux benannte, die in der Ordenstradition von Johannes vom Kreuz und Teresa von Ávila steht und mit ihrem Buch „Geschichte einer Seele“ selbst von ihren Schmerzen und Dunkelheiten schreibt.

Mit den Jahren zeigte sich aber auch für die spirituellen Begleiter von Teresa von Kalkutta, dass ihre Dunkelheit nicht die ist, von der Johannes vom Kreuz spricht. Johannes schrieb ein Lehrbuch für kontemplative Anfänger, während Teresa mit ihrer eigenen Dunkelheit rang und brieflich Hilfe suchte. Aber auch der spirituelle Zugang zur Dunkelheit ist unterschiedlich, wie ein Kommentator schreibt:

> *„Obwohl sie mit dem Denken des heiligen Karmelitermönchs vertraut war, bezeichnete sie ihr eigenes Leiden nicht als eine ‚dunkle Nacht‘. Sie hatte die Eingebung und nunmehr auch eine Bestätigung ihres geistlichen Begleiters, dass, obwohl sich die Leiden durchaus ähnelten, sie sich dennoch in ihren Zielsetzungen unterscheiden.“ (Kolodiejchuk, 2007, 254)*

Im Laufe meiner eigenen Entwicklung gewann ich einen neuen Blick auf Franz von Assisi. Selten werden seine zahlreichen Erfahrungen der Dunkelheit wahrgenommen, die ganz anders gelagert sind als bei Teresa. Auch in seinen überlieferten Schriften, in denen er häufig vom lichtvollen Gott spricht, kommen solche Erfahrungen nicht vor. Und doch waren sie vorhanden.

Unabhängig von alldem ist für mich ein biblischer Mensch bedeutsam geworden: Simon Petrus. Er gehört zum Prototypen eines gescheiterten und geretteten Jüngers, der immer wieder Gefahr läuft, verloren zu gehen, würde ihn Jesus nicht des Öfteren aufrichten. Heute wird er nicht mehr als Scheiternder wahrgenommen, sondern an ihm wird vielmehr und viel zu oft eine kirchenpolitische Frage ausgetragen, und zwar die Stellung des Papstes in der Christenheit. Er kann nämlich auch als der Prototyp des kirchlichen Amtsträgers gelten. Und genau deshalb, weil er zweierlei Prototyp ist, interessiert er mich.

Daraus ergibt sich der Aufbau des folgendes Kapitels: Zuerst möchte ich auf Johannes vom Kreuz' „Die Dunkle Nacht" eingehen. Dieser Abschnitt dient als Kontrastfolie für die weiteren Themen. Anschließend beschäftige ich mich mit der spirituellen Dunkelheit bei Teresa von Kalkutta. Von da aus werfe ich einen Blick auf Franz von Assisi zurück. Dabei geht es mir vor allem um die Darstellung seiner Erfahrungen von Dunkelheit, aber auch nochmals um die Armut und das Unterwegssein. Schließlich zeichne ich den Weg des Simon Petrus nach, den er gemeinsam mit Jesus und dann ohne ihn geht, wobei ich mich besonders auf das Markusevangelium beziehe.

Das lichte Einströmen – Johannes vom Kreuz

Der Karmelitermönch Johannes vom Kreuz verfasste mehrere geistlich-mystische Werke. Eines dieser Bücher nennt sich „Die Dunkle Nacht" und ist wohl die bekannteste seiner Schriften. Johannes vom Kreuz lebte im 16. Jahrhundert und war Zeitgenosse von Teresa von Ávila, mit der er an Klosterreformen arbeitete. Aufgrund kirchenpolitischer Wirrnisse wurde er von seinen eigenen Mitbrüdern gefangen genommen und in einen Kerker geworfen, dem er sich erst nach neun Monaten durch Flucht entziehen konnte. Auf dieses Lebensereignis bezieht sich ein Gedicht, das er in der Schrift „Die Dunkle Nacht“ einer spirituellen, kontemplativen Deutung unterzieht. Auf dieses Werk möchte ich im Folgenden skizzenhaft eingehen, wobei einige Stichworte, Verlassenheit, Verlorenheit und Verborgenheit, wieder auftauchen werden.

Dieses Buch schrieb er für Menschen, die sich auf den geistlichen, kontemplativen Weg begeben wollen. Es schildert den Weg von den Anfängern über die Fortgeschrittenen bis hin zu den Vollkommenen, wobei offenbleibt, ob in diesem Leben der Status der Vollkommenheit überhaupt erreichbar ist. Zentral ist für die Kontemplativen die Erfahrung der inneren Dunkelheit, die von Johannes auch Trockenheit oder Leere bezeichnet wird. Mitten im Werk bietet er selbst eine Art Zusammenfassung seiner Lehre:

> *„Ich will es nicht unterlassen, hier den Grund zu nennen, warum das göttliche Licht, das doch immer Licht für den Menschen ist, ihm, sobald es in ihn hineinstößt, kein Licht spendet, wie es das nachher tut, sondern Finsternis und Mühsale verursacht [… . Die] Antwort auf diese Einzelfrage lautet, daß die Finsternis und die weiteren Übel, die der Mensch spürt, wenn dieses göttliche Licht in ihn hineinstößt, nicht Finsternis und Übel sind, die vom Licht, sondern vom Menschen selbst ausgehen, und gerade das Licht ihn erhellt, so daß er diese sieht. Das bedeutet, daß dieses göttliche Licht ihm von Anfang an Licht gibt, der Mensch aber damit zunächst nur sehen kann, was ihm am nächsten oder, besser gesagt, in ihm ist, nämlich seine Finsternis und seine Armseligkeiten. Diese sieht er nun durch das Erbarmen Gottes, während er sie vorher nicht gese-*

hen hat, weil dieses übernatürliche Licht nicht in ihn hineinschien. Das ist der Grund, warum man am Anfang nur Finsternis und Übel sieht. Wenn der Mensch jedoch später durch die Erkenntnis und das Spüren dieser Übel geläutert ist, erhält er Augen, damit dieses Licht ihm die Güter des göttlichen Lichts zeigen möge. Wenn all diese Finsternisse und Eindrücke des Menschen vertrieben sind, dann sieht es schon so aus, als würden die Vorteile und die großen Güter, die der Mensch in dieser glücklichen Nacht der Kontemplation allmählich erlangt, deutlich sichtbar." (Johannes, 2007, 150)

Zusammengefasst: Das göttliche Licht strömt in den Menschen, erleuchtet ihn; er kann es aber gar nicht fassen. Zuerst sieht er nämlich seine eigene Armseligkeit und seine Übel. Und erst wenn er von diesen gereinigt wurde, kann er das Licht Gottes wahrnehmen. Finsternis bedeutet also nicht die Abwesenheit Gottes, sondern – ganz im Gegenteil – seine „überlichte" Anwesenheit.

Charakteristisch für einen Theologen des 16. Jahrhunderts ist ein dualistisches Menschenbild: Der Mensch, der sich in Körper und Geist aufgliedert. Dem entspricht eine doppelte Art von Dunkelheit, die Dunkelheit der Sinne (des Körpers) und die des Geistes. Dies entspricht auch der Gliederung des Werkes in zwei Bücher.

Die Anfänger sind dadurch gekennzeichnet, dass sie noch völlig im sinnlichen Bereich aufgehen, was für Johannes zu sieben Fehlhaltungen führt: Überheblichkeit, Habgier, Unzucht, Zorn, Genusssucht, Neid und Trägheit. Daher bedürfen die Anfänger zunächst der Läuterung der Sinne, wodurch sie in die Dunkelheit der Sinne gestürzt werden.

„Im besten Augenblick nun, wenn sie an diesen geistlichen Übungen den köstlichsten Wohlgeschmack finden und meinen, die Sonne der göttlichen Günste leuchte ihnen am hellsten, verdunkelt Gott

ihnen all dieses Licht und verschließt ihnen die Tür und die Quelle des süßen geistlichen Wassers, das sie so oft und so lange, wie sie wollten, in Gott verschmecken konnten. […] In der Meditation kommen sie keinen Schritt voran, wie sie es früher gewohnt waren, denn ihr innerer Sinn ist in diesen Nächten schon untergegangen.“ (Johannes, 2007, 59f.)

Drei Kennzeichen nennt Johannes vom Kreuz, durch die der Anfänger bemerkt, dass er sich in dieser Dunkelheit befindet:

Erstens: Der Mensch findet sowohl an den göttlichen wie an den menschlichen Dingen keinen Trost mehr. Beide, der himmlische wie der irdische Schatz, sind ihm völlig gleichgültig. Die Dunkelheit bedeutet also, keine Befriedigung zu finden.

Zweitens: Daraus folgt, dass der Anfänger ständig an Gott denkt, weil er sich darum sorgt, Rückschritte zu machen und Gott nicht zu dienen. Die Sorge entspringt daher nicht der Trägheit, sondern aus dem Willen, Gott näherzukommen, was aber ausbleibt. Die Dunkelheit bedeutet, den Weg zu Gott gehen zu wollen, ihn aber nicht zu finden.

Drittens: Meditieren mithilfe der Vorstellungskraft ist nicht mehr möglich. Da die Vorstellungskraft den Sinnen entspringt, ist sie als Weg zu Gott untauglich und wird abgeschnitten. Gott teilt sich, so Johannes, dem reinen Geist mit. Für Anfänger bedeutet das aber, dass sie unfähig zur Meditation werden. Dunkelheit bedeutet, dass Gott sich auf eine neue Weise mitzuteilen beginnt, die zunächst dem Menschen nichts bedeutet.

Ist der Mensch vom Gefängnis der Sinne befreit, so kommt er in den Zustand der Fortgeschrittenen. Auch sie haben noch Unvollkommenheiten an sich. Dabei nennt Johannes vom Kreuz die gewohnheitsmäßigen Unvollkommenheiten wie naturhafte Rohheit und geistige Zerstreutheit und gelegentliche Unvollkommenheiten wie zum Beispiel das Zurschaustellen geistlicher Güter oder geistlicher Visionen, die ein Mischung aus Trugbildern des Bösen und der eigenen Fantasie sind.

Die wahre Frömmigkeit darf jedoch nicht im Äußeren gesucht werden, sondern im reinen Herzen des Menschen, also in seinem Inneren. Im Inneren bedeutet jedoch nicht, dass alles nach dem Geschmack und dem Willen des Menschen gehen soll. Vielmehr – und darum geht es im zweiten Buch – sind das ebenfalls Äußerlichkeiten, von denen der Mensch befreit werden muss. Letztendlich muss er damit auch die Vorstellung ablegen, dass er im Gebet Gott immer spüren und dass er nach dem Beten jederzeit bereichert sein muss:

> *„Sie [die Menschen] glauben, daß beim Beten die ganze Beschäftigung darin besteht, Geschmack und spürbare Frömmigkeit zu finden, und bemühen sich, diese – wie man so sagt – mit Gewalt für sich herauszuholen, womit sie ihre Seelenvermögen und ihren Kopf ermüden und plagen. Wenn sie keinen Geschmack gefunden haben, sind sie ganz untröstlich und meinen, sie hätten nichts getan. Durch dieses Bemühen verlieren sie die ganze Frömmigkeit und den wahren Geist, der im geduldigen und demütigen Durchhalten besteht, ohne sich zuviel zuzutrauen, einzig um Gott zu gefallen. Aus diesem Grund empfinden sie große Unlust, wenn sie bei dieser oder jener Übung einmal nichts zum Verkosten gefunden haben, und es widerstrebt ihnen sehr, sie noch einmal zu tun, ja manchmal unterlassen sie es auch.“ (Johannes, 2007, 53)*

Diese Passagen werfen durchaus einen kritischen Blick auf unser gegenwärtiges Vorbereiten und Feiern von Gottesdiensten: Oft genug wird darauf abgezielt, den Menschen etwas spürbar zu machen – was aber nicht einfach hergestellt werden kann. Gott selbst entscheidet, wann und in welcher Art und Weise er sich dem Menschen naht. Und jeder noch so intensiv vorbereitete Gottesdienst kann das nicht bewerkstelligen. Vielleicht liegt da auch die Ursache für die Schwierigkeiten meines eigenen Gebetslebens. Es widerstrebt mir einfach, Gebete – vor allem wenn sie so gar nichts mit mir zu tun haben – herunterzuplappern. Und spricht sich nicht auch Jesus dagegen aus? Aber möglicherweise bin ich nur darauf aus, immer etwas spüren zu müssen, und neige dazu, jedes „nicht gespürte“ Gebet als Plappern zu bezeichnen? Johannes vom Kreuz würde mich bzw. uns auffordern, zu beten und Gottesdienst auch dann zu feiern, wenn wir nichts spüren, in Trockenheit und innerer Leere.

Damit der Mensch von Äußerlichkeiten und von seinem Streben danach ablässt, führt Gott – und nicht der Böse – den Menschen in die dunkle Nacht. Für Johannes soll diese Dunkelheit, so schmerzvoll sie auch ist, letztlich zur Liebe Gottes führen. Im Gegensatz dazu ist der Weg des Bösen der Genuss, das Auskosten sinnlicher Freuden. Die Dunkelheit setzt ja gerade da ein, wo wir den sinnlichen Freuden absagen. Nun beginnt das Einströmen des Lichtes und der Liebe Gottes in den Menschen. Diese Liebe ist die zärtliche Liebe einer Mutter, die ihr Kind an ihrer Brust nährt.

Diese Liebe ist so sanft und einfühlsam, dass sie niemals Leiden verursachen kann. Und dennoch leidet der Mensch in dieser Dunkelheit. Diese Leiden entstammen nicht dem göttlichen Licht, sondern den Unvollkommenheiten und Schwächen des Menschen. Er empfindet Gott als seinen Gegner, meint, einen geistlichen Tod zu erleiden, und fühlt sich von Gott verlassen.

> *„Darauf ist zu antworten, daß diese göttliche Weisheit aus zwei Gründen für den Menschen nicht nur Nacht und Finsternis, sondern auch schmerz- und qualvoll ist: Erstens ist die göttliche Weisheit so erhaben, daß sie über die Begabung des Menschen hinausgeht, und so gesehen ist sie ihm Finsternis; zweitens wegen seiner Unzulänglichkeit und des Ungeläutertseins, und von daher gesehen ist sie ihm schmerzvoll und niederdrückend und ebenfalls dunkel.“ (Johannes, 2007, 103f.)*

Ziel dieses dunklen Weges ist es, den Menschen von seinen Unvollkommenheiten und Schwächen zu läutern, also zu reinigen, um ihn fähig zu machen, die Liebe Gottes in sich aufzunehmen, um Gelassenheit und innere Freude zu erlangen. Johannes vom Kreuz zählt viele Vorteile auf, die dieser Reinigungsprozess mit sich bringt: So erkennt der Mensch sich selbst und seine Armseligkeit, woraus größere Korrektheit und Höflichkeit Gott gegenüber erwächst. Außerdem erfährt der Mensch die Erhabenheit und Größe Gottes, die ihn selbst demütig macht. Schließlich gewinnt der Mensch daraus auch die wahre Nächstenliebe.

Vieles davon klingt in den heutigen Ohren sehr fremd und der menschliche Geist wehrt sich dagegen, so kleingemacht und gedemütigt zu werden. Manche fragen sich: Muss ich mich erst kleinmachen, damit Gott ganz groß wird? Johannes vom Kreuz wollte das Gegenteil sagen. Wer die Liebe Gottes nicht erfahren hat, ist überheblich und fühlt sich groß in der Welt. Erst im Angesicht und im konkreten Erleben der Größe Gottes merkt der Mensch, wie klein er ist und wie viel von dem, was er anstrebt, eitel und Windhauch ist – wie es Kohelet ausdrückt.

Normalerweise würden wir ja meinen, dass Wege, die im Dunkeln liegen, unsicher sind, weil in der Dunkelheit viele Gefahren lauern. Nicht so der Weg der dunklen Kontemplation. Johannes von Kreuz versichert den Lesern und Leserinnen, dass der Weg der Dunkelheit ein sicherer Weg ist. Das Leiden weist uns den Weg:

> *„Der Weg des Leidens ist nämlich sicherer und außerdem vorteilhafter als der des Genießens und Machens:* zum einen, *weil einem beim Leiden von Gott Kräfte zukommen, während beim Machen und Genießen der Mensch seine eigenen Schwachheiten und Unvollkommenheiten einübt;* zum anderen, *weil man beim Leiden ganz allmählich Tugenden einübt und gewinnt, wodurch der Mensch nach und nach geläutert und weiser und umsichtiger wird.“ (Johannes, 2007, 161)*

> *„Daraus folgt deshalb, daß er bei seinem Gang im Dunkeln nicht nur nicht verlorengeht, sondern viel gewinnt, denn hier gewinnt er nach und nach die Tugenden."* (Johannes, 2007, 157)

Haben wir es hier nicht mit einer zu großen Idealisierung und Mystifizierung des Leidens zu tun? Nun, Johannes vom Kreuz möchte hier nicht sagen, dass es um die Glorifizierung und Aufopferung jeglichen Leidens geht. Er spricht an dieser Stelle von jenem Leiden, das erst auf dem Weg der Kontemplation entsteht. Es ist ja durchaus auch eine menschliche Erfahrung, dass wir aus Leiden – nicht immer und nicht jeder Mensch – auch gestärkt und verändert hervorgehen können. Leiderfahrungen können uns helfen, das Wesentliche des Lebens zu entdecken, mit anderen Menschen milder umzugehen und Dinge und Ereignisse gelassener zu sehen. Auf diesem Weg des Leidens in der Dunkelheit geht der Mensch – auch wenn es ihm so scheinen mag – nicht verloren, so Johannes vom Kreuz. Es geht also überhaupt nicht darum, vorsätzlich leidvolle Erfahrungen zu suchen oder gar sich selbst Leid zuzufügen.

Mit zwei Begriffen thematisiert Johannes vom Kreuz indirekt auch das Thema der Verborgenheit. Beim Evangelisten Matthäus sahen wir, dass es vor allem darum geht, dass sich die Menschen mit ihren guten Werken nicht vor der Öffentlichkeit zur Schau stellen. Vielmehr sollen sie ihre guten Taten verbergen, die von Gott gesehen werden, der ein Gott im Verborgenen ist. Johannes erweitert dieses Spektrum, indem er von der *geheimen* Kontemplation spricht, in der der Mensch sich *vermummt*.

Das Eingießen der Liebe Gottes in den Menschen übersteigt seinen begrenzten Verstand. Nicht er ist aktiv, sondern der Heilige Geist ordnet in der Seele alles neu. Der Mensch muss nur seine Zustimmung dazu geben. Da dieser Vorgang aber das menschliche Erkenntnisvermögen übersteigt, findet er keine Sprache dafür. Insofern ist die Kontemplation *geheim*. Diese geheime Kontemplation verändert den Menschen. Damit diese Veränderung von den Gegnern nicht erkannt werden kann, soll sich der Mensch *vermummen*, sich vor den Gegnern verbergen. Mit den Gegnern sind die Welt, der Böse und das Fleisch gemeint. Diese versperren den Weg zu Gott. Die mystische Kontemplation ist die Befreiung von diesen Feinden. Diese Befreiung kann wohl nur als innerliche verstanden werden, denn es ist ja jederzeit möglich, dass auch die vollkommensten Menschen in Gefahr vor dem realen Bösen sind, dass sie gefangen genommen und getötet werden können. Selbst Johannes musste das erfahren.

Zudem kann man aus der Nennung der Gegner auch eine Welt- und Leibfeindlichkeit des Johannes herauslesen, die zu dieser Zeit ja durchaus üblich war. Die heutigen Interpreten jedoch versuchen die Nennung von Welt und Fleisch zu relativieren: Welt sei nicht die Wirklichkeit an sich, sondern die verführerischen Kräfte und das Streben nach Besitz und Macht; Fleisch meint nicht den Leib des Menschen, sondern seinen Egoismus, seine Ichbezogenheit. Dies mag zutreffen und dennoch klingen einige Worte auf den letzten Seiten des Buches von Johannes vom Kreuz anders. Dort liest man:

> *„Man kann zu dieser (Gott)Einung nicht kommen, ohne umfassend geläutert zu werden, und dieses Geläutertsein erlangt man nicht, ohne sich ganz von allem Erschaffenen [!] zu entblößen und lebendig zu sterben." (Johannes, 2007, 201)*

> *Johannes erklärt, „daß Gott in dieser glücklichen Nacht der Kontemplation den Menschen auf einen so einsamen und geheimen kontemplativen und dem Sinnenbereich so fernen und ungewohnten Weg führt, daß nichts, was diesem angehört, auch nicht eine Berührung mit etwas Geschaffenem [!], den Menschen erreichen vermag, so daß es ihn auf dem Weg der Liebeseinung stören oder aufhalten würde." (Johannes, 2007, 202)*

Er spricht am Ende seines Werkes nicht mehr von der Welt, sondern von allem Erschaffenen, das den Menschen auf dem Weg zu Gott stört und aufhält und von dem der Mensch befreit werden muss. Den Widerspruch, dass das von Gott Geschaffene und für gut Befundene (Gen 1) nun den Weg zu Gott behindern soll, also dem Menschen feindlich gesinnt ist, löst Johannes vom Kreuz nicht auf. Zudem kann kritisch nachgefragt werden, ob Jesus nicht geradezu die gegenteilige und zuversichtliche Anweisung gibt, wenn er sagt, dass wir uns vor dem Gegner nicht zu fürchten brauchen, da uns der Heilige Geist alles eingeben und uns beistehen wird (Mk 13,11). Der erste Petrusbrief muntert uns auf, jederzeit Rede und Antwort zu stehen für die Hoffnung, die uns trägt (1 Petr 3,15).

Johannes vom Kreuz bietet auch für die Gegenwart spirituelle Impulse, wenngleich sie im Rahmen eines geistesgeschichtlichen Kontextes geschrieben worden sind, der für uns heute nur schwer nachvollziehbar ist und manchmal auch unseren Widerspruch provozieren muss.

Die Heilige der Dunkelheit – Teresa von Kalkutta

Die Erfahrung der Dunkelheit ist tief in die Biographie von Teresa von Kalkutta eingeschrieben. Sie verfolgte keine Lehrtätigkeit und ist keine Kirchenlehrerin. Sie lebte viele Jahrzehnte in einer spirituellen Dunkelheit und äußerte sich nur in Briefen – also im Geheimen – an ihre spirituellen Begleiter darüber. Im Gegensatz zu Johannes vom Kreuz gibt es somit keine systematische Darstellung mit Lehrbuchcharakter.

Gerade weil es mir nicht darum geht, die Spiritualität und das Lebenswerk einer Person umfassend darzustellen, muss eine Vorbemerkung gemacht werden: Teresas Handeln und Werk erfährt nicht nur zahlreiche positive Würdigungen, sondern es wird auch große Kritik geübt: Sie habe Schwestern geschlagen, Patienten notwendige Schmerzmittel zur Verherrlichung des Leidens Christi vorenthalten, nicht für ausreichende hygienische Bedingungen in ihren Sterbehäusern gesorgt und anderes mehr. Betonen möchte ich daher: Mir geht es hier nicht um eine Biographie, nicht um eine Rechtfertigung oder Verteidigung, sondern lediglich um ihre Briefe und die Darstellung der Einflüsse, die diese Briefe auf mich hatten. Eine kritische Würdigung, die auch die Schattenseiten ihres Wirkens thematisieren muss, sei profunderen Kennern und Kennerinnen überlassen.

Zudem möchte ich keine umfassende Darstellung ihrer facettenreichen Spiritualität liefern, in der es Elemente gibt, die für mich wenig oder gar nicht nachvollziehbar, ja manchmal sogar abstoßend sind. Ich möchte nur auf jene Themen zu sprechen kommen, die für meinen eigenen spirituellen Weg entscheidend waren. Denn auf der Suche nach meiner Berufung war ich oft nicht sicher, ob ich einen Platz in unserer Kirche habe, und wenn doch, welchen. Erst durch das Lesen ihrer Briefe habe ich eine Antwort gefunden. So ist es mir zum Segen geworden, dass ihre Briefe gegen ihren Willen veröffentlicht worden waren. (Übrigens belasse ich ihre Schreibfehler in den Zitaten, ohne sie extra auszuweisen.)

Schon in ihrer Kindheit wurde in Anjezë Gonxhe Bojaxhiu – wie sie mit Geburtsnamen hieß – durch die Verkündigung von Jesuiten der Wunsch geweckt, nach Indien zu gehen. Die 1910 geborene Albanerin trat daher als 18-Jährige den Loretoschwestern bei und gelangte so als Lehrerin nach Indien. Auf einer Zugfahrt zu Exerzitien erhielt sie am 10. September 1946 jedoch eine neue Berufung:

> *„[Es] war eine Berufung in der Berufung. Es war ein zweiter Ruf. Es war eine Berufung, sogar Loreto aufzugeben, wo ich sehr glücklich war und auf die Straßen hinauszugehen, um den Ärmsten der Armen zu dienen. Es war in diesem Zug, wo ich den Ruf hörte, alles aufzugeben und Ihm in die Slums zu folgen – um Ihm in den Ärmsten der Armen zu dienen. … Ich wusste, es war Sein Wille und dass ich Ihm folgen müsste. bestand kein Zweifel, dass es Sein*

Werk sein würde.“ (Teresa von Kalkutta nach Kolodiejchuk, 2007, 53)

Diese Zugfahrt war der entscheidende Wendepunkt im Leben von Teresa. Fast zwei Jahre wird sie sich nun mit den kirchlichen Behörden auseinandersetzen, um den bisherigen Orden verlassen zu dürfen und eine neue Gemeinschaft zu gründen. Am 16. August 1948, fast zwei Jahrzehnte nach ihrem Eintritt in den Loretoorden, verließ sie den Schutz der Klostermauern, wandte sich den Ärmsten der Armen zu, ließ sich vor allem von dem treffen, was ihr ihre Sinne wahrzunehmen gaben. Schon an dieser Stelle wird der Grundunterschied zu Johannes vom Kreuz deutlich: Sie ließ sich voll auf diese Dunkelheit des Leidens der Menschen ein, auch auf ihre körperlichen Leiden – und wurde so selbst in eine tiefe Dunkelheit gestürzt. Sie schrieb an Erzbischof Périer:

„[B]itte beten Sie eigens für mich, dass ich Sein Werk nicht verderbe, und dass Unser Herr Selbst sich zeigt – denn in mir ist eine solche Dunkelheit, als ob alles tot wäre. Dieser Zustand besteht mehr oder weniger seit dem Zeitpunkt, als ich mit dem ‚Werk‘ anfing.“ (Teresa von Kalkutta nach Kolodiejchuk, 2007, 177)

Diese innere, spirituelle Dunkelheit blieb im Grunde bis zu ihrem Lebensende bestehen. Einmal schrieb sie dazu an Pater Neuner:

„Wenn ich jemals eine Heilige werde – dann ganz gewiss eine ‚Heilige der Dunkelheit‘. Ich werde fortwährend im Himmel fehlen – um jenen ein Licht zu entzünden, die auf Erden in Dunkelheit leben.“ (Teresa von Kalkutta nach Kolodiejchuk, 2007, 268)

Was macht nun den Kern ihrer Berufung in der Berufung aus? Im Zentrum ihres erneuten Rufes 1946 stand der Ausspruch Jesu am Kreuz:

Mich dürstet! (Joh 19,28)

> *„‚Mich dürstet', rief Jesus am Kreuz, als Ihm aller Trost genommen war und Er in absoluter Armut, verlassen, verachtet und gebrochen an Leib und Seele, starb."* (Teresa von Kalkutta nach Kolodiejchuk, 2007, 55)

Daher formulierte Teresa auch in einem Entwurf der Regel ihres neuen Ordens, der Missionaries of Charity:

> *„Das allgemeine Ziel der* Missionaries of Charity *ist es, das Dürsten Jesu am Kreuz nach Liebe und nach Seelen zu stillen."* (Teresa von Kalkutta nach Kolodiejchuk, 2007, 54)

Ausgangspunkt ihrer Spiritualität ist also die Kreuzigung, wie sie beim Evangelisten Johannes beschrieben wird (Joh 19,17-37). Um Psalm 22 völlig erfüllen zu lassen, erhält Jesus bei der Kreuzigung zu trinken, so erzählen alle Evangelisten. Nur Johannes lässt Jesus sprechen: „Mich dürstet", sodass Jesus als der eigentlich Handelnde erscheint. Das Zu-trinken-Geben ist damit nicht Spott, sondern Erfüllung des Auftrags Jesu. Und Jesus geht es letztlich um die Erfüllung des Auftrags dessen, der ihn gesandt hat. Damit ist eine Brücke zu dem geschlagen, was Teresa ausgeführt hat: Der Auftrag Jesu ist es, Seelen zu retten. Dieser Auftrag ist verankert im Kreuz. Es geht nicht um die Erfüllung eines Auftrags, den Jesus zu seinen Lebzeiten oder als Auferstandener gibt, sondern den er, selbst verlassen, verachtet, gebrochen und in absoluter Armut, ausspricht – beim Evangelisten Johannes in Anwesenheit einiger Frauen und des Jüngers, den Jesus liebt. Kein Herrschergott gibt einen Auftrag, sondern der Sterbende. Meine Reaktion könnte sein, mich darüber lustig zu machen, denn wie will mich der Gekreuzigte schon zwingen, diesen Auftrag zu erfüllen. Wer ihn also erfüllt, tut dies aus Liebe zu ihm, zu dem, der mich liebt, zu dem, der von Gott gesandt ist, nicht weil er durch Macht und Drohung gezwungen wird.

Die Rettung der Seelen – eine heute eher unübliche Formulierung – war jedoch für Teresa die grundlegende Motivation für ihr neues Werk. Im ersten Moment könnte das so verstanden werden, dass es ihr vor allem darum ging, möglichst viele Menschen zur Taufe zu bringen. Menschen anderer Religionen in ihrer Umgebung waren auch besorgt, dass es bei ihrem neuen Orden nur darum ginge, und kritisierten die Aufnahme von Nichtchristen in die Sterbe- und Krankenhäuser des Ordens. Die Kritik verstummte, als sie furchtlos einen an Cholera erkrankten Priester des hinduistischen Kali-Tempels aufnahm, der kurze Zeit darauf verstarb. Teresa selbst verengte ihren Blick nicht einfach auf die Spendung eines Sakramentes oder bloße Kirchenmitgliedschaft, sondern legte Wert darauf, dass die Menschen ihren Frieden mit Gott machten. Sie sagte einmal:

> *„Wir helfen ihnen, mit Gott an ihrer Seite zu sterben. Wir helfen ihnen, sich bei Gott zu entschuldigen, Frieden zu machen mit Gott, nach den Grundsätzen ihres Glaubens."* (Teresa von Kalkutta nach Watts, 2009, 54)

Sie sah Gott in allen Religionen am Werk. Das Miteinander der Religionen zeigte sich 1968, beim 20-jährigen Bestehen ihres Ordens, im Wunsch Teresas, dass alle religiösen Gruppen in Kalkutta innerhalb ihrer Bräuche Dankgottesdienste feiern sollten. Achtzehn Glaubensgemeinschaften kamen dieser Bitte nach und Teresa feierte alle diese Gottesdienste mit.

Nach ihrer Entlassung aus dem Loretokloster erhielt sie eine rudimentäre Ausbildung in Krankenpflege und ging am 21. Dezember 1948 zum ersten Mal in die Slums von Kalkutta. Dies beschrieb sie so:

„Um 8 Uhr früh verließ ich St. Joseph … Bei S. Teresa holte ich Veronica ab und wir gingen los.
Wir starteten in Tartala und gingen zu jeder katholischen Familie. – Die Menschen freuten sich – doch überall gab es Kinder und nochmals Kinder – und was für ein Schmutz und Elend – welche Armut und welches Leiden – Ich sprach sehr, sehr wenig, wusch nur einige Wunden und verband sie und gab manchen Leuten Medikamente. – Der alte Mann, der auf der Straße lag – nicht erwünscht – ganz allein nur, krank und im Sterben – ich gab ihm Carbarsone und Wasser zu trinken, und der alte Mann war so merkwürdig dankbar … Dann gingen wir nach Taltala Bazaar, dort lag eine ganz arme Frau im Sterben, ich denke eher, dass sie an Hunger und nicht an TBC starb. Welche Armut. Welch wirkliches Leiden. Ich gab ihr etwas, das ihr half, in den Schlaf zu finden – doch die Frau sehnt sich, dass man sich um sie ein wenig kümmert. Ich frage mich, wie lange sie noch leben wird – sie hatte zu der Zeit 96 Grad [35 Grad Celsius Untertemperatur]. Sie bat mich einige Male um die Beichte und die Heilige Kommunion – Ich fühlte dort auch meine eigene Armut – denn ich hatte nichts, was ich dieser armen Frau hätte geben können. – Ich tat alles, was ich nur konnte, hätte ich ihr einen Becher heiße Milch geben können oder irgendetwas Ähnliches, dann wäre ein wenig Leben in ihren kalten Körper zurückgekehrt. – Ich muss versuchen und irgendwie an die Leute näher herankommen, von denen ich leicht etwas für die Armen bekommen kann." (Teresa von Kalkutta nach Kolodiejchuk, 2007, 157f.)

An dieser Stelle wird auch eine gewisse Spannung christlicher Spiritualität überhaupt deutlich: Für Teresa gingen Seelen verloren, wenn die Menschen das Erbarmen Gottes nicht verspürten. Sie selbst brachte mit ihrem Tun dieses Erkennen zu den Menschen und – christlich gesprochen – diese begegneten in Teresa Jesus Christus. Umgekehrt war Jesus Christus aber schon längst in diesen Armen gegenwärtig und Teresa begegnete ihm in den Armen – wie im 25. Kapitel des Matthäusevangeliums geschildert wird.

Die Rettung der Seelen führte über den Weg der Begegnung in der Pflege der kranken und sterbenden Körper. Über diese Pflege wurde Gottes Liebe erlebbar. Ein Kommentator schreibt:

> *„‚Rettung und Heiligung der Ärmsten der Armen‘ oder ‚Rettung von Seelen‘ bedeutete daher für sie unermüdlicher Einsatz, um jedem zu helfen, Gottes unendlicher Liebe zu begegnen. Sobald man Ihn kennt, bedeutet es Ihn zurückzulieben, Ihm zu dienen und dadurch die Seligkeit des Himmels zu erlangen.*
> *Doch Mutter Teresa brachte nicht nur das Licht Christi zu den Ärmsten der Armen; sie begegnete Christus in jedem Einzelnen von ihnen.“ (Kolodiejchuk, 2007, 57)*

Mit dem Auftrag, Seelen zu retten, ist auch das Thema der Verlorenheit angesprochen. Einmal schrieb sie:

> *„Seelen gehen verloren, weil man sich nicht darum kümmert, wegen des Mangels an Liebe.“ (Teresa von Kalkutta nach Kolodiejchuk, 2007, 83)*

Wir erinnern uns an das, was Jesus dem Pharisäer über die Frau gesagt hat, die ihm das Haar gesalbt hatte: Ihr wird vergeben, weil sie viel geliebt hat (Lk 7, 47).

Trotz der Offenheit den Menschen und anderen Religionen gegenüber und dem Vertrauen zu und der Hingabe an Gott ist es doch bemerkenswert, dass Teresa Gott nicht zutraute, Seelen zu retten, auch wenn diese nie von Christus gehört hatten bzw. nie einem Christen begegnet waren. So schrieb sie auch an die Generaloberin der Loretoschwestern vor ihrem Austritt.

> *„Wenn Sie in Indien wären, wenn Sie sehen würden, was ich so viele Jahre lang gesehen habe, dann würde auch Ihr Herz sich danach sehnen, Unseren Herrn unter den Armen besser bekannt zu machen, welche die schlimmsten Dinge erleiden müssen und dann auch noch die Ewigkeit in der Dunkelheit, weil es keine Schwestern gibt, die ihnen in ihren eigenen dunklen Löchern eine helfende Hand reichen." (Teresa von Kalkutta nach Kolodiejchuk, 2007, 127)*

Jesu Worte an sie in ihrer „Berufung in der Berufung" schilderte Teresa so:

> *„Komm, komm [doch], trag mich in die Löcher der Armen. Komm, sei Mein Licht." (Teresa von Kalkutta nach Kolodiejchuk, 2007, 58)*

In vielen ihrer Briefe bezeichnete sie die Wohnstätten der Menschen in den Slums als dunkle, dreckige, unglückliche Löcher. Sr. Maria Gertrude sagte einmal über Teresa:

> *„Ich sehe sie noch, gekleidet in einen [sic!] einfachen, bescheidenen Sari, mit einem Rosenkranz in ihrer Hand, wie sie Jesus unter den Ärmsten gegenwärtig machte. Man könnte sagen, ein Licht erstrahlte in der Dunkelheit der Slums." (Sr. Maria Gertrude nach Kolodiejchuk, 2007, 156)*

Diese real dunklen Löcher und die Verlorenheit der Menschen in den Slums fanden eine spirituelle Entsprechung in der inneren Dunkelheit von

Teresa. Wer kann glaubwürdig bleiben, wenn er sich von der Liebe Gottes erfüllt wähnt und vom Vertrauen zu Gott in einer Situation zu Menschen spricht, deren Würde und Hoffnung völlig zerstört und wo kein Gott mehr anwesend ist. Zu ihrer eigenen Glaubwürdigkeit musste Teresa diese Dunkelheit in sich selbst wahrnehmen und leben, was weniger als Entscheidung ihrerseits als vielmehr als Geschenk anzusehen ist, denn nur so konnte sie den Auftrag des Gekreuzigten, der selbst in Dunkelheit starb, erfüllen, nämlich Seelen zu retten, indem sie geliebt werden.

Teresa selbst sah das aber zunächst nicht so und ihre Ansprechpartner verstanden sie auch nicht richtig. 1953 traute sie sich zum ersten Mal über ihre Dunkelheit in dem eingangs zitierten Brief an Erzbischof Périer zu sprechen. Diese Sprachlosigkeit ist ein wesentliches Merkmal der Dunkelheit. Hier besteht eine Parallele zu Johannes vom Kreuz: Es ist fast unmöglich, die passenden Worte zur eigenen inneren Dunkelheit zu finden. So wurde auch in einer Frühphase das spirituelle Leben von Teresa im Lichte der „Dunklen Nacht" gedeutet, d. h. also als Läuterungsprozess, als Reinigungsprozess von ihren Sünden. Auch Teresa verstand ihre Dunkelheit eine Zeit lang in diesem Sinn. Anfangs sehnte sie sich oft nach dem Komfort ihres ehemaligen Klosters und tat sich schwer mit dem neuen Lebensstil. Sie wollte als nichts gelten und sprach in ihren Briefen und Gebeten immer wieder die Befürchtung aus, sie könnte das Werk, das Gott durch sie vollbringt, durch ihr eigenes Zutun verderben.

Das bildet aber nicht die volle Bedeutung ihrer spirituellen Dunkelheit ab. Erst einer ihrer geistlichen Begleiter, nämlich Pater Neuner, konnte ihr das vier Jahre später, 1957, aufschließen, indem er unter anderem schrieb:

> *„Das sichere Zeichen für Gottes verborgene Gegenwart in dieser Dunkelheit ist das Dürsten nach Gott, das heftige Verlangen nach zumindest einem einzigen Strahl Seines Lichts. Niemand kann sich nach Gott sehnen, ohne dass Gott in seinem Herzen gegenwärtig*

> *ist. Daher ist die einzig mögliche Entgegnung auf diese Prüfung die totale Hingabe an Gott und die Annahme der Dunkelheit in Einheit mit Jesus." (P. Neuner nach Kolodiejchuk, 2007, 250)*

Als Teresa das so verstand, begann sie ihre Dunkelheit zu lieben und sie als spirituelle Seite ihres Werkes zu betrachten. In dieser Dunkelheit verbinden sich das Leiden Christi am Kreuz, das Leiden der Menschen und der eigene Auftrag, verbinden sich Leib und Seele, verbinden sich Welt und Gott. In diesem Sinn schrieb sie 1991 ihren Schwestern:

> *„Jesus wurde von Seinem Vater zu den Armen gesandt, und um die Armen verstehen zu können, musste Jesus diese Armut an Seinem eigenen Leib und Seiner eigenen Seele kennenlernen und erleben. Auch wir müssen Armut erfahren, wenn wir wahre Boten der Liebe Gottes sein wollen. Um den Armen die Gute Nachricht zu verkünden, müssen wir erfahren, was Armut ist." (Teresa von Kalkutta nach Kolodiejchuk, 2007, 272)*

Wer also glaubwürdig die Botschaft Jesu, das Evangelium, den Menschen, den Armen verkünden will, muss selbst arm werden. Dies erinnert an Franz von Assisi: Er begann zunächst den Armen Almosen zu geben, bis er verstand, dass die Botschaft Jesu von ihm forderte, selbst arm zu werden, wie Jesus selbst arm war. Dadurch werden zwar die Armen nicht materiell reicher, jedoch werden sie durch ein solch solidarisch-personales Handeln in ihrer Würde als geliebte Geschöpfe Gottes ernst genommen. Als bloße Almosenempfänger bleiben sie degradierte Menschen, denen man vom Überfluss einen kleinen Teil abgibt.

Wie Franz von Assisi handelte auch Teresa. Sie legte besonderen Wert auf ihre Armut. Dazu schrieb sie 1947 in ihrer handgeschriebenen Ordensregel:

„Absolute Armut – Durch dieses Gelübde verpflichtet sich die Schwester zu absoluter Armut. Sie verzichtet auf das Recht, irgendetwas als ihr Eigentum zu besitzen. Gegenüber den zeitlichen Gütern dieser Welt soll sie wie eine Tote sein.“ (Teresa von Kalkutta nach Kolodiejchuk, 2007, 393)

Diese materielle Armut fand ihren äußerlichen Ausdruck im Tragen eines einfachen Sari, der Kleidung indischer Frauen, um sich ganz mit den indischen Mädchen zu identifizieren. Sie wollte ganz das Leben von Inderinnen führen. Auch ihren Schwestern machte sie die Vorgabe, egal aus welcher Nationalität sie stammten, sie sollten sich immer die Sprache und die Tradition ihres Wirkungsortes zu eigen machen.

Diese Identifikation mit den Menschen, zu denen Teresa gerufen wurde, fand in ihrer inneren Dunkelheit eine spirituelle Seite: Sie wurde jenen Menschen gleich, die in einer äußeren und inneren Dunkelheit lebten, und als Person vergegenwärtigte sie damit die verborgene Gegenwart Gottes. Dunkelheit bedeutete für Teresa wahrgenommene Abwesenheit Gottes und zugleich seine verborgene Anwesenheit. Wer solches in sich trägt, gleichzeitig aber an Gott und seinem Auftrag festhalten will, der kann nur noch blind gehorchen, denn in der Dunkelheit ist nichts mehr zu sehen. Für sie war auch das Leiden kein Wegweiser in der Dunkelheit. 1955 schrieb sie an Erzbischof Périer:

„Beten Sie für mich – denn in meinem Innern ist es eiskalt. – Einzig dieser blinde Glaube trägt mich, denn in Wirklichkeit ist für mich alles nur Dunkelheit. Solange Unser Herr nur daran gefallen hat – zähle ich wirklich nichts.“ (Teresa von Kalkutta nach Kolodiejchuk, 2007, 192)

Viele, die Teresa kannten, waren 2007 überrascht, als Pater Kolodiejchuk ihre Briefe veröffentlichte und damit ihre spirituelle Dunkelheit einem breiteren Publikum bekannt machte. Denn wie Gott sich ihr gegenüber verbarg, verbarg auch sie ihre Dunkelheit den Menschen gegenüber, ja sogar Gott gegenüber. Das wichtigste Mittel dazu war ihr Lächeln:

> *„Das Lächeln ist ein großer Deckmantel, der eine Vielzahl an Schmerzen verbirgt." (Teresa von Kalkutta nach Kolodiejchuk, 2007, 207)*

> *„Je größer der Schmerz und je dunkler die Dunkelheit, umso herzlicher wird mein Lächeln für Gott sein." (Teresa von Kalkutta nach Kolodiejchuk, 2007, 259)*

> *„Ich erinnere mich daran, wie vor einiger Zeit eine sehr große Gruppe von Professoren aus den Vereinigten Staaten hier war und bat: ‚Erzählen Sie uns etwas, was uns weiterhelfen wird.' Und ich sagte: ‚Lächeln Sie sich gegenseitig an.' Ich muss das sehr ernst gesagt haben, vermute ich, und so fragte mich jemand aus der Gruppe: ‚Sind Sie verheiratet?' Und ich sagte: ‚Ja, und manchmal finde ich es sehr schwer, Jesus anzulächeln, weil Er sehr fordernd sein kann." (Teresa von Kalkutta nach Kolodiejchuk, 2007, 324)*

> *„Lassen Sie nicht zu, dass Ihre Treulosigkeit [geistlichen Übungen und täglichen religiösen Verpflichtungen gegenüber] & Ihre Unschlüssigkeit, wie Sie sagen, Sie zu stark beschäftigen – sondern akzeptieren Sie alles, was Er gibt, und geben Sie alles, was immer Er nimmt, mit einem großen Lächeln." (Teresa von Kalkutta nach Kolodiejchuk, 2007, 321)*

Diese Warmherzigkeit ihres Lächelns führte viele Menschen näher zu Gott. Eingedenk ihrer eigenen Gottferne stellte sie sich kritisch die Frage, ob das nicht Betrug an den Menschen sei.

Doch lassen wir Teresa abschließend nochmals selbst zu Wort kommen und sehen wir die abgrundtiefe Dramatik dieser Dunkelheit. 1957 schrieb sie:

> *„In meiner Seele herrscht ein so großer Widerspruch. – Ein so tiefes Verlangen nach Gott – so tief, dass es wehtut – ein fortwährendes Leiden – und trotzdem nicht gewollt von Gott – abgewiesen – leer – kein Glaube – keine Liebe – kein Eifer. – Die Seelen ziehen mich nicht mehr an – der Himmel bedeutet nichts mehr – für mich schaut er wie ein leerer Platz aus – der Gedanke an ihn bedeutet mir nichts und gleichzeitig diese folternde Sehnsucht nach Gott. – Bitte beten Sie für mich, dass ich Ihn trotz allem weiterhin anlächle. Weil ich nur Sein bin – hat er jedes Recht über mich. – Ich bin vollkommen glücklich, dass ich sogar für Gott ein Niemand bin." (Teresa von Kalkutta nach Kolodiejchuk, 2007, 199f.)*

Weder der himmlische noch der irdische Schatz bedeuteten ihr etwas. Alles war leer in ihr, aber diese Leerheit galt es zu verstecken, im Verborgenen zu halten, indem sie den Menschen und Gott immer mit dem Lächeln begegnete, für das sie so bekannt war.

Sinnbildlich für diese innere Dunkelheit können auch die Todesumstände stehen: Am 5. September 1997 klagte Teresa über Brustschmerzen und sie musste sich ins Bett legen. Abends fiel der Strom aus und auch die Generatoren konnten nicht zum Laufen gebracht werden. Und so ging sie um 21.30 Uhr in Dunkelheit heim in das Licht Gottes.

Durch die Dunkelheit pilgern – Franziskus von Assisi

Ich habe schon in der Einleitung zu diesem Kapitel angedeutet, dass sich mein Zugang zu Franziskus im Laufe der letzten drei Jahrzehnte verändert hat. Als 16-Jähriger hatte ich den Eindruck, dass Franziskus sich mehr oder weniger von heute auf morgen zu seinem neuen Leben entschlossen hatte. Dies hatte sicher mit Franco Zefirellis Film „Bruder Sonne, Schwester Mond" zu tun, den ich mehr als 30 Mal gesehen habe. In Wirklichkeit war es aber anders: Giovanni Battista di Pietro di Bernardone, wie er mit bürgerlichen Namen hieß, war ein Kind seiner Zeit, das mit den Idealen des reichen Kaufmanns und tapferen Ritters aufwuchs. Selbst seine lange Krankheit nach seinem ersten Kampfeinsatz gegen Perugia brachte ihn nicht gleich zum Gesinnungswandel. Sicher, es veränderte sich in ihm etwas, aber dennoch hielt er noch an den Idealen seiner Jugend fest, sodass er nochmals in den Krieg ziehen wollte. Der Weg des Franziskus vom alten in das neue Leben dauerte Jahre und war kein kontinuierlicher Prozess.

An diese Kriegserlebnisse knüpften auch die ersten Erfahrungen der Dunkelheit an. So wurde er, als er zum ersten Mal in den Krieg zog, von den Gegnern gefangen genommen und für ein Jahr in die Dunkelheit eines Kerkers geworfen. Nach Hause zurückgekehrt, verbrachte er aufgrund einer Erkrankung Monate im Dunkeln. Diese Erfahrungen waren der Beginn einer Veränderung. Zum zweiten Mal zog er in den Krieg und in der dritten Nacht (!) hörte er eine innere Stimme, die ihn fragte, warum er nicht dem wahren Herrn nachfolge. So erkannte er eine ganz andere Dunkelheit, nicht die Dunkelheit des Kerkers oder die Dunkelheit der Krankheit, sondern die Dunkelheit in seinem Inneren: Laut Eigenaussagen führte er bis dahin ein Leben, als ob es Christus nicht geben würde. In dieser Zeit entstand folgendes Gebet, welches das älteste noch erhaltene Schriftstück des Franziskus ist:

„Höchster, lichtvoller Gott,
erleuchte die Finsternis in meinem Herzen:
gib mir einen Glauben, der weiterführt,
eine Hoffnung, die durch alles trägt,
und eine Liebe, die auf jeden Menschen zugeht.
Lass mich spüren, wer du, Herr, bist,
und erkennen, wie ich deinen Auftrag erfülle.
Amen.“
(GebKr; zitiert nach Kuster, 2010, 19)

Franziskus selbst schrieb jedoch – außer in diesem Gebet – so gut wie nie von Dunkelheit, schon gar nicht von einer inneren oder spirituellen. Vereinzelt griff er biblische Motive auf, wenn er von der Blindheit derer sprach, die das Licht Christi nicht erkennen, weil sie keine Buße tun, und dass diese die Finsternis mehr lieben als das Licht. Für Franziskus war Gott dagegen der Lichtvolle, der ihn erleuchtete.

„Der Vater ‚wohnt in unzugänglichem Licht‘ (vgl. 1 Tim 6,16) und ‚Gott ist ein Geist‘ (Joh 4,24), und ‚niemand hat Gott je gesehen‘ (Joh 1,18).“ (Erm 1,5)

Real machte Franziskus hingegen sehr oft die Erfahrung von Dunkelheit. Zu den schon genannten Erlebnissen kam noch ein Augenleiden hinzu, das sogar einmal dazu führte, dass er für 50 Tage völlig erblindete. Auch bei einer seiner zentralen spirituellen Erfahrungen vor dem Kreuz in San Damiano, das im Allgemeinen als Berufungserzählung gedeutet wird, spielte Dunkelheit eine indirekte Rolle: Scheinbar konnte sich der dortige Priester kein Licht für die Kirche leisten; daher spendete ihm Franziskus Geld mit dem Auftrag, es sollte immer ein Licht beim Kreuz brennen.

Als sich Franziskus zunehmend von der alten Lebensweise distanzierte, geriet sein Vater zusehends in zornige Erregung. Um sich vor seinen Zugriffen zu schützen, flüchtete er in eine Höhle, wo er längere Zeit verweilte. Dort lebte und betete er im Verborgenen. Sein Biograph Thomas von Celano schreibt:

„Hier hielt er sich einen Monat lang ununterbrochen versteckt, und zwar derart, daß er kaum herauszugehen wagte, um seine menschlichen Bedürfnisse zu erfüllen. Wenn ihm Speise gereicht wurde, aß er sie im Dunkeln des Verstecks, und im geheimen erwies man ihm jeden Liebesdienst. Inbrünstig betete er ohne Unterlaß, mit einem Strom von Tränen übergossen, auf daß der Herr seine Seele aus den Händen der Verfolger befreie und seine frommen Wünsche in gütiger Huld erfülle. Unter Fasten und Weinen erbat er die Schonung des Erlösers und richtete, seinem eigenen Tun mißtrauend, all sein Denken auf den Herrn. Und obgleich er sich in einem finsteren Versteck befand, überströmte ihn dennoch unaussprechliche, bisher noch nicht verkostete Freude. Von ihr ganz glühend, verließ er schließlich das Versteck und setzte sich öffentlich den Schmähungen der Verfolger aus.“ (1 Celano 10,11-23)

So konnte sein Vater seiner habhaft werden und brachte ihn nach Hause. Thomas von Celano schreibt weiter:

„Dort sperrte er ihn erbarmungslos mehrere Tage in einen finsteren Raum. Und da er glaubte, seines Sohnes Sinn nach seinem Willen beugen zu können, bearbeitete er ihn zuerst mit Worten, dann auch mit Schlägen und Fesseln.“ (1 Celano, 11,20-23)

Befreit wurde er übrigens von seiner Mutter. Neben der Erfahrung der Dunkelheit sehen wir also im frühen Leben des Franziskus auch die Tendenz zum Rückzug und zur Verborgenheit. Eines Nachts – Franziskus war wenige Tage zuvor aus einer Schlacht zurückgekehrt – zog er mit seinen Freunden feiernd durch Assisi, da erhielt er eine spirituelle Eingebung, die ihn reg- und sprachlos machte. Von den Konsequenzen, die er daraus zog, berichtet die Dreigefährtenlegende:

> *„Von jener Stunde an begann er sein eigenes Nichts zu fühlen und die Dinge, die früher seine Liebe gefunden hatten, zu verachten. Freilich tat er dies noch nicht in umfassender Weise, weil er sich von der Eitelkeit der Welt noch nicht völlig losgelöst hatte. Für kurze Zeit zog er sich von der weltlichen Unruhe zurück: Er war bestrebt, Jesus Christus im inneren Menschen zu verheimlichen und verbarg die Perle, die er um den Kaufpreis all seiner Habe zu erwerben wünschte, vor den Augen der Spötter. Oft, ja fast täglich begab er sich im geheimen zum Gebet." (DreiGefLeg III,8)*

Der junge Franziskus verbarg, so gut er konnte, seinen spirituellen Wandel. Er wollte seine Erfahrungen und seinen neu gewonnenen Glauben nicht dem Spott ausliefern. Zu heilig war ihm das, was er da erlebte. Diese Art des verborgenen Gebetes behielt er ein Leben lang bei. Thomas von Celano schreibt:

> *„Immer suchte er einen verborgenen Ort auf, wo er nicht nur mit seinem Geist, sondern auch mit all seinen Gliedern auf Gott hingerichtet sein konnte. Wenn er plötzlich in der Öffentlichkeit ergriffen und vom Herrn heimgesucht wurde, machte er sich aus seinem Mantel eine kleine Zelle, um nicht ohne Zelle zu sein. Manchmal, wenn er keinen Mantel bei sich hatte, bedeckte er wenigstens mit dem Ärmel das Gesicht, um das verborgene Manna nicht preiszugeben." (2 Celano 94,16-22)*

Das Gottesbild des Franziskus steht im Gegensatz zu dem seiner Zeit: Zu seiner Zeit wurde in Assisi der Dom San Rufino gebaut, über dessen Eingang Christus, der Pantokrator, der ferne, weltenthobene Gott, thront, durch den die Welt erschaffen wurde und der sie richten wird. Franziskus dagegen erfuhr Gott ganz nahe und persönlich, erfuhr das Erfülltsein von Gott in sich und in der Schöpfung. Gleichzeitig blieb Gott für ihn erhaben und unbegreiflich, für den menschlichen Verstand verborgen. Gott ist

> *„unveränderlich, unsichtbar, unbeschreiblich, unaussprechlich, unbegreiflich, unerforschlich“ (NbReg 23,11).*

So ist der verborgene Gott der nahe Gott.

Bekanntester Ausdruck dieser Spiritualität ist der Sonnengesang. Dieses Lied entsprang aber einer neuerlichen Erfahrung von Dunkelheit. Der Franziskusforscher und Kapuziner Nikolaus Kuster schreibt:

> *„Franziskus dichtet seine berühmteste Komposition im Frühling 1225, nach fünfzig Tagen tiefer innerer und äußerer Dunkelheit. Seine kranken Augen ertragen nicht einmal den Schein einer Kerze, so dass er abgeschottet in einer lichtlosen Hütte bei San Damiano gepflegt wird. Hier bereitet sich der Kranke auf eine Augenoperation vor […].*
> *Der Poverello erfährt nach langem Leiden die Zuwendung Gottes derart neu und überwältigend, dass er – innerlich befreit und äußerlich noch immer blind – mit dem Schöpfungslied eine Perle der Weltliteratur dichtet.“ (Kuster, 2019, 73)*

Das war 1225. Sein Augenleiden hatte er sich vier Jahre zuvor zugezogen, als er sich in Ägypten aufgehalten hatte. Zusätzlich war er an Malaria erkrankt; und schon längere Zeit hatte ihn ein Milz- und Leberleiden gequält.

„In den folgenden Monaten [nach Pfingsten; K.S.] zieht er sich in Eremitagen zurück und gerät dort in eine tiefe Krise. Die Versuchung des Heiligen, für immer Einsiedler zu werden, dürfte in diese Zeit zwischen Sommer 1221 und Frühjahr 1222 fallen. Er fühlt sich von den verantwortlichen Brüdern übergangen, sieht den Orden die falschen Weichen stellen und hadert existenziell mit seiner eigenen Rolle. Das Leiden verschärft sich dadurch, dass offenbar auch der Himmel schweigt. Jedenfalls sendet Franziskus vom heiligen Berg Monteluco ob Spoleto aus seinen Gefährten Masseo nach Assisi. Er soll Klaras Gemeinschaft und Frate Silvestro im Eremo delle Carceri den Willen Gottes erkunden lassen: ob er nun wirklich Eremit werden oder seine Wanderpredigt weiterführen soll […].“ (Kuster, 2019, 65)

Franziskus kannte also auch die Erfahrung des Schweigens Gottes, sodass der Verunsicherte andere aufforderte, für ihn Gott um eine Entscheidung zu bitten. Deutlich wird, dass Krankheiten eine spirituelle Seite haben, die uns Heutigen verschlossen ist, weil wir uns zu sehr an die Medizin und die körperliche Heilung binden.

Franziskus ist für seine radikal gelebte Armut bekannt: Er, der Reiche, machte sich arm. Viele können vielleicht nicht nachvollziehen, wofür das gut sein soll. Kein Armer wird reicher, wenn Franziskus als Reicher arm wird. Er wurde schon zu Lebzeiten dafür kritisiert. Viele verstanden das Vorgehen der ersten Brüder nicht. Die Dreigefährtenlegende berichtet:

„Wenn sie aber um Almosen in der Stadt bettelten, gab ihnen kaum jemand etwas, sondern man machte ihnen Vorwürfe mit den Worten, sie hätten ihren Besitz aufgegeben und verzehrten fremden. Und so litten sie sehr große Not.“ (DreiGefLeg IX,35)

Für Franziskus war das jedoch Ausdruck seiner Christusnachfolge, seines Ernstnehmens des Evangeliums. In der nichtbullierten Regel schreibt er:

> *„Alle Brüder sollen bestrebt sein, der Demut und Armut unseres Herrn Jesus Christus nachzufolgen. Und sie sollen daran denken, daß wir, wie der Apostel sagt, von der ganzen Welt nichts anderes nötig haben als ‚Nahrung und Kleidung; damit sind wir zufrieden' (1 Tim 6,8)." (NbReg 9,1)*

Daher schärfte er seinen Brüdern auch ein, kein Geld anzunehmen, vielmehr die Münzen auf den Boden zu werfen und draufzutreten. Franziskus fügte sich in die Armutsbewegungen seiner Zeit ein, verstand sich aber weder als Kritiker am Wirtschaftssystem noch an der Kirche. Dies wurde später erst so gedeutet. Ihm ging es einzig und allein um die richtige Art Jesus nachzufolgen, die er in der Nachahmung des Lebens Jesu sah. Diese Radikalität der Nachfolge machte mir deutlich, dass Jesu Worte gelebt werden müssen, nicht bloß gelesen und gesprochen und gebetet. Für mich wurde so das Wort Jesu zur Aufforderung, zur Herausforderung, zur Zumutung und nicht zum Trost oder zur Beruhigung. Vielmehr kehrte in mir eine Unruhe ein, die immer noch besteht.

Heute sehe ich noch einen weiteren wichtigen Aspekt dieser freiwilligen Armut: Wir Reichen können und müssen uns dafür engagieren, dass die reale Armut gelindert wird. Aber es wäre Utopie zu meinen, wir können Armut radikal ausmerzen. Mit der freiwillig gewählten Armut wird nun kein Armer reicher, aber man legt Zeugnis ab für die Endlichkeit der Welt, die Vorläufigkeit irdischer Güter, die uns kein vollkommenes Glück bereiten können, und auch für die Würde der armen Menschen. Hier besteht für mich eine enge Verbindung zwischen Franziskus und Teresa von Kalkutta: Auch sie konnte mit ihren bescheidenen Mitteln keinen Armen reicher machen und keinen Sterbenden vor dem Tod bewahren. Beide legten aber Zeugnis dafür ab, dass im Lichte der Ewigkeit dem Irdischen der Charakter der Vorläufigkeit zukommt, dass auch die Armut der Armen nur vorläufig ist und dass sich in den Armen ein göttlicher Funke finden lässt, der über das Irdische hinausgeht.

Diese Radikalität zur Armut enthält einen weiteren Aspekt, der für mich in den letzten Jahren wichtiger geworden und tief in der franziskanischen Spiritualität verwurzelt ist. So schreibt Franziskus in seiner bullierten Regel:

> *„Die Brüder sollen sich nichts aneignen, weder Haus noch Ort noch irgendeine Sache. Und gleichwie Pilger und Fremdlinge (vgl. 1 Petr 2,11) in dieser Welt, die dem Herrn in Armut und Demut dienen, mögen sie voll Vertrauen um Almosen gehen […].“ (BReg 6,1f.)*

Für Franziskus war Jesus selbst ein Fremdling und Pilger, worin eine klare Verbindung zur Armut besteht. So heißt es in der nichtbullierten Regel:

> *„Und er [Jesus, K.S.] ist arm gewesen und ein Fremdling und hat von Almosen gelebt, er selbst und die selige Jungfrau und seine Jünger.“ (NbReg 9,5; vgl. auch Fragm II,19)*

Daraus folgt auch, dass die Brüder arm und pilgernd leben sollen. Thematisch passt dazu auch die Bitte von Brüdern im noch jungen Orden, von der die Dreigefährtenlegende berichtet:

> *„Eindringlich suchten sie auch zu erreichen, nicht in Gegenden geschickt zu werden, aus denen sie gebürtig waren, um so den vertrauten Umgang und Verkehr mit ihrer Verwandtschaft zu vermeiden und das Wort des Propheten zu beobachten: ‚Fremd geworden bin ich meinen Brüdern und entfremdet den Söhnen meiner Mutter.‘“ (DreiGefLeg XI,45; Zitat aus Ps 68,9)*

Man erinnert sich an das Jesus-Wort, dass der Prophet in seiner Heimat nichts zählt. Erst wenn er fremd ist, haben seine Worte und Taten Gewicht. In der franziskanischen Spiritualität äußert sich also die innere Fremdheit als Bewohner dieser Erde, der im Himmel seine Heimat hat, in der konkreten Fremdheit der sozialen Umgebung. Dieses Fremdsein ist nur um den Preis zu erhalten, dass man von seinem Besitz loslässt. Der Sesshafte muss sich notgedrungen Besitz verschaffen und darauf achten, ihn zu schützen. Der Pilger, der von Ort zu Ort reist, kann nicht viel Habe mit sich führen. Franziskus möchte eine Existenz als Pilger führen, und zwar im ausdrücklichen, wörtlichen Sinn, denn es heißt in der Schrift:

> *„Jesus antwortete ihm: Die Füchse haben Höhlen und die Vögel des Himmels Nester; der Menschensohn aber hat keinen Ort, wo er sein Haupt hinlegen kann." (Mt 8,20)*

Als Pilger, der sein letztes Ziel nicht hier auf Erden hat, gehört Armut zu seinem Wesen. Franziskus spielte nämlich mit seiner Aussage auf einen Satz im ersten Petrusbrief an, der lautet:

> *„Geliebte, da ihr Fremde und Gäste seid in dieser Welt, ermahne ich euch […:] Führt unter den Heiden ein rechtschaffenes Leben, damit sie, die euch jetzt als Übeltäter verleumden, durch eure guten Taten, die sie sehen, Gott verherrlichen am Tag der Heimsuchung." (1 Petr 2,11f.)*

Mit Gästen und Fremdlingen sind jene gemeint, die an einem Ort leben, wo sie keine Bürgerrechte oder überhaupt keinen festen Wohnsitz haben. Ich möchte an dieser Stelle einen kurzen biblischen Exkurs einfügen, der der Verbindung von Armut und Pilgerschaft noch ein wenig nachgeht. Die Adressaten des ersten Petrusbriefes werden schon zu Beginn als Fremde bezeichnet (1 Petr 1,1). Der Brief richtete sich an vorwiegend heidenchristliche Leser in heidnischen Gebieten. D. h., sie waren nicht Fremdlinge in dem Sinn, dass sie zugezogen wären, sondern Fremdlinge waren sie, weil sie einer neuen Religion und neuen Sitten anhingen. Sie erteilten damit dem Kaiserkult eine Absage, wobei der Petrusbrief die Unterordnung unter den König betont, allerdings als einer menschlichen Einrichtung (1 Petr 2,13). Damit wurden diese christlichen Gruppen plötzlich zu Fremden im eigenen Land und mussten sich in dieser neuen Minderheitensituation zurechtfinden. Der Brief zielt darauf ab, durchzuhalten und ein gutes Beispiel zur Ehre Gottes zu geben.

Der Petrusbrief greift in der zuvor zitierten Stelle Motive des Abraham-Zyklus auf, ohne das ausdrücklich anzusprechen. Abraham sagt beim Tod seiner Frau Sara zu den Hetitern:

> *„Fremder und Beisasse bin ich unter euch." (Gen 23,4)*

Abraham wird als hochbetagter Mann von Gott gerufen, seine Heimat zu verlassen und in ein Land zu ziehen, das Gott für ihn bestimmt hat. Abraham folgt diesem Ruf und ist von nun an in jedem Gebiet, in dem er sich aufhält, ein Fremdling. Mit dieser Fremdlingschaft hat Abraham immer wieder zu kämpfen, Hungersnöte treiben ihn in neue Gebiete und die Angst vor den Herrschern verleitet ihn zur Lüge, worauf großes Unglück folgt. Doch Gott ist mit ihm und begleitet ihn. Die Wanderschaft und Fremdlingschaft des Abraham stehen jedoch nicht in Verbindung mit Armut, denn von ihm heißt es:

> *„Abram hatte einen sehr ansehnlichen Besitz an Vieh, Silber und Gold." (Gen 13,2)*

Silber und Gold spielen im gesamten Abraham-Zyklus eine wichtige Rolle. In einer Zeit, die den Übergang von der Tausch- zur Geldwirtschaft darstellt, haben Gold und Silber geldähnliche Funktion. Eben dieses Motiv greift auch der erste Petrusbrief auf, wenn er sagt:

> *„Ihr wisst, dass ihr aus eurer nichtigen, von den Vätern ererbten Lebensweise nicht um einen vergänglichen Preis losgekauft wurdet, nicht um Silber oder Gold, sondern mit dem kostbaren Blut Christi, des Lammes ohne Fehl und Makel." (1 Petr 1,18f.)*

Zu Abrahams Zeiten galt der materielle Reichtum noch als Gunst Gottes für ein gottgefälliges Leben. Armut und Unterdrückung sind Zeichen eines Lebens, welches von Gott abgefallen ist. Jedoch kann das Schreien der Unterdrückten zu Gott so groß werden, dass Gott sich seines Volkes erbarmt und es befreit. Kernerlebnis eines solchen Gotteshandelns ist für das Volk Israel der Auszug aus Ägypten:

> *„Der HERR sprach: Ich habe das Elend meines Volkes in Ägypten gesehen und ihre laute Klage über ihre Antreiber habe ich gehört. Ich kenne sein Leid. Ich bin herabgestiegen, um es der Hand der Ägypter zu entreißen und aus jenem Land hinaufzuführen in ein schönes, weites Land, in ein Land, in dem Milch und Honig fließen, in das Gebiet der Kanaaniter, Hetiter, Amoriter, Perisiter, Hiwiter und Jebusiter." (Ex 3,7f.)*

In einer konkreten geschichtlichen Situation offenbart sich ein Gott mit langer Tradition (Gott Abrahams, Isaaks und Jakobs) seinem Volk über den Vermittler Mose. Gott hat das Schreien seines Volkes gehört und greift jetzt ein, um es von der Unterdrückung zu befreien. Grund für die Unterdrückung ist das Vergessen der Vergangenheit, d. h. der langen Tradition Israels: Der neue Pharao weiß nichts mehr von den guten Beziehungen zwischen Ägypten und Israel. In seinen Augen sind die Israeliten zu Fremden geworden, die es zu kontrollieren gilt. Diese Kontrolle übt er mithilfe zweier Maßnahmen aus: mithilfe von Versklavung und Geburtenkontrolle (Ex 1,8-14).

Letztlich misslingt ihm beides. Gott bewirkt die Befreiung seines Volkes, doch wie schon bei Abraham, so heißt es auch hier nicht, dass die Israeliten mit materieller Armut geschlagen sind. Vielmehr gebietet Gott dem Mose schon bei seiner ersten Beauftragung:

> *„Jede Frau mag von ihrer Nachbarin oder Hausgenossin silberne und goldene Geräte und Kleider erbitten." (Ex 3,22)*

Und dieses Versprechen wird dann auch eingelöst:

> *„Die Israeliten taten, was Mose gesagt hatte. Sie erbaten von den Ägyptern Geräte aus Silber und Gold und auch Gewänder. Der HERR ließ das Volk bei den Ägyptern Gunst finden, sodass sie auf ihre Bitte eingingen." (Ex 12,35f.)*

In den ersten Schriften des Alten Testamentes gibt es noch keine Verbindung zwischen Wanderschaft und Armut. In spät alttestamentlicher Zeit wird dieses Ideal des Reichtums in Frage gestellt. Beispielhaft kann folgender Text angeführt werden:

> *„Es gibt etwas Schlimmes, etwas wie eine Krankheit, das ich unter der Sonne beobachtet habe: wenn Reichtum, der für seinen Besitzer ängstlich gehütet wurde, diesem Schlimmes brachte. Durch ein schlechtes Geschäft ging ihm dieser Reichtum verloren. Er hatte einen Sohn gezeugt, aber jetzt hat er nichts mehr, das ihm gehört. Wie er aus dem Leib seiner Mutter herausgekommen ist – nackt, wie er kam, muss er wieder gehen. Von seinem Besitz darf er überhaupt nichts forttragen, nichts, das er als ihm gehörig mitnehmen könnte. So ist auch dies etwas Schlimmes, etwas wie eine Krankheit. Genau wie er kam, muss er gehen. Welchen Vorteil bringt es*

ihm, dass er sich anstrengt für den Wind? Auch wird er während seines ganzen restlichen Lebens sein Essen im Dunkeln einnehmen; er wird sich häufig ärgern und Krankheit und Unmut werden ihn plagen.“ (Koh 5,12-16)

Mit den Essenern in Qumran wurde schon innerhalb des Judentums kurz vor dem Auftreten Jesu ein Armutsideal entwickelt und gelebt. Obwohl also der Petrusbrief den Abraham-Zyklus aufnimmt, so ist diese Aufnahme doch christlich geprägt bzw. transformiert. Heute geht man davon aus, dass hinter zahlreichen Aussagen Jesu über das Unterwegssein die Lebensweise und die Mentalität christlicher Wandermissionare stehen. Jesus selbst und seine Jünger wanderten durch Kanaan und verkündeten Umkehr und das Nahen des Gottesreiches. So bildeten sich bald christliche Wandermissionare aus, die nicht nur das Wort Jesu verkündeten, sondern es auch in einer radikalen Art und Weise lebten. Ähnlich den jüdischen Propheten setzten sie ihre ganze Existenz auf die Botschaft Gottes.

Aufgrund ihrer nichtsesshaften Existenz konnten durchaus frühjüdische Motive aufgegriffen werden. Zwei Unterschiede aber sind zu nennen: Zum einen, dass es sich bei den Wandermissionaren nicht um Familien, Sippen oder ein ganzes Volk aus vielem Stämmen handelte wie bei Abraham und Mose, sondern um Einzelne; zum anderen sahen sie das Nahen der Gottesherrschaft, sodass sie sich beeilen mussten, ihre Botschaft hinauszutragen. Folglich konnten sie nicht einmal mehr das Nötigste mitnehmen.

Diese beiden Unterschiede machen den spezifisch christlichen Aspekt des Pilgerns und Fremdseins aus. Sie haben damit eine enge Verbindung mit der selbst gewählten Armut und mit einer Radikalität zur Jesusnachfolge. Durch ihre Existenzweise waren die Wandermissionare, die durchaus verheiratet sein konnten, sozial entwurzelt, lebten freiwillig in Armut und mussten Konflikte mit Familie und Gesellschaft durchleben. Aber sie waren völlig getragen von der Botschaft Jesu, von dem Schatz im Himmel. Denn gerade dieses Jesuswort entstammt dem Bereich der Wandermissionare. In Anklang an diese Stelle schreibt Franziskus in der nichtbullierten Regel:

> *„Und die Brüder, die sich abmühen, es [das Almosen] zu sammeln, werden großen Lohn erhalten und lassen die Spender gewinnen und erwerben. Denn alles, was die Menschen in der Welt zurücklassen werden, wird vergehen, aber für die Wohltätigkeit und die Almosen, die sie gegeben haben, werden sie Lohn vom Herrn erhalten."* (NbReg 9,9)

Das bedeutet, dass nicht nur die Almosengeber den Brüdern einen Dienst erwiesen, sondern auch die Brüder den Almosengebern, denn Letztere konnten vom irdischen Besitz loslassen und sich einen Lohn im Himmel erwerben. Wenn die Wandermissionare zur Zeit Jesu, aber auch die Brüder des Franziskus viele Entbehrungen und große Not erlebten, galt gerade für sie das Sorgenevangelium:

> *„Deswegen sage ich euch: Sorgt euch nicht um euer Leben, was ihr essen oder trinken sollt, noch um euren Leib, was ihr anziehen sollt! Ist nicht das Leben mehr als die Nahrung und der Leib mehr als die Kleidung? Seht euch die Vögel des Himmels an: Sie säen nicht, sie ernten nicht und sammeln keine Vorräte in Scheunen; euer himmlischer Vater ernährt sie. Seid ihr nicht viel mehr wert als sie? Wer von euch kann mit all seiner Sorge sein Leben auch nur um eine kleine Spanne verlängern? Und was sorgt ihr euch um eure Kleidung? Lernt von den Lilien des Feldes, wie sie wachsen: Sie arbeiten nicht und spinnen nicht. Doch ich sage euch: Selbst Salomo war in all seiner Pracht nicht gekleidet wie eine von ihnen. Wenn aber Gott schon das Gras so kleidet, das heute auf dem Feld steht und morgen in den Ofen geworfen wird, wie viel mehr dann*

> *euch, ihr Kleingläubigen! Macht euch also keine Sorgen und fragt nicht: Was sollen wir essen? Was sollen wir trinken? Was sollen wir anziehen? Denn nach alldem streben die Heiden. Euer himmlischer Vater weiß, dass ihr das alles braucht. Sucht aber zuerst sein Reich und seine Gerechtigkeit; dann wird euch alles andere dazugegeben. Sorgt euch also nicht um morgen; denn der morgige Tag wird für sich selbst sorgen. Jeder Tag hat genug an seiner eigenen Plage. (Mt 6,25-34)*

Gerade von diesen Textpassagen aus der Bergpredigt wurde Franziskus motiviert, sein neues Leben anzunehmen. Durch das Nahen der Gottesherrschaft wird irdischer Besitz bedeutungslos, werden menschliche Beziehungen fraglich. Auch Franziskus machte diesen Wandel durch: Die Trennung von der Familie geschah durch die Rückgabe allen Besitzes, den Franziskus noch hatte. Wie die Heidenchristen, die die Adressaten der Petrusbriefe sind, wird Franziskus nun ein fremder Christ unter Christen. Zunächst ist auch hier die soziale Fremdheit zu sehen. Durch das Armutsideal erhält diese Fremdheit eine religiöse Qualität: Wer im Himmel seine Heimat hat, weilt hier auf Erden als Fremder.

Das existenzielle Scheitern – Simon Petrus

> *„Die ganze Bibel ist, so gesehen, eine Geschichtensammlung der Scheiternden: von Abel über Jeremia bis zu Jesus – und weit darüber hinaus bis in unsere Tage." (Fuchs/Werbick, 1991, 45f.)*

Eine biblische Person, deren Darstellung mich fasziniert und inspiriert, ist Simon, der später von Jesus den Beinamen Petrus (hebr. *kephas* = griech.

pétros = lat. *petrus* = Fels) erhält. Leider wurden er und das Verständnis seiner Person im Laufe der Geschichte sehr stark von seiner Vorrangstellung im Jüngerkreis her gedeutet und kirchenpolitisch ausgeschlachtet. Ein Beispiel für diese Engführung bietet der Neutestamentler Gerhard Lohfink, für den Petrus Urbild und Typus des wahren Jüngers und des Amtsträgers ist:

> *„Petrus wird zum Urbild und Vorbild des Jüngers schlechthin. An ihm sollen auch spätere Zeiten der Kirche ablesen, wie ein Jünger Jesus als Messias und Sohn Gottes bekennt, sich an ihn bindet und trotz seines Versagens an der Nachfolge Jesu festhalten kann. In Petrus konkretisiert sich die bleibende Bindung der Kirche an Jesus." (Lohfink, 2019, 203)*

> *„Petrus ist nämlich in den Evangelien nicht nur der Typus des* Jüngers. *Er ist genauso und noch mehr Typus des* Apostels *und damit des kirchlichen Amtsträgers schlechthin." (Lohfink, 2019, 204)*

Leicht zu erkennen, dass sich hinter diesen Aussagen trotz Erwähnung des Versagens Petri sowohl die ökumenische als auch die kirchenpolitische Frage nach der Stellung des Papstes verbirgt, der sich bis heute „*Successor Principis Apostolorum*" nennt, was im Deutschen mit „Nachfolger des Apostelfürsten" übersetzt wird. Gemeint ist damit Petrus. Papst Franziskus verbannte im Päpstlichen Jahrbuch 2020 sämtliche Papsttitel mit der Überschrift „historische Titel" in eine Fußnote, womit er konsequent jene Linie fortsetzte, die er bei seiner Ernennung begann, nämlich sich als Bischof von Rom und nicht als Papst der Weltkirche zu titulieren, was wiederum seine Kritiker und Verteidiger eines monarchischen Papsttums auf den Plan rief. Dennoch: Bis heute finden sich die Schlüssel des Himmelreiches, die Jesus Petrus verbal übergab (Mt 16,19), in den päpstlichen Wappen.

Lohfink geht es um die Primatsfrage in der katholischen Kirche. Er lässt zwar das Versagen Petri, seine Verleugnung, Jesus zu kennen, anklingen, jedoch bringt er das nicht ausreichend zur Entfaltung. Was bedeutet dieses Versagen, wenn Petrus Urbild des Jüngers und Amtsträgers ist? Für Lohfink ist dieses Scheitern kein wesentliches Merkmal. Vielmehr scheint es nur das Vehikel zu sein, um aus Petrus einen Helden zu stilisieren. Diese Heldenidee soll dann auch die wahre Nachfolge speziell für Amtsträger kennzeichnen.

Durch diesen historisch verengten Blick auf Petrus wurde der tollpatschige, unverständige, übers Ziel hinausschießende Petrus verstellt. In diesem Abschnitt möchte ich genau diesen Petrus anhand des Markusevangeliums freilegen. Markus ist jener Evangelist, der ganz deutlich macht, wie die Menschen und Jünger immer wieder am viel größeren Gott scheitern und doch aufgefangen werden. Dazu ist es erforderlich, dass wir einiges, was wir mit Petrus verbinden, auf die Seite schieben. Warum? Hier bedarf es noch einer grundsätzlichen Bemerkung: Egal um welche neutestamentliche Person es geht, neigt die Interpretation dazu, alle vier Evangelien als Quelle heranzuziehen und eine widerspruchsfreie Systematik der Deutung zu entwickeln. Dabei werden aber oft Aspekte ausgeblendet, die sich in diese Systematik nicht einfügen lassen. Wie oft hört man z. B. schon, dass Jesu Angehörige, darunter auch seine Mutter, ihn für verrückt gehalten haben (Mk 3,20f.31-35)? Ich verfolge hier einen anderen Ansatz: Die vier Evangelisten sind vier Stimmen eines Dialoges, der uns die Offenbarung in ihrer Vielschichtigkeit offenlegt. Es scheint mir zielführender zu sein, jede dieser einzelnen Stimmen zu hören und ins Gespräch zu bringen, als eine einheitliche Lehre daraus zu zimmern. In Bezug auf Petrus möchte ich im Folgenden besonders die Stimme des Markus zu Gehör bringen, weil sie meines Erachtens heute zu wenig gehört wird.

Welche bekannten Aussagen über und zu Petrus finden sich also *nicht* im Markusevangelium? Die wohl bekannteste Aussage ist, dass Petrus der Fels ist, auf dem Jesus seine Kirche bauen wird. Zudem wird er die Schlüssel des Himmelreiches bekommen und erhält die Binde- und Lösegewalt. Worte, die Petrus sehr mächtig erscheinen lassen. Sie stehen allerdings nur bei Matthäus (Mt 16,18f.) bzw. das Felsen-Wort in ähnlicher Weise auch bei Johannes (Joh 1,42). Sicherlich bezeugt auch das Markusevangelium eine Art vorrangige Sprecherfunktion bzw. die Zugehörigkeit zu einem engeren Kreis von Vertrauten Jesu – enger noch als die Zwölf. Dennoch fehlen bei Markus diese historisch so wirkmächtigen Aussagen.

Bei Paulus und Lukas gibt es das Bekenntnis zur Auferstehung Jesu und ausdrücklich der Erscheinung vor Simon Petrus (Lk 24,34; 1 Kor 15,4f.). Auch diese sehr bedeutungsvolle Aussage findet sich nicht bei Markus.

Im Johannesevangelium spielen die Zwölf – Apostel kommt als Wort gar nicht vor – keine große Rolle. Petrus ist der Zweitberufene und auch der zweite – nicht der erste – Mann im leeren Grab. Neben der Verleugnung des Petrus sind die beiden anderen großen Erzählungen, in denen er eine Hauptrolle spielt, die Fußwaschung und das Essen mit dem Auferstandenen, bei dem Jesus Petrus dreimal fragt, ob er ihn liebe, und ihm dann den Auftrag erteilt, seine Schafe zu weiden. Aus diesen Erzählungen wird ebenfalls ein Primatsanspruch herausgelesen.

Wenn wir das einmal ein wenig beiseitegeschoben haben, können wir uns fragen: Wer ist denn dieser Petrus – nach Markus? Der Einstieg in die Lebensgeschichte Jesu geschieht bei Markus sehr rasch – und zwar nicht nur deshalb, weil Markus gleich mit dem öffentlichen Auftreten Jesu beginnt, sondern auch weil die ersten Jünger umgehend ihrer Berufung folgen. So ließen zuerst Simon und Andreas alles liegen und stehen. Hier folgt *an beide* das Wort, dass Jesus sie zu Menschenfischern machen wird. (Lukas lässt in 5,10 dieses Wort nur dem Petrus zukommen.) Danach folgen sogleich Jakobus und Johannes (Mk 1,16-20). Ich stelle mir bei dieser Passage immer das verdutzte Gesicht von Zebedäus, dem Vater der beiden, und seinen Tagelöhnern vor: Da kommt einer vorbei, ruft „Kommt!“, und die Söhne laufen gleich hinterher.

Natürlich verdankt sich dieses Bild der Darstellung des Markus und entspricht so sicher nicht den wirklichen Begebenheiten. Sie macht aber schon zu Beginn des Evangeliums deutlich, dass Nachfolge keinen Aufschub zulässt. Dies wird im Allgemeinen so gedeutet, dass Markus noch ganz in der Naherwartung des kommenden Gottesreiches schreibt. Von den frühen Schriften des Neuen Testamentes wird ja gesagt, dass sie ganz im Lichte dieses baldigen Wiederkommens Jesu geschrieben worden sind, während die späteren Schriften die Verzögerung dieses Kommens thematisieren. Ganz unabhängig davon, meine ich, beinhaltet diese kurze Erzählung auch für uns heute eine klare Botschaft: Wenn du berufen bist, was zögerst du noch? Lass alles liegen und stehen und geh den Weg, der für dich bestimmt ist! Wir erinnern uns an die Radikalität des Franziskus oder von Teresa von Kalkutta und ihren langen Wegen dahin.

Aber kehren wir zu Petrus zurück: Petrus folgt also Jesus als Erster und ohne Verzögerung nach. Gleich nach einem Synagogenbesuch kommen Jesus und die Vier zu Petrus nach Hause. Dort liegt die Schwiegermutter des Petrus mit Fieber im Bett. Jesus richtet sie auf. Als es Abend wird, zieht sich Jesus in die Einsamkeit zurück und Petrus und die anderen eilen ihm nach. Gemeinsam sagen die Vier zu Jesus, dass alle ihn suchen. Jesus aber wendet sich anderen Dörfern zu (Mk 1,35-39).

Immer mehr Menschen folgen Jesus und er will aus der Menge einige auswählen, um sie zu senden, damit sie verkünden. Es kommt zur Wahl der Zwölf, wobei Petrus als Erster von allen genannt wird. Bis jetzt zeigt sich deutlich: Petrus ist der erste Berufene, Jesus ist nur bei Petrus zu Hause gewesen, Petrus wird beim Nachlaufen ausdrücklich genannt und er wird als Erster der Zwölf eingesetzt. Aber der große Sprecher ist er bisher nicht. Bis jetzt hat er allein kein einziges Wort gesagt. Und das wird auch noch lange so bleiben. Bis ins achte Kapitel des Markusevangeliums – also bis zur Hälfte – sagt Petrus allein kein einziges Wort – immer nur gemeinsam mit den anderen Jüngern, ohne dass er besonders hervorgehoben wird.

Im achten Kapitel beginnt aus meiner Sicht die Lage zu eskalieren. Zuvor haben die Jünger unter anderem Folgendes miterlebt: 5000 Menschen sind durch das Teilen von Brot und Fisch satt geworden. Danach nochmals 4000. Jetzt finden sich die Jünger wie so oft in einem Boot vor. Sie haben vergessen, Brot mitzunehmen. Daher ist ihre Sorge so groß, dass es ihnen nicht gelingt, Jesu Worte anzuhören. Jesus wird energisch:

> *„Als er das merkte, sagte er zu ihnen: Was macht ihr euch darüber Gedanken, dass ihr keine Brote habt? Begreift und versteht ihr immer noch nicht? Ist denn euer Herz verstockt? Habt ihr denn keine Augen, um zu sehen, und keine Ohren, um zu hören? Erinnert ihr euch nicht: Als ich die fünf Brote für die Fünftausend brach, wie viele Körbe voll Brotstücke habt ihr da aufgehoben? Sie antworteten ihm: Zwölf. Und als ich die sieben Brote für die Viertausend brach, wie viele Körbe voll habt ihr da aufgehoben? Sie antworteten: Sieben. Da sagte er zu ihnen: Versteht ihr immer noch nicht?“ (Mk 8,17-21)*

Das Evangelium steuert auf seinen ersten Wendepunkt hin. Um es nur auf Petrus zugespitzt zu formulieren: Hat er zu Beginn alles sofort stehen und liegen gelassen, ist in den Zwölferkreis erwählt und sogar zur Verkündigung des Evangeliums ausgesandt worden und hat die Zeichen Jesu miterlebt, ist er jetzt immer noch in die Sorge um sein irdisches Leben verstrickt, was selbst Jesus ärgerlich erstaunt. Die Frage ist: Was hat Petrus eigentlich von der Botschaft Jesu verstanden? Und was hat er eigentlich verkündet, als er ausgesandt worden ist, wenn er doch gar nichts versteht? Hier zeigt sich schon ein erstes Scheitern der Jünger: Sie haben zwar ihr Leben mit Jesus geteilt und anderen davon erzählt, aber sie haben es noch nicht bis ins Mark erfasst. Dieses Unverständnis der Jünger hat zugleich aber auch ein Unverständnis Jesu zur Folge: Er kann nicht verstehen, dass die Jünger immer noch nicht verstehen und blind sind. Auch er erlebt ein erstes Scheitern. Hat er sich zu viel von diesen Männern erwartet?

Aber er wäre nicht Gott, wenn er nicht aus Blinden Sehende machen könnte. Das zeigt Jesus eindrucksvoll an der Heilung des Blinden in Betsaida:

> *„Da brachte man einen Blinden zu Jesus und bat ihn, er möge ihn berühren. Er nahm den Blinden bei der Hand, führte ihn vor das Dorf hinaus, bestrich seine Augen mit Speichel, legte ihm die Hände auf und fragte ihn: Siehst du etwas? Der Mann blickte auf und sagte: Ich sehe Menschen; denn ich sehe etwas, das wie Bäume aussieht und umhergeht. Da legte er ihm nochmals die Hände auf die Augen; nun sah der Mann deutlich. Er war wiederhergestellt und konnte alles ganz genau sehen. Jesus schickte ihn nach Hause und sagte: Geh aber nicht in das Dorf hinein!" (Mk 8,22-26)*

Von Betsaida aus macht sich Jesus auf den Weg nach Cäsarea Philippi. Auf dem Weg (!) dorthin fragt er die Jünger, für wen ihn die Menschen hielten, und dann, für wen ihn die Jünger hielten. Und hier spricht Petrus zum ersten Mal allein: „Du bist der Christus!" (Mk 8,29). Die ersten Worte des Petrus sind ein Bekenntnis zu Jesus als dem erhofften Christus. Man glaubt nun, er habe endlich verstanden. Und Jesus scheint das auch zu glauben, denn er setzt noch eines drauf: Wenn die Jünger das endlich verstanden haben, dann kann Jesus ihnen jetzt weitere Dinge anvertrauen. Und er beginnt davon zu sprechen, dass er leiden, dass er getötet und dass er auferstehen werde. Das kann sich Petrus nicht anhören, nimmt ihn beiseite und weist ihn zurecht. Jesus reagiert mit einer Heftigkeit, wie sie seinesgleichen sucht: Er bezeichnet Petrus als Satan und ruft ihn wieder in die Nachfolge. Petrus habe nicht das im Sinn, was Gott will.

Wieder scheitern beide Seiten am Verständnis: Hat Petrus endlich zum Christusbekenntnis gefunden, hat er dennoch nicht verstanden, was das konkret bedeutet, nämlich Leiden, Tod und Auferstehung. Er muss nochmals in die Nachfolge gerufen werden. Einmal reicht eben nicht. Und abermals ist auch Jesus gescheitert: An der Schwäche der Jünger könnte das Projekt Jesu misslingen. Um das zu verhüten, schärft er der Volksmenge und den Jüngern ein, was Nachfolge bedeutet:

> *„Wenn einer hinter mir hergehen will, verleugne er sich selbst, nehme sein Kreuz auf sich und folge mir nach. Denn wer sein Leben retten will, wird es verlieren; wer aber sein Leben um meinetwillen und um des Evangeliums willen verliert, wird es retten. Was nützt es einem Menschen, wenn er die ganze Welt gewinnt, dabei aber sein Leben einbüßt?" (Mk 8,34-36)*

Später – als Jesus wieder einmal von der Nachfolge spricht – wird Petrus sagen:

> *„Siehe, wir haben alles verlassen und sind dir nachgefolgt." (Mk 10,28)*

Petrus hat existenziell erfahren, was konkrete Nachfolge bedeutet: Verlassen von Haus, Familie und Beruf; Aufgeben von materieller Sicherheit; Hineingehen in ein unbekanntes Schicksal; die Möglichkeit, sich lächerlich zu machen oder zumindest übers Ziel hinauszuschießen. Letzteres scheint ein Grundzug der Persönlichkeit des Petrus zu sein, der in allen vier Evangelien auftaucht – sogar im Johannesevangelium (bei der Fußwaschung). Bei Markus zeigt sich das deutlich bei der Verklärung Jesu. Als Petrus die Erscheinung von Elija und Mose sieht, will er drei Hütten bauen. Und dann sagt der Evangelist:

„Er wusste nämlich nicht, was er sagen sollte; denn sie waren vor Furcht ganz benommen.“ (Mk 9,6)

Man hat öfter den Eindruck, als ob Petrus nicht so recht wüsste, was er redet. Eine andere Art zu sagen, Petrus hat nicht verstanden, was da gerade geschieht. Von da an tritt Petrus mit wenigen Ausnahmen wieder in den Hintergrund – bis zum Leidensweg Jesu. Man kann also sagen: Im achten und neunten Kapitel hat Petrus seine große Bühne, und dann wieder im 14. Kapitel.

Schon im 13. Kapitel erkundigen sich die vier Erstberufenen nach den Zeichen der Endzeit (Mk 13,3f.). Zu diesen Zeichen gehört auch das Anstoßnehmen der Jünger an Jesus, was dieser beim Letzten Mahl ankündigt. Und Petrus antwortet:

„Auch wenn alle Anstoß nehmen – ich nicht!“ (Mk 14,29)

Daraufhin kündigt Jesus die Verleugnung durch Petrus an, worauf dieser im Brustton der Überzeugung meint:

„Und wenn ich mit dir sterben müsste – ich werde dich nie verleugnen.“ (Mk 14,31)

Petrus ist uns schon bekannt als einer, der manchmal den Mund zu voll nimmt. Und so besteht nicht zu Unrecht auch hier der Verdacht, dass er sich selbst mehr zumutet, als er einlösen kann. Und das, was jetzt kommt und den Lesern und Leserinnen hinlänglich bekannt ist, stellt alles bisherige Scheitern Petri in den Schatten. Während Jesus, alleingelassen von allen Jüngern, auf seinen Tod zugeht, geht auch Petrus geradewegs auf den Tiefpunkt seines Lebens zu. Er wird fliehen. Er wird Jesus allein in das Leiden ziehen lassen. Er wird sich hinstellen und sagen: „Mit dem habe ich nichts zu schaffen.“ Dreimal wird er es sagen. Dreimal wird er leugnen. Und das dritte Mal wird er entgegen seines vorherigen Christusbekenntnisses sagen:

> *„Ich kenne diesen Menschen nicht, von dem ihr redet."* (Mk 14,71)

Er wird es in der dunklen Nacht sagen. Und in dieser Dunkelheit wird er weinen, weil er seine eigene Schande, sein eigenes Versagen, seine eigene Vollmundigkeit, seine Niederträchtigkeit und seine eigene Schwäche erkennt. Er wird sich als unfähig erweisen, sein Leben ganz auf die Hoffnung zu setzen, die Jesus ihm geboten hat.

Es wäre aber nicht Gott, würde er nicht Macht haben, aus Gescheiterten Zeugen seiner Botschaft zu machen. Obwohl sich alle Männer davongeschlichen haben, haben die Frauen zumindest von Weitem bei der Kreuzigung zugesehen. Sie sind es dann auch, denen als Ersten von einem jungen Mann die Auferstehung verkündet wird, der nach Markus sagt:

> *„Nun aber geht und sagt seinen Jüngern und dem Petrus: Er geht euch voraus nach Galiläa; dort werdet ihr ihn sehen, wie er es euch gesagt hat. Da verließen sie das Grab und flohen; denn Schrecken und Entsetzen hatte sie gepackt. Und sie sagten niemandem etwas davon; denn sie fürchteten sich."* (Mk 16,7f.)

Es ist die letzte Erwähnung des Petrus im Evangelium. Hier steht er aber nicht mehr an erster, sondern an letzter Stelle. Markus zeichnet ein ganz anderes Bild von Petrus, als wir es üblicherweise gewohnt sind. Da ist nichts Heroisches, Anführerhaftes, Autoritatives an ihm. Er zeichnet das Bild eines Menschen, der sich begeistern lässt, der sich engagiert, der ein „grader Michl" ist, der in seiner Begeisterung aber oft übers Ziel hinausschießt und sich selbst zu viel zumutet; der daher scheitert und an dem Gott seine Herrlichkeit zeigen kann und muss, indem er ganz auf diese gescheiterte Existenz setzt. Und als Ersten – oder besser gesagt: als Letzten – auf Petrus setzt. Wenn er also Urbild des kirchlichen Amtsträgers ist, was lässt sich dann daraus für das Amt ableiten? Und was bedeutet das für den einzelnen Amtsträger? Sollten sie nicht Zeugen des Scheiterns und Gerettetwerdens sein?

O Bartimäus

Über die Heilung des blinden Bartimäus nach Markus (Mk 10,46-51)

O Bartimäus,
was muss dein Vater Timäus wohl gedacht haben,
als er dich blind und bettelnd am Straßenrand gesehen hat?
Armer Sohn?
Selber schuld?

Warst du nicht immer schon ein schwieriges Kind?
Vorlaut, stur und störrisch?

O Bartimäus,
wovor hast du deine Augen verschlossen?
Vor deiner eigenen Dunkelheit?
Oder vor der Welt, die du nicht mehr sehen mochtest?
Oder wolltest du Gott nicht mehr ins Angesicht blicken?

Du pochst auf dein Recht.
Unbekümmert, beharrlich und unbeugsam.

O Bartimäus,
da hast du das Malheur.
Die Menge empört sich über dich,
will dich zum Schweigen bringen,
will, dass du Außenseiter bleibst.

Aber Jesus will es anders,
will, dass du zu ihm kommst.

Jetzt wandelt sich die Menge,
wird ermutigend und hilfsbereit.

Jetzt springst du auf,
läufst hin und suchst dein Augenlicht.

Jetzt wirkt dein Glaube Wunder,
wirkt ein neues Sehen.

Jetzt folgst du Jesu Weg,
gehst nach Jerusalem,
gehst in den Tod
– als einziger der Jünger und Geheilten.

Kapitel 6

Wegweiser dienender Spiritualität

Wer glaubt, befindet sich auf einem Weg – mit oder ohne Gott.

Was aber zeigt uns, dass wir auf dem richtigen Weg sind? Wegweiser zum Beispiel. Als Fußpilger orientiere ich mich aber auch oft an „vorgetrampelten“ Pfaden. Ich orientiere mich also an Wegen, die andere schon gegangen sind. Und manchmal muss ich andere Menschen um den richtigen Weg fragen. Keine dieser Lösungen garantiert mir jedoch, dass ich auch den richtigen Weg finde. Gehen muss ich ihn immer selber.

Im vorigen Kapitel habe ich Personen nach dem Weg gefragt. Diese Menschen haben unterschiedliche Pfade „ausgetrampelt“. Auch die Bibel habe ich befragt und sie gibt mir Orientierung. Nun habe ich verschiedene Auskünfte erhalten, die es zu reflektieren gilt. So werden Wegweiser aufgestellt, die uns aus meiner Sicht zu einer dienenden Spiritualität für unsere Zeit führen können. Die Leserinnen und Leser müssen aber den Weg selber gehen. Und sie werden dabei merken, ob die von mir aufgestellten Wegweiser in die richtige Richtung weisen oder ob sie anders justiert werden müssen.

Scheitern

Das Scheitern als zentrales Thema des Glaubens wurde mir erst im Zuge meines Ansuchens um die Weihe zum Diakon bewusst. Ein Jahr vor der Weihe mussten alle Weihewilligen vor die Kommission für den ständigen Diakonat treten und über ihre Berufung Rede und Antwort stehen. Bei meinem Statement sprach ich unter anderem davon, dass ich in meiner Berufung als Diakon auch scheitern könnte. Ich sprach aus meinem Nachdenken heraus, das die Monate vor meiner Hochzeit geprägt hatte:

Da war meiner Frau und mir bewusst: Wir können in und an unserer Ehe auch scheitern. Es gibt keine Garantie des Gelingens, nur die Liebe Gottes, der wir uns überantworten können. Folglich dachte ich: Wenn die Möglichkeit des Scheiterns für die Berufung zur Ehe gilt, dann auch für die Berufung zum Diakon.

So logisch das für mich damals war und heute ist, bekam ich von unseren Ausbildern die Rückmeldung, dass sich manche in der Kommission darüber gewundert hätten, dass ich noch vor der Weihe vom Scheitern spreche. Ob das wohl ein guter Zugang sei? Jedenfalls hatte ein Ausbilder das so gedeutet, dass ich ja bei dem Fundamentaltheologen Jürgen Werbick studiert und dieser ein Buch über „Scheitern und Glauben" geschrieben hatte. Bis zu diesem Zeitpunkt kannte ich das Buch aber gar nicht. Es war klar, dass ich dieses Buch sofort kaufen musste und las. In diesem Abschnitt möchte ich auf ein paar Gedanken dieses Buches, das von Werbick gemeinsam mit Gotthard Fuchs geschrieben wurde, und auf das Scheitern im Allgemeinen eingehen.

Was ist eigentlich unter Scheitern zu verstehen? Ohne eine letztgültige Antwort geben zu wollen, meine ich, dass man zumindest zwei Zugänge unterscheiden muss. Zunächst kann man Scheitern einfach *handlungstheoretisch* fassen: Jemand strebt ein Ziel an, das er verfehlt; er ist gescheitert. Je größer und bedeutungsvoller das Ziel gewesen ist, desto größer das Scheitern. Helfen kann eine Strategiereflexion, um beim nächsten Mal das Handeln neu auszurichten, um ein nochmaliges Scheitern zu vermeiden. Viel weiter geht dagegen das *Scheitern an der eigenen Identität*. Im Laufe unseres Lebens bauen wir ein bestimmtes Verständnis unserer selbst auf, das zwar nie endgültig fixiert ist, aber dennoch eine gewisse Beständigkeit hat, bis sich Erlebnisse ereignen, durch die diese Identität zusammenbricht. Die Scheiternden stehen am Rand ihrer Existenz. Trotz der begrifflichen Unterscheidung gehören beide Arten des Scheiterns zusammen: Das Handeln kann derart scheitern, dass dadurch die Identität eines Menschen zu scheitern droht. Dann heißt es nicht mehr: So kann ich nicht weitermachen. Sondern: Ich bin nicht mehr ich; ich habe mich verloren. Sehen wir das nicht geradezu prototypisch an Petrus? Wie er immer weiter seinem Scheitern entgegengeht? Bis an den Rand seiner Existenz, aus der er selbst nicht mehr herauskommt, sondern gerettet werden muss?

Eine weitere Unterscheidung ist wichtig: Nicht jede versagte Zielerreichung, nicht jede Neuausrichtung von Identität ist gleich ein Scheitern. Es ist gut, hier ein Kontinuum gradueller Abstufungen zu sehen. Wir können auch von Lebensbrüchen sprechen, die noch kein Scheitern bedeuten müssen. Es liegt in der persönlichen Perspektive, wie man Lebensereignisse versteht und deutet und ob man sie als Scheitern versteht.

In Hinblick auf Glaube und Spiritualität kann mit Tomáš Halík gesagt werden:

> *„Ein reifer Glaube ist stets ein durch den Schmerz der Welt verwundeter, wir erkennen ihn an den Narben – so wie sich der auferstandene Christus bei den Jüngern mit seinen Wundmalen zu erkennen gibt (ähnlich haben es auch der Apostel Paulus und der hl. Franziskus getan).“ (Halík, 2016, 142)*

Meines Erachtens kann der gegenwärtige Glaube der Mehrheit, also jener Glaube, wie er sich weitgehend im kirchlich-christlichen Leben äußert, die Gescheiterten nicht integrieren bzw. sie nur noch als Mittel „rühmenswerter Nächstenliebe“ verwenden. Was für unsere Gesellschaft gilt, gilt leider auch für diese Christen:

> *„Für den wirklichen, den ‚normalen‘, also fiten [sic!] und erfolgreichen Menschen sind Erfahrungen des Scheiterns nicht vorgesehen. Wer trotzdem scheitert, ist out. Er ist im Grunde kein wirklicher Mensch mehr, ein Nullsummenmensch, ein Wrack – mit angeschlagenem Selbstbewußtsein, mit verlorenem Sozialprestige, der*

> *Nichtstuer, der Ohnmacher schlechthin, der Sündenbock. […]*
> *Es scheint, als seien bestimmte Menschen, durch Erziehung und Prägung, förmlich zu Verlierertypen programmiert, während andere als Gewinnertypen und Alpha-Figuren durch das Leben gehen. Die einen bewältigen die kreatürliche Angst vor Niederlagen durch schöpferische, durchaus auch machtvolle und potente Gestaltung; andere erliegen ihr." (Fuchs/Werbick, 1991, 21f.)*

Und dann das erste Resümee, das einen Gott vorstellt, der so ganz anders ist, als der Glaube der Mehrheit bekennt, weil Gott gerade nicht so anders ist als die Menschen, weil Gott sich wegen seiner Liebe in das Leben und Scheitern der Menschen hineinverwickeln lässt:

> *„Scheitern und Glauben: auch hier ein spannungsvolles ‚und'; eine Spannung, die kaum auszuhalten ist und von den Glaubenden oft nicht ausgehalten wird, so als sei es mit dem Glauben unvereinbar, zu scheitern, als sei man im Glauben über das Scheitern hinausgekommen; so als sei man in der Gemeinschaft mit einem scheiternsunfähigen Gott selbst scheiternsunfähig geworden. Es gilt, dieser Scheiternsverdrängung zu widersprechen, Glauben und Scheitern zusammenzuhalten, Gott und Mensch zusammenzusehen als die gemeinsam vom Scheitern Betroffenen." (Fuchs/Werbick, 1991, 30)*

Wenn sich Gott also hineinverstricken lässt in die Geschichte der Menschen und sich auch in ihr Scheitern hineinverstrickt, kann er dann auch scheitern? Die klare und eindeutige Antwort der Bibel ist: Ja, er kann auch scheitern. In der Geschichte des Petrus haben wir zum Beispiel gesehen, dass auch Jesus immer wieder an seinen Jüngern gescheitert ist. Aber das Scheitern hat bei Gott nicht das letzte Wort:

„Die hebräische Bibel spricht also nicht von einem fertigen, gleichsam ausgedachten Gott, der dann erst sekundär mit der Frage menschlicher Leiden konfrontiert wäre. Nein: der da Gott heißt und Inbegriff aller Verläßlichkeit und Bundestreue ist, taucht förmlich in den Leidens- und Notgeschichten des Volkes auf. […]
Und in dem allen steht er doch drüber: Er versinkt nicht im Meer menschlicher Leiden, er stimmt nicht ohnmächtig in den Klagegesang der Besiegten ein, sondern mitten im Leiden und durch dieses hindurch führt er ins Gelobte Land, schafft er Freiheit, stiftet er Leben." (Fuchs/Werbick, 1991, 44)

Und Jesus? Gehört auch er zu den Gescheiterten? Oder ist das Kreuz kein Scheitern, weil Jesu Tod die Erlösung von der Sünde gebracht hat? Ja, Jesus gehört zu den Gescheiterten, weil nicht der Tod die Erlösung bringt, sondern die todesüberwindende Macht. Jesus wurde bis zum Tod nicht geglaubt. Das Vertrauen in ihn und in seine Botschaft war zu gering – auch bei seinen Jüngern und Jüngerinnen, auch bei Petrus, dem Erstberufenen. Aber im Leben Jesu zeigt sich mehr:

„Mit Jesus tritt Gott selbst, dieser Gott, ganz auf die Seite der Gescheiterten: Jesus sucht die Gemeinschaft mit ihnen, er setzt sich mit ihnen an einen Tisch, nicht herablassend, sondern schöpferisch solidarisch. Und schließlich gehört er, der Gekreuzigte, selbst zu den Gescheiterten. Wenn Christen von der Auferweckung des Gekreuzigten sprechen, von der Rehabilitierung des Gescheiterten, dann sehen sie gerade in dem Mann aus Nazareth, in dem verwundeten Arzt, die Ikone wahren, geglückten Mensch-Seins: vielfältig gezeichnet von Niederlagen, die Wunden der Liebe sichtbar am Leibe tragend, um so mehr ausgezeichnet durch die Gewißheit, daß dieser Gott noch in der letzten Situation des Scheiterns wirklich da ist und die dunklen Wege der Ohnmacht, der Niederlage, ja

des totalen Endes abgründig mitgeht, um schließlich in ihnen durch diese hindurch Leben zu schaffen, bleibendes, ewiges Leben.“ (Fuchs/Werbick, 1991, 44f.)

Aber wieso kann dieser allmächtige, vollkommene Gott scheitern, wenn er doch alles vermag? Befremdlich ist die Rede vom Scheitern Gottes für jene, die eigene Allmachtsfantasien in den Himmel projizieren. Was unseren christlichen Gott allerdings zum Scheitern bringt, ist seine Liebe, mit der er sich den Menschen ausliefert:

„Kann Gott scheitern? Nicht jeder, so müssen wir antworten. Nur der freilich, der rückhaltlos liebt, der die Liebe in Person ist, einseitig und zuvorkommend, besinnungslos treu bis zum Äußersten. Jeder, der liebt und sich lieben läßt, geht ein Risiko ein.“ (Fuchs/Werbick, 1991, 52)

„Die biblischen Schriften sprechen immer wieder von einer ganz anderen Vollkommenheit: von der Vollkommenheit einer Liebe, die nicht ohne die Geliebten sein will, die nicht ohne sie – nur für sich – vollkommen sein will; von einer Liebe, die so vollkommen ist, daß sie sich verschwendet und mitteilt, unerschöpflich ‚überfließt' (Ps. Dionysius Areopagita), sich denen ausliefert, die sie ergreifen will.“ (Fuchs/Werbick, 1991, 57)

„Aber Gott kann *scheitern. Und er scheitert, weil er es auf die Menschen ankommen läßt und gar nicht anders kann, als es auf sie ankommen zu lassen; das ist ja sein Wesen. […]*
Gottes Allmacht offenbart sich als das schlechthin schöpferische Vermögen, im katastrophalen Zu-Ende-Scheitern den schlechthin verheißungsvollen Anfang gegenwärtig zu setzen: einen Anfang, der stets Verheißung bleibt und niemals anzufangen aufhört, weil

er nie zu Ende geht, sondern immer mehr zudem wird, was sich in ihm ankündigt.“ (Fuchs/Werbick, 1991, 64f.)

Der Aufklärer meldet sich und spricht von der Projektion menschlicher Ideale in den Himmel. Recht hat er. Dieser projizierte Gott ist ein Götze, der als Opium zur Beruhigung des Volkes dient. Der scheiternde Gott jedoch ist nicht die Erfüllung menschlicher Projektionen. Der Glaube an einen solchen Gott schützt vor Projektion. Aber was soll das dann für ein Gott sein, der keine Allmacht besitzt? Wie schon gesagt: Am Tiefpunkt allen Scheiterns und aller Dunkelheit angekommen, erweist sich Gottes Allmacht dadurch, dass dieser Tiefpunkt nicht das letzte Wort hat. Also doch wieder Projektion? Mitnichten: Im Scheitern des Menschen scheitert auch jede Projektion und jedes Gottesbild. Dort, wo noch immer die Hoffnung besteht, dass Ziele weiterhin erreichbar wären, dass die eigene Identität noch irgendwie aufrechterhalten bliebe, oder dass Gott dieses garantierte, da gibt es kein Scheitern. Gescheitert ist, wer nicht mehr glauben kann, dass aus den Trümmern des eigenen Lebens Gott einen prächtigen Palast bauen kann. Daher müssen die Gescheiterten gesucht werden. Am Kreuz scheitert Gott in der Person Jesu in dieses Scheitern hinein. Diese Dramatik halten wir uns am Karfreitag und Karsamstag präsent.

Damit soll aber auch eine andere theologische Interpretation relativiert werden, die wir in der Theologie von Johannes vom Kreuz kennengelernt haben. Für ihn ist das Scheitern (und die Dunkelheit) ausschließlich als Läuterung, als Prüfung Gottes, als Erziehungsmaßnahme zu verstehen. Da ist sofort auch beantwortet, wer den Menschen zum Scheitern bringt: Gott! Natürlich sagt Johannes vom Kreuz, nicht Gott bringe den Menschen zum Scheitern, sondern das einströmende Licht Gottes sei so groß, dass der Mensch an und durch seine eigenen Unzulänglichkeiten scheitere. Nur: Warum lässt Gott dann nicht immer nur so viel Licht in mich strömen, wie ich aushalten kann? Dagegen meinen Gotthard Fuchs und Jürgen Werbick:

> *„Daß Gott auf seiten der Scheiternden zu finden ist, daß er nicht gemeinsame Sache macht mit denen, die andere leiden und scheitern lassen; daß seine schöpferische und aufrichtende Allmacht gerade denen zugute kommt und zum Heil wird, die scheiternd ihre Ohnmacht erfahren müssen, daß sie nicht denen geliehen ist, die sich im Scheitern der anderen ihre eigene Absolutheit bestätigen: dafür steht Gottes (des Vaters) Identifikation mit dem scheiternden eingeborenen Sohn, den er im Heiligen Geist den Menschen als ‚Abglanz seiner Herrlichkeit' und vollkommenes Abbild seines Wesens vor Augen stellt (vgl. Hebr 1,1-3a). [...]*
> *Das Recht, ihr Scheitern als bedeutsam oder sinnlos zu erleben, das kommt allein den Scheiternden selbst zu. Die Ontologisierung oder Theologisierung des Scheiterns landet schnell bei der Auskunft, daß das Scheitern – und dann auch dieses konkrete Scheitern – sein muß, da es den Menschen zu sich selbst – zur Besinnung, zur Einsicht – bringt. So entzieht man sich leicht der Frage, was (wer) die Menschen im konkreten Fall zum Scheitern bringt und wie die Natur des Menschen – sein Lebensrecht – in diesem Scheitern vergewaltigt wird." (Fuchs/Werbick, 1991, 29f.)*

Aber auch auf diese Ausführungen ist ein kritischer Blick zu werfen: Wenn die Bedeutung des Scheiterns Sache der Scheiternden ist, dann können sie dieses Scheitern auch als von Gott bewirkt ansehen. Wieso das so gesehen wird und wie sich das im Leben der Einzelnen durchbuchstabiert, zeigt sich durch die Betroffenen selbst, die letztlich – wie bei Franz von Assisi – eigenverantwortlich vor Gott stehen und ihm mehr gehorchen müssen als den Menschen – also auch mehr als jeder pastoralen Deutung durch seelsorgliche Begleiter und Begleiterinnen.

Schlussendlich muss sich dann auch die Kirche – also die Gemeinschaft der gläubigen Christen – die Frage gefallen lassen, wie sehr sie das Scheitern verdrängt oder sogar zum Scheitern der Menschen beiträgt. Sicherlich gibt es innerhalb dieser Kirche viele Initiativen, bei denen sich Menschen den Gescheiterten zuwenden, ihnen Trost und Hilfe sind, sie aufrichten und mit ihnen gemeinsam den Lebensweg gehen. Durch sie wird Gottes Liebe für diese Gescheiterten konkret spürbar. Gleichzeitig steckt darin für die Christen auch eine große Versuchung, die Versuchung, diese Gescheiterten zum Objekt meiner Hilfeleistung und letztlich zum Objekt meines himmlischen Lohnes zu degradieren, sie nicht mehr als Subjekte ihres eigenen Lebens anzunehmen, sondern bloß als Mittel für meine Zwecke. In ihrer Großherzigkeit lassen sich Helfende herab, auch den Armen ein wenig von den Brotkrumen abzugeben, die ohnehin vom Tisch gefallen wären. Und selbstverständlich wird diese Großherzigkeit auch öffentlichkeitswirksam dargestellt.

Dann gibt es aber auch andere kirchliche Bereiche, Gruppen, Instanzen und Milieus, die mit dem Scheitern und den Gescheiterten gar nichts anfangen können. Die Gescheiterten werden ausgeschlossen und vor die Tür gestellt. Sie haben nicht die Kraft und Fähigkeit, jene zu integrieren, die unbequem, aufrührerisch, schuldig, ungeduldig, fragend, suchend, verrückt, begeistert, veränderungsbereit und was auch immer sind, was sie zu jenen macht, die sich mit dem Bestehenden nicht abfinden wollen oder das Geforderte nicht erfüllen können. Sie haben nicht die Bereitschaft, auf jene zuzugehen, die die Kirche verlassen haben, die ein ganz anderes Leben führen, die sich nicht an Konventionen halten, die ausbrechen aus dem Gewohnten.

Noch schlimmer ist, dass diese Gemeinschaft von Christen auch dazu beiträgt, dass Menschen scheitern: die an der Ehe Gescheiterten, die nicht wieder heiraten dürfen; die Priester, die am Zölibat gescheitert sind und keine kirchliche Arbeit mehr finden; die Missbrauchsopfer, die sich in großer Offenheit gegenüber der Kirche verwundbar gemacht haben und denen lange nicht geglaubt wurde und bis heute oft nicht geglaubt wird, während die Täter immer noch geschützt werden; die vielen Initiativen zur kirchlichen Erneuerung, denen man bestenfalls Pseudodialoge vorschlägt, die schon von Beginn an gescheitert sind; die, die an den Machtworten des Papstes oder der Kurie gescheitert sind; überhaupt jene, von denen das Machtwort der Kirche sagt, dass sie gescheitert sind, obwohl sie selbst das gar nicht so sehen. Gerade in der Kirche zeigt sich ein Machtgefälle: Jene, die an der Macht sind, definieren Scheitern, können aber selbst nicht scheitern. Denn es sind immer die anderen, die scheitern.

Der Priester Thomas Frings schreibt:

> *„Die Entscheidungsebene der katholischen Kirche organisiert sich seit Jahrhunderten durch ein Zusammenspiel von Leitung durch Männer, die einander verbunden sind durch den Gehorsam und eine ehelose Lebensweise. Das alles wird mehr oder weniger als gottgewollt und unauflöslich gesehen. Wer aus dieser Lebensweise ausschert, scheitert, so die Grundprämisse.“ (Kohlhaas/Frings, 2021, 237)*

Zu Recht kann gefragt werden: Wer ist hier eigentlich gescheitert? Der Mensch an der Kirche oder die Kirche am Menschen? Wer definiert das Scheitern? Ist es immer nur der Scheiternde selbst? Aber was, wenn er sein Scheitern nicht sieht, nicht eingestehen kann? Es gibt auch das beharrliche Verdrängen des eigenen Scheiterns. Wird Gott ihm das dann vor Augen führen? Wird er ihm deutlich machen, wie sehr er von der christlichen Botschaft abgekommen ist, wie viele Opfer er hervorgebracht hat? Das Gericht Gottes sollte doch wohl auch in diesem Fall Gerechtigkeit bringen. Aber das Gericht Gottes ist kein Gericht eines distanzierten, leidensunfähigen, weltenthobenen Gottes:

> *„Das eigentlich Befreiende in der Botschaft vom Gericht aber ist dies: Der, der uns richten wird, ist selbst ein Hingerichteter; er*

wird nicht, mehr oder weniger distanziert und unbeteiligt wie die Richter dieser Welt (wie die Scharfrichter in uns), sein entscheidendes Wort sprechen, sondern mit der ganzen Last und Würde seines eigenen Gescheitertseins, mit der daraus erwachsenen Einfühlung und Vergebungskraft." (Fuchs/Werbick, 1991, 55)

Ja! Nicht nur Menschen können an der Kirche scheitern, sondern die Kirche selbst kann scheitern. Für manche Menschen von heute selbstverständlich, ist eine solche Aussage für viele Christen befremdlich, gilt doch für sie die Kirche als Ganzes als getragen vom Geist Gottes, sodass sie als *societas perfecta*, als vollkommene Gemeinschaft, niemals irren kann. Sicherlich kann das Versagen oft einzelnen Personen zugeschrieben werden. Aber sehen wir in Europa nicht immer deutlicher, wie sehr die Kirche als Ganzes scheitert? Die Schar der Christen wird kleiner, die Kirche hat ihre zeitgemäße Sprache verloren. Aber nicht nur die Sprache, sondern auch eine authentische Haltung. Sie reproduziert alte spirituelle Formen in neuartiger Popkultur, was trotz dieser Transformation für heutige Menschen keine Aussagekraft mehr hat, sondern eher lächerlich und rein inszeniert wirkt. Die neuen Formen orientieren sich mehr an den „irdischen" Bedürfnissen der Menschen als an ihrer spirituellen Sehnsucht und am Glauben. Über den Glauben wird nicht mehr gesprochen; der verkümmert auch in der Kirche immer mehr und äußert sich in weitgehend ungelesenen Schreiben von Päpsten und Bischöfen, in frömmlerischen Predigten von Priestern und Diakonen und in Pfarrblättern, aber nicht im Alltag der Menschen. Zu sehr ist die Kirche gefangen in ihrer Struktur. Zu dieser Gefangenschaft gehört es auch, sich ständig auf allen Ebenen mit dieser Struktur zu beschäftigen. Die Veränderungen, die getroffen werden, helfen möglicherweise auf organisatorischer Ebene oder in der Verwaltung der Sakramente – wie es im juristischen Jargon heißt –, aber nicht in der Seelsorge, nicht in der Glaubensverkündigung, nicht in der Weckung von Begeisterung, nicht im Glaubensleben. Und so können wir gegenwärtig beobachten, wie die Kirche in Europa Schritt für Schritt ihrem Scheitern entgegengeht.

Wenn also von einem Menschen gesagt wird, dass er innerhalb oder an der Kirche gescheitert ist, dann besteht die Frage, ob nicht die Kirche (auch) an diesem Menschen gescheitert ist. Um das zu verdeutlichen, möchte ich kurz zwei Lebensschicksale vorstellen.

Da ist – als Kontrast zu Teresa von Kalkutta – die Ordensschwester Mary Ward aus England zu nennen, die im 17. Jahrhundert einen neuen Orden in Anlehnung an die Jesuiten gründen wollte. Eine Ordensgemeinschaft, die für Männer schon lange bestanden hatte, wurde den Frauen versagt. Wards „Englische Fräulein“ wurden aufgelöst und verboten, sie selbst angeklagt. Dennoch lebte die Gemeinschaft praktisch weiter. Erst im 18. Jahrhundert wurde diese Gemeinschaft offiziell anerkannt, Ward durfte bis 1909 aber nicht als Gründerin genannt werden. Erst 2003 wurde der Gemeinschaft erlaubt, die Konstitutionen des Heiligen Ignatius von Loyola zu übernehmen. Zu Recht kann man an dieser Stelle fragen, wer hier gescheitert ist: Im Moment des Todes von Mary Ward war sicherlich sie die Gescheiterte. Vielleicht aber zu diesem Zeitpunkt auch schon die Kirche, die zu sehr auf ihre Macht pochte. Letztlich anerkannte sie die Gemeinschaft, sodass die Kirche indirekt zugeben musste, seinerzeit ein Fehlurteil gefällt zu haben. Aber das wollen wir nicht zu laut sagen. Sonst könnte ja so manch anderes Urteil aus der Vergangenheit auch in Verdacht geraten, ein Fehlurteil gewesen zu sein. Übrigens sind die Loretoschwestern, denen Teresa von Kalkutta ursprünglich angehörte, ein irischer Ableger dieser Englischen Fräulein.

Eine andere, an dieser Stelle erwähnenswerte Person ist der Priester und Hochschulprofessor Joseph Wittig aus Schlesien. Er lebte um die Wende des 19. auf das 20. Jahrhundert und starb vier Jahre nach dem Zweiten Weltkrieg. Sein Anliegen war es, einerseits die teilweise unverständliche Lehre der Kirche für das Volk nachvollziehbarer zu machen, andererseits das spirituelle Leben der Kirche zu reformieren. Zur Auferbauung der Menschen, die sich selbst die Schuld am Ersten Weltkrieg gaben, schrieb er einen Aufsatz, in dem er die Ansicht vertrat, dass Gott den Menschen immer schon verzeihend entgegenkommt und die Beichte das Abschlussfest dieses Verzeihens ist. Wir erinnern uns an den verlorenen Sohn; die offizielle katholische Kirche wurde bei diesen Thesen Wittigs aber eher an den Protestantismus erinnert. Er wurde aller Ämter enthoben und exkommuniziert. Er zog sich enttäuscht von der Kirche in seinen Heimatort zurück und heiratete. Er arbeitete als Schriftsteller, als Journalist und Dorfchronist und lebte mit Frau und drei Kindern (sein erstes war gestorben) zeitweise in bitterster Armut, ließ es sich aber nicht nehmen, drei weitere Mäuler heimatloser Menschen zu füttern. Sein Name ist heute weitgehend unbekannt, doch gab er gemeinsam mit dem namhaften jüdischen Religionsphilosophen Martin Buber eine Zeitschrift heraus.

Viele Jahre bemühten sich Wittig und andere um eine Rehabilitierung, die ihm immer wieder verweigert wurde. Das lag unter anderem an seiner Ehe, die eine Ausübung des Priesteramtes nach einer Rehabilitierung unmöglich machte; man verlangte also auch die Trennung von seiner Familie, wozu er nicht bereit war. Nachdem all diese Versuche gescheitert waren und er die Hoffnung aufgab, wurde die Exkommunikation drei Jahre vor seinem Tod ohne Angabe von Gründen überraschend aufgehoben. Kurze Zeit später sah er sich aufgrund vermehrter Plünderungen seines Hauses genötigt, aus seiner geliebten Heimat zu fliehen.

Joseph Wittig musste nach seiner Exkommunikation für sich eine neue Identität finden. Diese fand er als Ehemann und Familienvater, als Schriftsteller, als Armer und weiterhin als Katholik. Zeit seines Lebens – so unglaublich das klingen mag – sah er sich als Verteidiger der katholischen Kirche.

So bleibt bei diesen beiden Biographien am Ende die Frage, wer wie und an wem gescheitert ist. An der Geschichte des Petrus erleben wir, wie die Geschichte der Kirche mit dem Scheitern beginnt, mit dem Unverständnis Jesus gegenüber, immer mit einem kleinen – oder großen –

Fünkchen Misstrauen und mit der Last irdischer Sorge. Und an diesem Scheitern scheitert auch Jesus, der das Scheitern nicht aufhält und dennoch überwindet.

Wenn ich nun schreibe, dienende Spiritualität wendet sich den Gescheiterten zu, so ist das zunächst eine bloße Banalität, die allerorten verkündet wird. Einmal davon abgesehen, dass das trotz aller Beteuerungen nicht überall gelebt wird, stellt sich die Frage nach der Art der Zuwendung. Ausgeschlossen muss sein, dass Gescheiterte zum Objekt der Nächstenliebe und damit zum bloßen Mittel für die Anerkennung der Helfenden instrumentalisiert werden. Wenn schon Hilfe, dann soll sie im Verborgenen bleiben. Aber Hilfe ist nicht der erste Schritt, schon gar nicht das Warten auf ein Hilfeansuchen. Dienende Spiritualität bricht auf und macht sich auf die Suche nach den Verlorenen. Sie will sie aufspüren und ihnen versichern, dass sie nicht allein sind. In der Zuwendung geschieht zunächst nicht Hilfeleistung, sondern Gemeinschaft, nicht Handlungsdruck auf beiden Seiten, sondern Seinkönnen im doppelten Wortsinn: sein zu können, wer ich bin und wer ich sein könnte. In dieser Gemeinschaft werden die Verlorenen und Gescheiterten als Subjekte ihres Lebens vor Gott anerkannt. Diese Anerkennung kann bedeuten, dass die Suchenden manchen Menschen und ihrem Schicksal ohnmächtig gegenüberstehen; ihnen kann nicht geholfen werden, weil die Suchenden unfähig dazu sind oder die Verlorenen sich nicht helfen lassen wollen. Diener und Dienerinnen sind so in das Schicksal der Menschen hineinverstrickt, dass das, was sie derart am eigenen Leib erleben, als Anfang eines solidarischen Lebens mit den Gescheiterten erkennen können. Sie können mit ihrer Lebensweise und Haltung verkünden, dass trotz aller Unfähigkeit und allem Unwillen, seinem Leben eine Wende zu geben, niemand aus der Gemeinschaft einfach herausfällt, herausfallen darf.

Verlassen

Dass das Loslassen eine Dimension dienender Spiritualität ist, habe ich schon im Zusammenhang mit dem reichen Jüngling im ersten Kapitel ausgeführt. Damit einher geht eine weitere Dimension, auf die ich besonders im dritten Kapitel eingegangen bin, nämlich das Verlassen: Verlassen im aktiven Sinn, indem der Mensch etwas verlässt und loslässt; Verlassen aber auch im passiven Sinn, dass der Mensch verlassen wird. Beide Weisen hängen zusammen, denn wo einer verlässt, wird ein anderer verlassen.

Am augenscheinlichsten scheint dies zunächst die Nachfolgenden zu betreffen. So wird von Petrus, aber auch von Levi gesagt (Lk 5,12.28; 18,28), sie hätten alles verlassen. Dies meint bei den Evangelisten nicht nur das Verlassen von Besitz, sondern auch das Verlassen der Familie. Nur wer das alles verlässt, kann in die Nachfolge Jesu eintreten, wobei das zunächst nur jene meinte, die real mit Jesus unterwegs waren. Diese Nachfolgenden – insbesondere Petrus – waren es dann auch, die Jesus aus Angst, selbst den Tod zu finden, verlassen haben. Zu diesem Zeitpunkt haben sie am eigenen Leben noch festgehalten.

Übrigens ist schon im Alten Testament Thema, dass die Menschen Gott verlassen. Im Kontext des alten Israels bedeutet das, dass die Menschen anderen Göttern dienen, die Weisungen Gottes und den rechten Weg verlassen (wie es die Weisheitsliteratur sagt); manche Propheten greifen dabei zur Metapher sexueller Unzucht (z. B. Hosea). In den fünf Büchern Mose – besonders im Buch Deuteronomium – gibt es deshalb die Beteuerung Gottes, dass er die Menschen nicht verlassen wird (Gen 28,15; Dtn 31,6.8).

Was aber, wenn Jesus seine Jünger und Jüngerinnen verlässt? Im Tod scheint alles aus zu sein. Die Evangelien verarbeiten dieses Verlassenwerden durch Jesus nach seinem Tod auf ganz unterschiedliche Art und Weise: Bei Markus wird den Frauen gesagt, sie und die Jünger sollten nach

Galiläa gehen und würden dort Jesus begegnen (Mk 16,7). Bei Matthäus erscheint Jesus noch in Jerusalem. Er sagt den Jüngern zu, immer mit ihnen zu sein (Mt 28,20). Lukas hingegen schildert nach den Erscheinungen die Himmelfahrt Jesu, sodass er die Jüngerinnen und Jünger bis zu seiner Wiederkunft verlässt. Er verspricht ihnen aber den Geist, der auf sie herabkommen und sie begleiten wird (Lk 24,49; Apg 1,8; 2,4). Auch bei Johannes wird den Jüngern und Jüngerinnen durch Anhauchen der Geist verliehen, der Leben spendet, der der Geist der Wahrheit und Beistand ist (Joh 6,63; 14,17.26; 15,26; 16,13; 20,22).

In Jesus erleben wir noch eine andere Dimension des Verlassenseins, die schon im Alten Testament vielfach bezeugt ist und sich am Kreuz im Schrei nach dem Warum seiner Gottverlassenheit äußert. Diese Gottverlassenheit findet heute wenig Widerhall in den Spiritualitäten unserer Zeit. Johannes vom Kreuz ist der Ansicht, dass die Menschen, die sich auf den Weg der Kontemplation machen, von Gott in die Dunkelheit geführt werden. In dieser Dunkelheit fühlt der Mensch Gott als abwesend. Johannes vom Kreuz schreibt:

> *„Und wahrhaftig, wenn diese läuternde Kontemplation den Menschen heimsucht, dann fühlt der Mensch leibhaftig Todesschatten und Todesseufzen und Höllenschmerzen; sie bestehen im Gefühl der Abwesenheit Gottes, sowie von ihm gezüchtigt, verworfen und seiner unwürdig und dem Zorn Gottes verfallen zu sein; all das spürt er hier, und das Schlimmste daran ist, daß er meint, dies sei nun für immer so." (Johannes, 2007, 108)*

Wenn vom *Gefühl* der Abwesenheit Gottes gesprochen wird, kann das zweierlei bedeuten: Einerseits kann damit zum Ausdruck kommen, dass die Abwesenheit Gottes auch auf unsere Gefühle wirkt und wir sie ganz konkret spüren. Andererseits könnte damit auch gesagt sein, dass es sich *nur* um ein *bloßes* Gefühl handelt, Gott in Wirklichkeit aber anwesend ist und wir in diesem Gefühl getäuscht werden. Johannes vom Kreuz war sicherlich letzterer Auffassung, denn er ging davon aus, dass wir deshalb in Dunkelheit geraten, weil uns das überhelle Licht Gottes derart trifft, dass wir blind werden und nur noch Dunkelheit wahrnehmen. Da sich hinter dieser Dunkelheit Gott selbst verbirgt, ist er verborgen anwesend. Das Gefühl der Abwesenheit Gottes ist also trügerisch, wobei Gott nicht der Urheber dieses Truges und der Täuschung ist. Denn Ursache der Dunkelheit sind unsere Sünden, Laster und Begrenzungen.

Ob Teresa von Kalkutta das auch so sah? 1956 schreibt sie an den Erzbischof Périer:

> *„Je mehr ich Ihn will – desto weniger bin ich gewollt – Ich möchte Ihn lieben, wie er noch nie geliebt wurde – und doch ist da diese Trennung – diese furchtbare Leere, dieses Gefühl der Abwesenheit Gottes." (Teresa von Kalkutta nach Kolodiejchuk, 2007, 193)*

Es bleibt hier offen, ob Teresa dieses Gefühl als bloßes Gefühl, also als ein Gefühl von etwas, was nicht real ist, verstanden hat oder ob sie davon ausgegangen ist, dass sie tatsächlich von Gott verlassen wurde. Letztlich ist und bleibt dieses Gefühl für den Betroffenen ambivalent, weil die Abwesenheit Gottes nicht eindeutig ist. Interpreten wie zum Beispiel Pater Neuner deuteten die Abwesenheit Gottes bei Teresa als verborgene Anwesenheit.

Diese Deutung erinnert sichtlich an Johannes vom Kreuz. In diesem Sinn wird in der derzeitigen Verkündigung versucht, Gott als Immer-Anwesenden zu denken und Situationen, in denen sich Menschen von Gott verlassen sehen oder fühlen, letztlich als Täuschung zu erklären. Wie zuvor die Allmacht ein Problem für Gottes Scheitern dargestellt hat, so ist jetzt seine Allgegenwart eine Verständnishürde. Aufgrund der aus der Philosophie stammenden Idee, Gott wäre immer gegenwärtig, und aufgrund von in diese Richtung gehenden biblischen Aussagen können wir uns nicht vorstellen, dass Gott auch real abwesend sein kann. Obwohl ich überzeugt davon bin, dass wir uns in unserem Glauben auch täuschen oder getäuscht werden können, so bin ich ebenso überzeugt, dass Menschen wirklich von Gott verlassen werden können. Auch für diese Erfahrung gibt es zahlreiche biblische Belege.

So schreit Jesus am Kreuz: „Mein Gott, mein Gott, warum hast du mich verlassen?“ Er schreit es in die Dunkelheit des verfinsterten Tages. Dabei handelt es sich um den ersten Vers des Psalms 22. Der Neutestamentler Gerhard Lohfink schreibt dazu:

> *„Oft wird behauptet, dieser Schrei drücke letzte und abgrundtiefe Verzweiflung aus. Doch das stimmt nicht. Jesus ist nicht mit einem Verzweiflungsschrei auf den Lippen gestorben, sondern – wie das für einen gläubigen Juden selbstverständlich war – mit einem Sterbegebet.*
> *Sein Sterbegebet war der 22. Psalm. Dieser Psalm beginnt zwar mit einem Schrei äußerster Verlassenheit. Aber dann verändert der Psalm langsam seine Sprechhaltung. Aus der Klage werden Bitten und aus den Bitten plötzlich in Vers 22 Heilsgewissheit. Der Blick weitet sich von der eigenen Not auf das Heil, das Gott unweigerlich schenken wird: nicht nur dem Gottesvolk, sondern allen Völkern.“ (Lohfink, 2019, 352)*

Aus meiner Sicht ist das betende Sterben kein Widerspruch zum Sterben in abgrundtiefer Verzweiflung. Lohfink scheint Jesus als Helden zu stilisieren, der todesmutig in sein Schicksal zieht. Daher kann er sich auch nicht vorstellen, dass Jesus in die Gottverlassenheit hineinstirbt. Letztlich muss Gott doch irgendwie da sein. Mir fehlt hier das Denken in Prozessen; zu sehr ist unsere theologische Gedankenwelt erstarrt und denkt alles vom Ende und vom Ergebnis her. Gott ist aber ein dynamischer Gott, Jesus ein Wanderer, beide im Kommen. Ich gehe davon aus: Wenn Jesus sich in letzter Hingabe als solidarisch mit den Scheiternden, den Alleingelassenen, den Opfern gezeigt hat, dann muss er das auch selbst durchlitten haben. Tomáš Halík schreibt:

> *„Jesu Aufschrei am Kreuz, ‚Mein Gott, warum hast du mich verlassen?', verleiht allen verlassenen, vergessenen, totgeschwiegenen Opfern von Gewalt eine Stimme. Christus, der am Kreuz eine Solidarität ohne Grenzen gezeigt hat – zu der die ‚Solidarität mit den Opfern' wirklich untrennbar gehört –, ist* unser Friede, *er hat alle Grenzen niedergerissen." (Halík, 2017, 197)*

Und Papst Benedikt XVI. schreibt:

> *„Oft ist es uns nicht gegeben, den Grund zu kennen, warum Gott seinen Arm zurückhält, anstatt einzugreifen. Im Übrigen verbietet er uns nicht einmal, wie Jesus am Kreuz zu schreien: ‚Mein Gott, mein Gott, warum hast du mich verlassen?' (Mt 27,46). Im betenden Dialog sollten wir mit dieser Frage vor seinem Angesicht ausharren: ‚Wie lange zögerst du noch, Herr, du Heiliger und Wahrhaftiger?' (Off 6,10)." (P. Benedikt, DC, 38)*

Ich lese Psalm 22 als eine ins Gebet gebrachte Lebensgeschichte, in der der Beter anfangs nicht weiß, ob Gott ihn hört. Er kontrastiert seine Erfahrung des möglichen Nichtgehörtwerdens mit der Vergangenheit des Hörens Gottes auf die Väter. Sein Nichtgehörtwerden versteht er als Ferne Gottes. Diese Ferne wird zu keinem Zeitpunkt als verborgene Anwesenheit Gottes gedeutet. Vielmehr sagt der Beter in Vers 20:

> *„Du aber, HERR, halte dich nicht fern! Du, meine Stärke, eile mir zu Hilfe!" (Ps 22,20)*

Der Beter rechnet also mit einer echten Abwesenheit, einer Ferne Gottes, ansonsten wäre ihm seine gegenwärtige Lebenssituation nicht erklärbar. Gleichzeitig liest er aus seiner misslichen Lage keine Absicht Gottes wie z. B. Läuterung, Belehrung oder dgl. heraus. Zentral ist nur, dass der Beter aus seinen Lebensumständen befreit wird.

Ein anderes Beispiel, in dem ein Beter mit dem Verlassenwerden durch Gott rechnet, ist Psalm 27. König David ruft:

> *„Höre, HERR, meine Stimme, wenn ich rufe;*
> *sei mir gnädig und gib mir Antwort!*
> *Mein Herz denkt an dich:*
> *Suchet mein Angesicht!*
> *Dein Angesicht, HERR, will ich suchen.*
> *Verbirg nicht dein Angesicht vor mir;*
> *weise deinen Knecht im Zorn nicht ab!*
> *Du wurdest meine Hilfe.*
> *Verstoß mich nicht,*
> *verlass mich nicht,*
> *du Gott meines Heils!*
> *Wenn mich auch Vater und Mutter verlassen,*
> *der HERR nimmt mich auf."*
> *(Ps 27,7-10)*

Das Herz Davids ist ganz auf Gott ausgerichtet; es verzagt nicht und er kann selbst voll Zuversicht sein. Er möchte leben, nicht durch die Hand seiner Feinde sterben. Er bittet darum, von Gott auf seinem Weg und ebener Bahn geleitet zu werden und fordert Gott auf, sein Angesicht nicht zu verbergen und ihn nicht zu verlassen. David rechnet also damit, dass er von Gott verlassen, dass Gott in weite Ferne rücken kann. Dieses Suchen des Angesichtes Gottes kann nun zweierlei bedeuten: einmal ganz konkret die Begegnung mit dem unsichtbaren, verborgenen Gott im Heiligtum, ein andermal eine vertrauensvolle, gläubige Beziehung zu Gott als Begegnung in der inneren Verborgenheit.

Dass das möglich ist, zeigt übrigens auch das Buch Deuteronomium. Obwohl Gott mehrmals verspricht, Israel nicht zu verlassen, kündigt er seine Ferne dann doch als Reaktion auf das Verlassenwerden durch Israel an (Dtn 31,16f.). Auch im zweiten Buch der Chronik finden wir dieselbe Dynamik (2 Chr 7,22; 12,5; 13,10f.; 15,2; 24,20.24; 28,6; 29,6; 34,25). Was diese Not bedeutet, schildert unter anderem Ezechiel in seiner Vision vom Auszug der Herrlichkeit Gottes und der Zerstörung Jerusalems (Ez 8-10). Zweimal heißt es da, dass der Herr das Land verlassen habe (Ez 8,12; 9,9). Gott lässt den Israeliten die Möglichkeit, ihn zu verlassen, bindet sie nicht sklavisch an sich, schaut aber auch nicht tatenlos zu, sondern reagiert auf das Handeln des Menschen.

Auch der Prophet Jesaja sagt, dass Gott sein Volk verlassen hat:

> *„Ja, der HERR hat dich gerufen als verlassene, bekümmerte Frau. Kann man denn die Frau seiner Jugend verstoßen?, spricht dein Gott. Nur für eine kleine Weile habe ich dich verlassen, doch mit großem Erbarmen werde ich dich sammeln.“ (Jes 54,6f.)*

Später bricht sich die Barmherzigkeit Gottes eine Bahn. Und so kann es dann auch in einer Endzeitvision heißen:

> *„Nicht länger nennt man dich Verlassene und dein Land nicht mehr Verwüstung, sondern du wirst heißen: Ich habe Gefallen an dir und dein Land wird Vermählte genannt. Denn der HERR hat an dir Gefallen und dein Land wird vermählt.“ (Jes 62,4)*

Mit diesen Beispielen möchte ich zeigen, dass die Menschen des Alten Testaments Gott auch als den Fernen erfahren haben, erfahren, nicht als bloßes Gefühl, sondern als bittere Realität. Nicht zuletzt haben die Propheten immer wieder zur Umkehr aufgerufen; aufgerufen, die Götzen und nicht Gott zu verlassen (z. B. Ez 14,6). Und nicht zuletzt haben die Beter des Alten Testamentes Gott angefleht, sie nicht zu verlassen (z. B. Num 10,31; Ps 27,9; 38,22; 71,9.18; 119,8; Klg 5,20).

In diese reale, dunkle, abgründige Gottverlassenheit, nicht in eine bloß gefühlte und getäuschte, stirbt Jesus am Kreuz hinein und macht sich dabei auf einen Weg, der zu diesem Zeitpunkt ungewiss ist. Über Tod, Auferstehung und Himmelfahrt durchläuft er einen Prozess, dessen Teilmoment die Gottverlassenheit ist. Es handelt sich hier weder um eine verborgene Anwesenheit Gottes noch um eine Paradoxie der Vernunft, sondern um die Dialektik eines sterbenden Gottes. Wir bekennen Jesus als Gott: Am Kreuz stirbt Gott selbst hinein in die Gottverlassenheit. In dieser Selbstverlassenheit gibt Gott sich selbst ganz hin und auf – aus Liebe zu den Menschen. Erst wenn dieser Moment der Selbstverlassenheit ernst genommen wird, kann Erlösung umfassend gedacht werden: Gott kennt auch jene gottverlassenen Orte und holt von dort die Menschen in seine Gegenwart. Ohne echte Gottverlassenheit kein Kreuz als Heilszeichen und keine Heilsbedeutung der Auferstehung.

In all dem haben wir bisher vorausgesetzt, das die Gegenwart und Nähe Gottes etwas Heilbringendes, Heilsames ist. Die Bibel kennt aber auch gegenteilige Erfahrungen. Am eindrücklichsten ist hier wohl die Übergabe der Zehn Gebote im Buch Exodus, wo die Anwesenheit Gottes in der Finsternis beschrieben wird:

> *„Das ganze Volk erlebte, wie es donnerte und blitzte, wie Hörner erklangen und der Berg rauchte. Da bekam das Volk Angst, es zitterte und hielt sich in der Ferne. Sie sagten zu Mose: Rede du mit uns, dann wollen wir hören! Gott soll nicht mit uns reden, sonst sterben wir. Da sagte Mose zum Volk: Fürchtet euch nicht! Gott ist gekommen, um euch auf die Probe zu stellen. Die Furcht vor ihm soll über euch kommen, damit ihr nicht sündigt. Das Volk hielt sich*

in der Ferne und Mose näherte sich der dunklen Wolke, dort, wo Gott war." (Ex 20,18-21)

Die ganze Erzählung ist sehr verschachtelt. Fast möchte es scheinen, als ob die Übergabe der Zehn Gebote selbst von außen als Donner wahrgenommen wird. Zentral an der zitierten Passage ist, dass das Volk selbst in Gottferne bleiben will. Es erlebt die Nähe Gottes als todbringend. (Vergleiche dazu auch Ex 33f.) Wie kann der Mensch bestehen, wenn er Auge in Auge Gott gegenübersteht? Der Mensch, der seiner eigenen Unzulänglichkeiten gewahr wird, befürchtet, in der Gegenwart des heiligen und guten Gottes nicht am Leben bleiben zu können. Eine erschütternde Wahrheit, die uns heute oft ebenso unverständlich ist wie die Abwesenheit Gottes.

Können wir es zulassen, Ereignisse auch so zu verstehen, dass Gott einen Menschen verlassen hat? Oder wollen wir auch gegen das Verständnis der Betroffenen ihnen unsere Deutung der Allgegenwart Gottes aufzwingen und ihnen Täuschung unterstellen, so als ob wir mehr Einsicht in ihre Lebenswirklichkeiten hätten? Wollen wir den Gescheiterten und Verlorenen unsere Sichtweise überstülpen oder sie als Subjekte ihres Lebens vor Gott anerkennen?

Dienende Spiritualität reflektiert auf die Dimensionen des Loslassens und Verlassens. Dienerinnen und Diener verpflichten sich, diese oft schmerzvollen Aspekte anzunehmen, weil sie von einem unbedingten Anspruch Gottes so getroffen sind, dass er um seiner selbst willen gelebt werden muss. In der Begegnung mit den verlassenen Menschen halten sie diese Lebenssituationen aus und zeigen sich mit ihnen in ihrem eigenen Verlassensein solidarisch. Die verlorenen und verlassenen Menschen werden als Subjekte ihres Lebens anerkannt, indem ihr Schicksal nicht in fertige Deutungsschablonen gesteckt wird, sondern indem man sich mit ihnen gemeinsam auf die Suche nach einem adäquaten Selbstverständnis begibt.

Gehen oder bleiben

Das Verlassen und Loslassen erwächst aus der Bewegung. Grundlage der Bewegung ist die Berufung, sich auf den Weg zu machen, eine „pilgerhafte“ Existenz zu führen. Franz von Assisi lässt sich von dieser Lebensweise des irdischen Jesus begeistern. Es ist hinlänglich bekannt, dass dadurch eine Lebensform entsteht, die einen äußerlichen Kontrapunkt zum benediktinischen Ideal der *stabilitas loci* bildet. Damit ist gemeint, dass die Mönche immer in dem Kloster bleiben sollen, in das sie eingetreten sind. Geht es nach dem Gründer Benedikt von Nursia, sollen die Mönche die Klosteranlage überhaupt nicht verlassen, da innerhalb der Mauern alles geboten wird, was man zum Leben braucht. Außerhalb wartet nur die Gefahr der Sünde. Im folgenden Abschnitt möchte ich diese beiden Formen der Spiritualität miteinander konfrontieren und in Bezug zu Kirche und Gesellschaft heute setzen.

Die Kirche, ihre Traditionen und ihre reichhaltige Spiritualität bieten eine Bandbreite von Anschlussmöglichkeiten für die unterschiedlichsten Menschen. Wo ist da mein Platz? Das war die entscheidende Frage vor meiner Diakonenweihe. Es ist eine Frage nach Stabilität, nach einem Ort, einem Raum, der für mich bestimmt ist, an dem ich mich niederlassen kann. Durch die Briefe von Teresa von Kalkutta fand ich eine Antwort, die aber nicht im Verweis auf einen solchen Ort lag. Vielmehr war die Antwort der Beginn einer neuerlichen Suchbewegung; es war die Erkenntnis, dass mein Platz in der Kirche nicht an und in einem Ort besteht, sondern im Bewegtsein, in der Bewegung von Ort zu Ort, symbolisiert in der Auferstehungsfeier.

Die Differenz zwischen franziskanischer und benediktinischer Lebensweise liegt in unterschiedlichen spirituell-biblischen Leitbildern begründet. Ist es bei Benedikt die ideale christliche Urgemeinde, wie sie in der Apostelgeschichte geschildert wird und die ein Abbild der himmlischen Gemeinschaft von Mensch und Gott sein soll, so ist es bei Franziskus der Wanderprediger Jesus, der auf seinen Reisen nichts bei sich geführt, also in völliger Armut gelebt hat. Die Grundlagen für den Erfolg dieser beiden Gruppierungen liegen im zeitlichen Kontext begründet. War im 5./6. Jahrhundert gesellschaftlich vieles im Umbruch, kam es zu vielen kulturellen Zusammenbrüchen, zu zahlreichen Kriegen und großen Unsicherheiten, schienen die Gesellschaft und die Kirche im 12./13. Jahrhundert dagegen erstarrt. Es musste alles eine Ordnung haben, die viele Menschen als einengenden Zwang verspürten. Brauchte die ausgehende Antike also klare Strukturen, eine klare Ordnung, Stabilität, so benötigte das Hochmittelalter Aufbruch, Bewegung, Neuentdeckung.

Interessanterweise war beiden Gruppen gemeinsam, dass sie zu je ihrer Zeit ein gesellschaftliches Gegenbild verkörperten und damit jene Bedürfnisse stillten, die die Gesellschaft und die Kirche nicht stillen konnten. Es wurden Randgruppen erzeugt, die sich durch eine neue Lebensweise und Spiritualität in die Mitte des christlichen Lebens einbrachten und damit diese Mitte auch veränderten. Kann man daran nicht die Bewegung des Diakons in der Osternacht erkennen? Sollte das nicht auch eine Mahnung gegen eine Kirche sein, die genau jene Bedürfnisse stillt, die ohnehin von anderen „Anbietern" gestillt werden? Und verliert die Kirche nicht gerade deshalb an Bedeutung, weil sie kein *glaubwürdiges* und *authentisches* Gegenbild zur Gesellschaft entwerfen kann? Aber eine Kirche, die sich völlig vom Rest der Welt abschottet, kann es dann auch nicht sein. Schon gar nicht eine Kirche, die die Welt mit der Wohnstätte des Bösen identifiziert und nicht mit dem Staub, aus dem Gott seine Neuschöpfung formt – und zwar auch durch unser Wirken. Eine derart weltabgewandte Haltung, die wir schon bei Johannes vom Kreuz kennengelernt haben, lesen wir bei Benedikt noch deutlicher:

> *„So brauchen die Mönche nicht draußen [außerhalb des Klosters; K.S.] herumzulaufen, denn das ist für sie überhaupt nicht gut." (Benedikt, Regel, 66,7)*

Und er schrieb eine strenge Bußpraxis für Brüder vor, die auf Reisen gewesen waren, die selbst jene Fehler umfassen soll,

> *„die vielleicht [!] unterwegs vorgekommen sind“ (Benedikt, Regel, 67,4).*

Zeigt nicht das heutige Leben der Benediktiner und Benediktinerinnen, dass diese Abschottung von der Welt eine unchristliche Zuspitzung ist, dass sie bestenfalls durch die einmalige historische Situation des Benedikt, aber nicht für das christliche Leben generell zu rechtfertigen ist? Eine dienende Spiritualität zielt nicht auf die Bewertung der Gesellschaft als böse, gegenüber der man sich abschotten muss, sondern erkennt ihre Nöte und Verwundungen. Der evangelische Theologe und Pfarrer Uwe Habenicht schreibt in seinem Buch „Leben mit leichtem Gepäck“:

> *„Jede Spiritualität muss auf die ‚Wunden der Gegenwart‘ reagieren, wenn sie sich in die Nachfolge Jesu stellt. Das Doppelgebot der Liebe fordert nicht nur die Hingabe an das Transzendente, sondern auch die Hinwendung, den Dienst am Nächsten und die Fürsorge für alles, was seine Lebensbedingungen beeinflusst.“ (Habenicht, 2018, 66)*

Diener und Dienerinnen lassen sich auf die Nöte und Verwundungen ein, zeigen sich mit ihrer Lebensweise solidarisch und sehen in den Wunden den Staub, aus dem Gott etwas Neues, anderes schaffen kann. Sie sehen nicht durch den eigenen Aktionismus das Heil verwirklichbar, sondern allein durch Gott. Das kann so weit gehen, dass sie einfach die Ohnmacht und Handlungsunfähigkeit mit den Betroffenen teilen und aushalten.

Auch wenn Benedikt – vielleicht aufgrund seiner persönlichen Geschichte – eine sehr weltabgewandte Haltung einnahm, so hat er doch auch die Not seiner Zeit erkannt. Im 58. Kapitel der Ordensregel benennt er die drei Gelübde Beständigkeit, klösterlichen Lebenswandel und Gehorsam. Der Mönch tritt einer Gemeinschaft bei und bleibt bis zu seinem Lebensende Teil dieser Gemeinschaft. Ein Klosterwechsel ist grundsätzlich nicht vorgesehen, kam aber immer wieder einmal vor. Mit dieser *stabilitas loci* der Benediktiner habe ich mir immer schwergetan; zu sehr habe ich sie als beengend und erstarrt empfunden. Auf einer meiner Pilgereisen auf dem Franziskusweg habe ich das Buch „Die Schule der Mönche“ von Peter Seewald gelesen, das ganz von benediktinischer Spiritualität durchdrungen ist. Darin heißt es:

> *„Die extrem gesteigerte Mobilität hat nicht nur den kaum mehr zu bewältigenden Auto- und LKW-Verkehr auf die Straße gebracht und einen Massentourismus zur Folge, der zunehmend zerstörend wirkt, sondern auch so fragwürdige Erscheinungen wie die, dass man Tiere zunächst tausende von Kilometern kreuz und quer durch Europa karrt, bevor sie schließlich irgendwo getötet werden. Wenn der technische Fortschritt nicht weiter unkontrolliert um seiner selbst willen getrieben werden soll, wird es nicht zu vermeiden sein, die zivilisatorische Bewegung auch wieder zu verlangsamen, zuallererst dort, wo sie mehr Unheil als Heil anrichtet.*
> *Bei den Mönchen lässt sich schnell lernen, wie wichtig es ist, stabilisierende Faktoren zu haben, um die Dynamik unseres Lebens wieder in die richtigen Bahnen zu leiten. Es geht dabei um Ordnungskräfte, Wegweiser, klare Regeln […].“ (Seewald, 2001, 46)*

Im Weiteren weist er auf die Hast, Unruhe und Unrast hin, auf die zunehmende Bindungslosigkeit, auf das herumjagende Getriebensein, auf die Nervosität bei Stillstand usw. Und der Mönch, mit dem Seewald in seinem Buch im Gespräch ist, meint:

„Stabilität gehört mit zum Schwersten, was man von modernen Menschen erwarten kann […], manche empfinden sie vielleicht als Gefängnis. Sie fühlen sich eingesperrt, beeinträchtigt in ihrer Freiheit und Flexibilität. Sie wollen keine Bindung eingehen und sich nicht festlegen. Bei uns Mönchen ist das gerade umgekehrt. In der restlosen und fraglosen Bindung sehen wir gerade das Große im Mönchtum. Durch sie bekommt unser Leben diese typische innere Kraft." (Seewald, 2001, 47)

Seewald weist zu Recht darauf hin, dass es auch die zerstörerische Bewegung gibt, die unrastliche Bewegung, die nie zur Ruhe kommt, und die damit einhergehende Bindungslosigkeit, den Bindungsverlust, die Bindungsunfähigkeit. Dagegen setzt die benediktinische Stabilität einen wichtigen Akzent: Fürsprache für innere Ruhe, für feste Bindungen und Klarheit in Ordnung und Struktur als Basis von Sicherheit. Bewegung, Veränderung, Wandlung ist damit keineswegs ausgeschlossen, wenngleich damit keine Ortsbewegungen gemeint sind. Die Benediktinerin Emmanuela Kohlhaas schreibt über die ersten beiden Gelübde:

„Die Beständigkeit, das Bleiben, das Dranbleiben am begonnenen Weg, die Beharrlichkeit als Inhalt eines Gelübdes überzeugten mich genauso wie das Bleiben in einer konkreten Lebensgemeinschaft. […]
Ähnlich das zweite Gelübde, der ‚klösterliche Lebenswandel', der für mich nicht nur all das enthält, was einfach zur klösterlichen Lebensweise gehört, sondern gerade auch in der Doppeldeutigkeit des Wortes ‚Wandel' eine Dynamik anklingen lässt. Mit diesem Gelübde habe ich versprochen, mein Leben lang auf einem Weg des Mich-Wandelns bzw. der [sic!] Mich-Verwandeln-Lassens zu bleiben." (Kohlhaas/Frings, 2021, 256f.)

Wer also immer am selben Ort bleibt, kann innerlich für Veränderung und Wandlung offen sein. Nicht umsonst ist die Wandlung in der immer gleichen Messfeier eines der zentralsten Ereignisse.

Benedikt selbst jedoch überspannte meines Erachtens den Bogen, wenn er sozusagen jedes „franziskanische" Unterwegssein verteufelte. Franziskus gab es zu seiner Zeit noch nicht, aber die Lebensweise, die er unter den Begriffen „Sarabaiten" und „Gyrovagen" als „widerliche Art von Mönchen" und als „Sklaven der Launen ihres Eigenwillens" (Regel des Benedikt, 1990, 1) abwertete. Nikolaus Kuster schreibt in diesem Zusammenhang über das Anliegen des Franziskus-Biographen:

> *„Thomas von Celano wird denn auch nicht Mühe [sic!], den tieferen Sinn der franziskanischen Itineranz zu betonen, der bei Franziskus gleichsam zu extremer äusserer ‚Instabilität' führt: Die unzähligen Anspielungen ans Evangelium unterstreichen im Bruch zu jahrhundertelang dominanter monastischer ‚stabilitas', dass Franziskus und seine Brüder kein ‚vagari' der Gyrovagen umhertreibt. Ihre Inspiration ist evangelisch und unterscheidet sich entschieden von jener sarabaitischen Lebensweise, die der hl. Benedikt kritisierte. Das unbehauste Unterwegssein der Minderbrüder ist in seiner Radikalität nur als Antwort auf den Ruf des Herrn richtig zu verstehen[.]" (Kuster, 2006, Kap 2.4)*

Franziskus war betroffen von einem Jesus, der zu den Menschen geht. Er sah sich zu diesem Leben berufen. Dabei ging es nicht um Regellosigkeit, Beliebigkeit und das Unterwerfen unter die Begierden und den Eigenwillen. Vielmehr fand er seine klaren Antworten im Evangelium, nicht in einer Ordensregel. Er brach auf, machte sich auf den Weg, ungeschützt. Langsam musste er seinen eigenen Weg erst finden. Und mit ihm brachen andere auf, machten sich auf den Weg, verließen ihre gewohnte Umgebung, lösten sich von Beziehungen, nicht um beziehungslos zu sein, nicht weil sie bindungsunfähig wären, sondern weil sie um ihrer Berufung willen diese Beziehungen aus unterschiedlichen Gründen nicht weiter leben konnten oder wollten. Selbst die Benediktiner erkennen mittlerweile in der Pilgerexistenz eine entscheidende spirituelle Kraft. Ganz im Pilger-Trend der letzten Jahrzehnte wurde unter dem Motto „Benedikt bewegt" ein europäischer Pilgerweg im Geiste des Ordensgründers – so die Initiatoren – entworfen.

Wer sich auf den Weg macht, weiß manchmal um das Ziel, manchmal nicht. Er weiß aber nicht, was ihm alles auf dem Weg begegnet, welche Widerfahrnisse auf ihn warten. Er setzt sich ungeschützt von hohen Klostermauern dem Risiko des Scheiterns aus. Erinnert das nicht auch an Teresa von Kalkutta? Und so gilt:

> *„Wer sich selbst vor Irrwegen und Sackgassen nicht sicher weiß, der wird zur Solidarität mit denen fähig, die auf ihrem Weg scheitern. Der traut auch den Scheiternden noch zu, daß ihre Erfahrungen wichtig sind für uns alle, daß sich Gottes Wahrheit auch in ihrem Scheitern erschlossen haben mag und daß die Botschaft dieses Scheiterns mich angeht; der gesteht den Scheiternden und Gescheiterten zu, mit einer Erfahrung Sicherheiten in Frage zu stellen, die wir bei unserer Kursbestimmung bisher fraglos gelten ließen." (Fuchs/Werbick, 1991, 112)*

Für Joseph Wittig hat dieses Unterwegssein mit Gott selbst zu tun. Für ihn ist Gott ein Wanderer, dem der Mensch nacheilen muss:

> *„Das innerste Wesen des Wanderns muß wahrhaft göttlich sein; das innerste Wesen Gottes muß Wandern sein. Darum mußten die Gottsucher wandern, um den großen Wanderer zu finden. Gott ist nicht der Allgegenwärtige, sonst brauchte man ihn nicht zu suchen; er wäre da, wo ich mit der Hand hingreife oder meinen Fuß*

hinstelle. Sondern er ist der wesenhaft Wandernde. Soeben ging er an mir vorüber und schon ist er wieder weiter gewandert; ich muss mich aufmachen und ihm nacheilen; vielleicht hole ich ihn noch ein!" (Wittig, 1990, 174)

Was aber bedeutet das für unser Glauben selbst, für die Eigenheit des Glaubens? Von Beginn an habe ich mein Verständnis unseres Glaubens als einen Weg offengelegt. Dem scheint die klassische Definition des Glaubens im Hebräerbrief zu widersprechen. Dort hieß es in der bisherigen Einheitsübersetzung:

„Glaube aber ist: Feststehen in dem, was man erhofft, Überzeugtsein von Dingen, die man nicht sieht." (Hebr 11,1; EÜ 1980)

Glauben scheint hier etwas Feststehendes, also etwas Stehendes zu sein. Das Problem liegt darin, dass man die zugrunde liegenden griechischen Wörter nur schwer deuten kann. Entgegen diesem sehr statischen Bild von Glaube übersetzt die revidierte Einheitsübersetzung dynamischer:

„Glaube aber ist: Grundlage dessen, was man erhofft, ein Zutagetreten von Tatsachen, die man nicht sieht." (Hebr 11,1; EÜ 2016)

Ich möchte an dieser Stelle auf Papst Franziskus verweisen, der in seiner Enzyklika *Lumen fidei*, das Licht des Glaubens, vier Personen als Glaubensvorbilder darstellt: Abraham, Mose, Jesus und Paulus – alles Männer auf Wanderschaft, alles Männer, die aufgebrochen sind, unterwegs waren, um an neuen Orten zu leben und zu wirken, alles Männer, deren Glaube einen Prozess durchlaufen hat – auch der von Jesus. Daher wird Papst Franziskus auch nicht müde, in seinen Schriften zu betonen, dass die Zeit mehr wert ist als der Raum:

„Dem Raum Vorrang geben bedeutet sich vormachen, alles in der

> *Gegenwart gelöst zu haben und alle Räume der Macht und der Selbstbestätigung in Besitz nehmen zu wollen. Damit werden die Prozesse eingefroren. Man beansprucht, sie aufzuhalten. Der Zeit Vorrang zu geben bedeutet sich damit zu befassen,* Prozesse in Gang zu setzen anstatt Räume zu besitzen.“ *(P. Franziskus, EG, 223)*

Wenn wir unser Glauben dynamisieren, unsere Spiritualität in Bewegung bringen und in unserem Leben aufbrechen zu neuen Orten, dann kann das auch für die Institution Kirche nicht folgenlos bleiben. Ist sie und jede konkrete Gemeinde nicht

> *„Weg-Gemeinschaft, die sich auf ihrem Weg in den Fußspuren Jesu* weiterfragen *und weitertasten muß“ (Fuchs/Werbick, 1991, 111)?*

Ist die Kirche nicht Nachfolgegemeinschaft? Die beiden Autoren Fuchs und Werbick üben Kritik an jenem Kirchenverständnis, das die Menschen scheitern lässt, um ihnen dann triumphal den Ausweg aus ihrer Sackgasse zeigen zu wollen. Denn Weg-Gemeinschaft heißt, sich gemeinsam auf die Suche zu machen. Sie stellt falsche Sicherheiten in Frage und bildet so ein Gegenbild einer Gesellschaft und Kirche, die sich in materiellen Schätzen letzte Gewissheit, ja Heil erwarten. Papst Franziskus stellt uns daher auch eine Kirche im Aufbruch vor Augen.

> *„Im Wort Gottes erscheint ständig diese Dynamik des ‚Aufbruchs‘, die Gott in den Gläubigen auslösen will. […] Jeder Christ und jede Gemeinschaft soll unterscheiden, welches der Weg ist, den der Herr verlangt, doch alle sind wir aufgefordert, diesen Ruf anzunehmen: hinauszugehen aus der eigenen Bequemlichkeit und den Mut zu haben, alle Randgebiete zu erreichen, die das Licht des Evangeliums brauchen.“ (P. Franziskus, EG, 20)*

Daher muss die Kirche ihre Türen offen halten.

> *„Eine Kirche ‚im Aufbruch' ist eine Kirche mit offenen Türen. Zu den anderen hinauszugehen, um an die menschlichen Randgebiete zu gelangen, bedeutet nicht, richtungs- und sinnlos auf die Welt zuzulaufen. Oftmals ist es besser, den Schritt zu verlangsamen, die Ängstlichkeit abzulegen, um dem anderen in die Augen zu sehen und zuzuhören, oder auf die Dringlichkeiten zu verzichten, um den zu begleiten, der am Straßenrand geblieben ist. Manchmal ist sie wie der Vater des verlorenen Sohnes, der die Türen offen lässt, damit der Sohn, wenn er zurückkommt, ohne Schwierigkeiten eintreten kann." (P. Franziskus, EG, 46)*

Mit seiner Forderung nach einem Gegenprinzip zur zerstörerischen, sinnlosen, bindungsunfähigen Bewegung, die den Menschen in seine Verlorenheit, Verzweiflung und Vereinsamung stürzen, ist Seewald im Anschluss an die benediktinische Spiritualität recht zu geben. Menschen suchen Stabilität und Sicherheit. Sie finden das heute vor allem im Geld. Geld scheint die einzige Konstante zu sein, die Stabilität und Sicherheit bietet. Daher wird ein Staat immer Banken, Anlagevermögen und Versicherungen zuerst retten. Dieser Trend wird durch die neuen Kryptowährungen noch verstärkt. Der sogenannte „kleine Mann", der nicht arm, aber auch nicht reich ist, der Mittelständler, erhofft sich, dass er durch Anlage in einer solchen Währung ohne Arbeit und ohne Leistung mehr Geld machen kann. Nicht: Ich arbeite für Geld, sondern: Das Geld arbeitet für mich. Reich werden durch Nichtstun. Nach dem Ende des *ora*, nun auch das Ende des *labora*.

Dagegen sehen manche im Geld auch nichts Beständiges, in der Geldanhäufung nur Stress, der dem Menschen zum Schaden gereicht. In unserer Gesellschaft bahnt sich daher ein neuer Trend an: Reduktion von Besitz, Entrümpeln der Wohnungen und dann auch der Seele. Nicht nur

Verzicht auf Materielles, sondern eine neue Stabilität im Geistigen, in einer geistigen Haltung soll gefunden werden. Dieser Minimalismus wurde in den 1960er-Jahren von US-amerikanischen Künstlern neu entdeckt, die damit ihr Publikum verstört haben. Heute wird dieser Trend jedoch aus dem fernen Osten importiert. Warum aber muss diese Erkenntnis erst importiert werden? Hat nicht schon Franziskus den radikalen Verzicht gelehrt, die radikale Besitzlosigkeit und die Bindung an die Frohe Botschaft? Lehrt das nicht bereits Jesus selbst?

Für uns Heutige erschließt sich die christliche Lehre nicht mehr. Vielleicht weil Europäer dem Christentum nicht mehr zutrauen, existenziell bedeutsam zu sein. Vielleicht weil diese Bedeutsamkeit durch die Verkündigung der Kirche mehr verschüttet als aufgeschlossen wurde. Vielleicht weil in der Kirche all zu oft das Ideal des Besitzverzichtes propagiert, aber nicht gelebt wurde. Dabei übersah man, dass Jesus diesen Verzicht nicht von allen Menschen fordert. Dem sesshaften Zachäus, der nur einen Teil seines Vermögens hergab, wird Heil zugesagt. Wäre es angesichts dieser Tatsache nicht besser, von einer minimalistischen Lebensweise statt vom völligen Verzicht zu sprechen? Uwe Habenicht möchte mit seiner minimalistischen Spiritualität eine Beschränkung auf das Essenzielle: mit Verweis auf die Wüsteneremiten auf das materiell Essenzielle und mit Verweis auf Martin Luther auf das spirituell Essenzielle:

> *„Die Beschränkung aufs Essenzielle hat also sowohl eine materielle Seite als auch eine spirituelle. Damit minimalistische Spiritualität wirklich ein Lebensstil sein kann, der auf die Krisen der Gegenwart antwortet, sind beide Dimensionen gleichermaßen bedeutsam. Minimalistische Spiritualität beschreibt eine neue Kultur des Umgangs mit den materiellen Dingen und spirituellen ‚Essenzen'." (Habenicht, 2018, 72f.)*

Die Bedeutsamkeit christlicher Spiritualität kann mit bloßen Erklärungen kirchlicher Traditionen nicht wiedergewonnen werden, sondern nur mit dem existenziellen Sich-Einlassen der Zeuginnen und Zeugen auf die Botschaft Jesu. Sind wir Christen heute nicht zu sehr damit beschäftigt, einst tragende Strukturen aufrechtzuerhalten, also das zu stabilisieren, was früher einmal Stabilität gebracht hat? Und bricht das nicht unter unseren Händen, so sehr wir uns auch anstrengen, zusammen? Und wenn wir so viel Energie in die Erhaltung des alten Baues stecken, können wir dann überhaupt Weg-Gemeinschaft sein? Können wir unterwegs sein mit den Menschen, wenn unsere Arme und Füße an den einstürzenden Altbauten festgenagelt sind? Ist es nicht längst an der Zeit, das alles zusammenbrechen zu lassen und sich auf den Weg zu Neuem zu machen? Auch wenn das verunsichert? Auch mit dem Risiko des Scheiterns? Trauen wir Gott noch zu, dass er aus Trümmern in drei Tagen wieder einen Tempel bauen kann?

Wieder wird ein Dilemma der Kirche deutlich: Einer sich rasch verändernden Welt, Veränderungen, die den Menschen nicht gut tun, müsste die Kirche feste Strukturen, Klarheit und Eindeutigkeit anbieten. Und tatsächlich scheint mir, dass gerade jene Orte innerhalb der Kirche boomen, in denen klare Regeln und Strukturen, eindeutige Antworten und Glaubensüberzeugungen vorherrschen, die aber gerade deshalb die suchende Bewegtheit, die Breite an spirituellen Anschlussmöglichkeiten und den ständigen Neuaufbruch nicht zur Geltung bringen. An diesen Orten gedeiht eine Kirche, die von modernen Menschen nicht mehr verstanden, ja sogar abgelehnt wird. Daher wird der Ruf nach Änderungen in der Kirche immer lauter. Änderungen bringen aber Orientierungslosigkeit, Chaos und Instabilität mit sich. Menschen, die in einer Zeit der Raserei Halt und Stabilität suchen, finden das in einer sich verändernden Kirche nicht. Eine solche Kirche bietet kein angemessenes heilsames Gegenbild zur Gesellschaft. Von daher ist es naheliegend, den Änderungsbestrebungen Anbiederung an den Zeitgeist zu unterstellen. Beides sind Irrwege, weswegen Tomáš Halík fragt:

„Ist nicht die Zeit gekommen, dass die Kirche hier – zumindest in ihrer bisherigen historischen Form – im Sterben liegt? *Und was kann sie aus ihrem Erfahrungsschatz jenen vermachen, die vielleicht einmal wieder an sie anknüpfen werden?“ (Halík, 2017, 89)*

Was unsere Zeit dringend nötig hat, ist eine Kirche, die die Wunden und Nöte der Zeit erkennt und sich selbst als eine Gemeinschaft versteht, in der diese aufgehoben sind – aufgehoben im doppelten Wortsinn von aufgenommen und heilsam überwunden. Die derzeitige Kirche kann das nicht leisten. Mit seinem Bild von Kirche im Aufbruch möchte Papst Franziskus aber eine solche neue Kirche etablieren. Dienerinnen und Diener sind bereit, an dieser neuen Kirche zu bauen, und verweigern sich, die alten, nicht mehr tragfähigen Strukturen abzustützen, verweigern sich aber auch an einer Kirche zu bauen, die sich mehr an Moden und Trends denn am Evangelium orientiert. Sie machen sich frei für neue Wege.

Was benediktinische und franziskanische Spiritualität verbindet, sind die Pole von Stabilität und Bewegung, wobei die einen den Schwerpunkt eher in die eine, die anderen in die andere Richtung legen, aber ohne den jeweiligen Konterpart ganz zu vernachlässigen. Welche Balance Diener und Dienerinnen zwischen diesen beiden Polen finden, hängt ganz von ihrer konkreten Berufung ab. Dienende Spiritualität konzentriert sich auf das Essenzielle und lässt sich darauf existenziell ein. Biblisch gesprochen: Dienende Spiritualität sammelt sich einen Schatz im Himmel und zeigt im Hier und Jetzt, was unter dieser Perspektive wirklich wichtig ist.

Vielleicht ist es daher sinnvoll, einen endzeitlichen Blick auf die Welt zu werfen. Denn dieses Leben *in statu viatoris*, im Stand des Pilgers – wie es die mittelalterliche Theologie genannt hat –, hat einen endzeitlichen Charakter, auf den ich im folgenden Abschnitt eingehen möchte.

Kommen

„Er kommt“ – dieser Ausdruck im letzten Buch der Bibel, der Offenbarung, fasziniert mich immer wieder, weil er in zwei Worten das auf den Punkt bringt, was in der Theologie als präsentische Eschatologie bezeichnet wird. Was ist damit gemeint? Christen glauben daran, dass der Messias am Ende der Zeit wiederkommen wird, um in der Welt endgültig Frieden und eine heilvolle Gegenwart zu schaffen. Manche meinen, dass diese endzeitliche Neuschöpfung ein Ereignis irgendwann in der Zukunft sein wird. Es gibt aber auch neutestamentliche Autoren, die davon ausgehen, dass diese Endzeit mit der Menschwerdung Gottes in Jesus *schon* begonnen hat, dass die Endzeit zwar *noch nicht* vollendet, aber jetzt *schon* gegenwärtig ist. Daher hat sich in der Theologie die Rede von der Spannung des Schon-und-noch-nicht entwickelt.

„Er kommt“ meint: Er ist schon jetzt im Kommen, aber er ist noch nicht angekommen. Mit dem „er“ ist Gott bzw. in christlicher Perspektive Jesus gemeint. Ein solches Verständnis vom Kommen Gottes bzw. Jesu steht in Spannung zu jenen Aussagen, die auf die bleibende Anwesenheit Jesu bei seinen Jüngern verweisen, wie z. B. im Matthäusevangelium. Wenn Jesus erst im Kommen, aber noch nicht angekommen ist, dann ist er noch von uns entfernt.

In der endzeitlichen Vorstellung gibt es noch eine zweite Bewegung: Dem Kommen Gottes bzw. Jesu entspricht als Gegenstück das Kommen der Menschen zu Gott. Zum Beispiel taucht das in den Endzeitvisionen der alttestamentlichen Propheten auf. Bei den Propheten Jesaja und Micha gibt es die Vision einer Völkerwallfahrt am Ende der Zeit. Die Nationen und Völker rufen unter sich auf, zum Berg des Herrn zu ziehen. Sie erwarten sich von Gott Gerechtigkeit und Frieden (Jes 2, Mi 4). An anderen Stellen wird dieses Pilgern zu Gott zugleich als Sammeln der versprengten und verlorenen Schafe verstanden: Gott, der Hirte, sammelt und versammelt vor sich alle Verlorenen auf seinem Berg (Jes 40, Ez 34).

Dieses Motiv wird später von Johannes, dem Autor der Offenbarung, nicht übernommen. Dort ist Jesus nicht der Hirte, der sammelt, sondern das Lamm, das getötet wird.

Wir sehen also, dass die endzeitliche Zeitepoche als eine Phase angesehen wird, in der vieles in Bewegung kommt, in der vieles nicht so bleibt, nicht so bleiben kann, wie es ist. Damit ist der Christ in doppelter Weise auf eine endzeitliche Bewegung verwiesen: Zum einen ist die Lebensform als Pilger hier auf Erden ein Symbol für die noch größere Fülle, die wir am Ende unserer Tage erwarten, ein Symbol für die Orientierung nicht an irdischen Werten und Gütern, die vergehen und unser Herz nicht erfüllen können, sondern am Essenziellen unseres Lebens. Zum anderen ist diese Mobilität auch ein endzeitliches Hingehen zu dem, der uns Gerechtigkeit und Frieden verschafft. In dieser Hinsicht ist die pilgernde Lebensform kein Symbol mehr, sondern ein reales, endzeitliches Gehen – vorausgesetzt wir sehen den Anbruch der Endzeit mit der Menschwerdung Gottes verbunden und damit schon gegenwärtig. Im Folgenden möchte ich diese doppelte Bewegung anhand des Evangelisten Lukas, der auch die Apostelgeschichte geschrieben hat, und der Offenbarung des Johannes vertiefen.

Für den *Evangelisten Lukas* ist das Wegmotiv von zentraler Bedeutung. So nimmt der Weg Jesu nach Jerusalem in seinem Evangelium den größten Umfang ein: Jesus, der den vom Vater vorgezeichneten Weg geht. Zu Lebzeiten folgen ihm viele Jünger und Jüngerinnen. Jesus schickt diese mehrmals hinaus zu den Menschen und gibt ihnen klare Anweisungen. Auch Jesu Weg umfasst bei Lukas also zwei Dimensionen: die eine, dass Jesus und seine Jüngerinnen und Jünger real auf dem Weg sind, um den Armen die frohe Botschaft, den Gefangenen die Entlassung, den Blinden das Augenlicht und den Zerschlagenen die Freiheit zu verkündigen und zu schenken; die andere, dass Jesus seinen Weg bis zur Kreuzigung in Jerusalem gehen muss – zur Erlösung der Welt. Letztere Dimension ist spezifisch eine des Weges Jesu, die von den Jüngern und Jüngerinnen (nur) in realsymbolischer Weise nachvollzogen werden kann. Das meint: Die Nachfolgegemeinschaft kann selbst nicht die Erlösung der Menschen herbeiführen, kann aber den erlösenden Weg Jesu im eigenen Weg Realität werden lassen.

Der Weg Jesu mit seinen Jüngern und Jüngerinnen geht auch noch nach seiner Auferstehung weiter. So begleitet er jene, die nach Emmaus gehen, um dann zu „verschwinden" und um später bei den Jüngern und Jüngerinnen in Jerusalem wieder „aufzutauchen". Diese Begegnungen mit dem Auferstandenen sind häufig mit einem gemeinsamen Essen verbunden. Auch das ist ein Motiv in der prophetischen Vision der kommenden Heilszeit (z. B. Am 9,14).

Die Begegnung mit dem Auferstandenen ist aber zeitlich begrenzt. Danach setzt sich Jesus wieder in Bewegung. Diesmal himmelwärts. Von dort her wird er wiederkommen. Ganz konsequent in dieser Linie gibt es bei Lukas auch keine Zusage, dass Jesus alle Tage mit uns bleibt wie bei Matthäus. Vielmehr wird der Geist auf die Jünger und Jüngerinnen herabkommen, der uns Beistand ist und uns zu Zeugen macht.

Umgekehrt lesen wir im Lukasevangelium auch viel vom Kommen der Menschen zu Jesus. Es kommen die Sünder und Sünderinnen, die Zöllner und Kranken. Sie bauen ihr Haus auf einen festen Grund. Es kommen auch die Pharisäer und Schriftgelehrten, diese bleiben aber auf Distanz zu Jesus. Dieses gegenseitige Aufeinander-Zukommen wird im Gleichnis vom verlorenen Sohn deutlich geschildert. Dieses vieldimensionale Wesenselement des christlichen Glaubens wurde von Beginn an so ernst genommen, dass in weiterer Folge die Selbstbezeichnung der ersten Christen der „Weg Jesu" oder „Weg des Herrn" (Apg 9,2; 18,25f.) lautete.

Die schon erwähnten Grunddimensionen des Kommens spielen in der *Offenbarung des Johannes* eine zentrale Rolle. Dieses Buch wird nur richtig verstanden, wenn es aus der Sicht jener gelesen wird, die wegen ihres Glaubens verfolgt worden sind. An sie ist das Buch gerichtet. Es schildert mit alttestamentlich-prophetischer Bildsprache schreckliche Ereignisse, durch die hindurch die Welt und die Zeugen Christi zur endgültigen Erlösung finden. Am Ende wartet das Reich Gottes. Das soll den Verfolgten Trost sein.

Das Kommen Jesu bildet eine motivliche Klammer, denn sowohl am Beginn als auch am Ende spielt er eine besondere Rolle. So heißt es in der Einleitung:

> *„Johannes an die sieben Gemeinden in der Provinz Asien: Gnade sei mit euch und Friede von Ihm, der ist und der war und der kommt [!], und von den sieben Geistern vor seinem Thron und von Jesus Christus; er ist der treue Zeuge, der Erstgeborene der Toten, der Herrscher über die Könige der Erde. [...]*
> *Siehe, er kommt [!] mit den Wolken und jedes Auge wird ihn sehen, auch alle, die ihn durchbohrt haben; und alle Völker der Erde werden seinetwegen jammern und klagen. Ja, Amen. Ich bin das Alpha und das Omega, spricht Gott, der Herr, der ist und der war und der kommt [!], der Herrscher über die ganze Schöpfung." (Off 1,4-5a.7f.)*

Zweimal wird von Jesus gesagt, dass er jener ist, der ist, der war und der kommt. Zumeist überliest man gerade bei „der kommt" das grammatikalische Präsens und hört das Futur: „der kommen wird". Vielleicht auch deshalb, weil in einer Variante des Eröffnungsgrußes der Eucharistiefeier das Futur gebraucht wird. Johannes möchte aber im Sinne seiner präsentischen Eschatologie sagen: Jahwe – der Ich-bin, der Ich-bin-gewesen, der Ich-werde-sein – er kommt, jetzt! Gott ist, obwohl er Jahwe ist, nicht statisch, nicht einfach bleibend unveränderlich, sondern ein Gott in Bewegung in Richtung zu uns – nicht weg von uns.

Folglich ruft Johannes seine Leser und Leserinnen zum Durchhalten auf: Das Kommen Gottes ist nahe; haltet nur noch kurz durch! Der Autor ruft auch zum Sehen auf, denn er, Gott, kommt (Präsens) mit den Wolken und jedes Auge wird ihn sehen (Futur). Wieder ein Satz voller Spannung. Fast wollte man sagen: Jetzt! Schau! Er kommt. Am Horizont taucht er schon auf. Und dann wird ihn jedes Auge sehen!

Am Ende des Buches der Offenbarung spricht Jesus als Engel:

> *„Siehe, ich komme bald und mit mir bringe ich den Lohn und ich werde jedem geben, was seinem Werk entspricht. Ich bin das Alpha und das Omega, der Erste und der Letzte, der Anfang und das Ende. […]*
> *Der Geist und die Braut aber sagen: Komm! Wer hört, der rufe: Komm! Wer durstig ist, der komme! Wer will, empfange unentgeltlich das Wasser des Lebens! [...]*
> *Er, der dies bezeugt, spricht: Ja, ich komme bald. – Amen. Komm, Herr Jesus! Die Gnade des Herrn Jesus sei mit allen!" (Off 22,12-13.17.21)*

Zuerst wird wieder betont, dass Jesus kommt. Er kommt bald; dieses „bald" kann auch mit „rasch" übersetzt werden. Als der Kommende erweist sich Jesus als Alpha und Omega, als Anfang und Ende. Dann erfolgt aber auch der Aufruf an alle, die durstig sind, zu kommen. Nicht nur Jesus kommt zu uns, nein, auch wir sollen zu Jesus kommen. Es ist kein Aufruf unter den Menschen, zum Herrn zu kommen, vielmehr rufen der Geist (der Propheten) und die Braut des Lammes, das himmlische Jerusalem, uns Menschen zu: Kommt!

Dieser Aufruf des Kommens steht auch im Mittelpunkt bei der Öffnung der ersten vier (von sieben) Siegel, mit dem das Buch des Lebens verschlossen ist: Jedes Mal erscheint ein Lebewesen, das ausruft: Komm! (Off 6) Bei der Öffnung dieser Siegel geschehen zunächst ganz schreckliche Dinge. Das fünfte Siegel bringt aber eine Wende: Nun rufen jene zum Herrn klagend, bittend, die aufgrund ihrer Verkündigung getötet wurden, die Märtyrer. Sie fragen (sich), wie lange Gott noch zögert! Wann wird er endlich kommen?

> *„Die Psalmen wie auch die Propheten bieten keine beruhigenden, rationalisierenden Theorien über Geschehenes und Geschehendes an, sondern legen den Schrei des leidenden Volkes jenem vor, der* kommen wird. *Was keine menschliche Macht und Gerechtigkeit wieder gutzumachen und zu heilen vermag, muss man Gott überlassen bis zur Stunde des Jüngsten Gerichtes." (Halík, 2017, 224f.)*

Das sechste Siegel zeigt dann den Zorn des Lammes über diese Ungerechtigkeit. Dies mündet in die Stille des siebenten Siegels (Off 8,1), die später kontrastiert wird mit dem Erschallen der sieben Posaunen durch die Engel. Was diese – aber auch andere Engel – bringen, ist die schrittweise Finsternis (Off 8,12; 9,2; 16,10). Typisch für die endzeitliche prophetische Literatur ist die Verdunkelung der Erde. Diese Verdunkelung wird als etwas Schreckliches, als etwas Zerstörerisches, als etwas Beängstigendes dargestellt. Durch diese Dunkelheit müssen die Menschen, muss die ganze Schöpfung einmal hindurch, bis der Friedenstag Wirklichkeit geworden ist, der niemals enden wird. Dieses Motiv des dunklen Tages Gottes schildert der Prophet Amos in eindringlichen Worten:

> *„Weh denen, die den Tag des HERRN herbeisehnen! Was nützt euch denn der Tag des HERRN? Finsternis ist er, nicht Licht. Es ist, wie wenn jemand einem Löwen entflieht und ihn dann ein Bär überfällt; kommt er nach Hause und stützt sich mit der Hand auf die Mauer, dann beißt ihn eine Schlange. Ist nicht der Tag des HERRN Finsternis und kein Licht, Dunkel und ohne Glanz? Ich hasse eure Feste, ich verabscheue sie und kann eure Feiern nicht riechen. Wenn ihr mir Brandopfer darbringt, ich habe kein Gefallen an euren Gaben und eure fetten Heilsopfer will ich nicht sehen. Weg mit dem Lärm deiner Lieder! Dein Harfenspiel will ich nicht*

hören, sondern das Recht ströme wie Wasser, die Gerechtigkeit wie ein nie versiegender Bach." (Am 5,18-24)

Diese sehr beängstigenden Worte des Propheten Amos müssen jedoch im rechten Licht gedeutet werden: Die Dunkelheit wird jene treffen, die in heuchlerischer Art Gottesdienst feiern. Es kann nicht sein, dass im Tempel Opfer dargebracht werden, im Volk Israel aber Ungerechtigkeit existiert. Gott fordert die Wiederherstellung des Rechts und der Gerechtigkeit. Die Kritik richtet sich an die Machthaber, an die, die das Unrecht verursacht oder zumindest zugelassen haben und die es in der Hand haben, es zu beseitigen.

Zurück zur Offenbarung des Johannes: Am Ende trägt das Lamm den Sieg davon und hält Hochzeit. Im Himmel tritt großer Jubel auf. Diese letzten Vorgänge münden schließlich in das Herabkommen der Wohnung (des Zeltes) Gottes unter den Menschen.

„Dann sah ich einen neuen Himmel und eine neue Erde; denn der erste Himmel und die erste Erde sind vergangen, auch das Meer ist nicht mehr. Ich sah die heilige Stadt, das neue Jerusalem, von Gott her aus dem Himmel herabkommen; sie war bereit wie eine Braut, die sich für ihren Mann geschmückt hat. Da hörte ich eine laute Stimme vom Thron her rufen: Seht, die Wohnung Gottes unter den Menschen! Er wird in ihrer Mitte wohnen und sie werden sein Volk sein; und er, Gott, wird bei ihnen sein. Er wird alle Tränen von ihren Augen abwischen: Der Tod wird nicht mehr sein, keine Trauer, keine Klage, keine Mühsal. Denn was früher war, ist vergangen. Er, der auf dem Thron saß, sprach: Seht, ich mache alles neu. Und er sagte: Schreib es auf, denn diese Worte sind zuverlässig und wahr! Er sagte zu mir: Sie sind geschehen. Ich bin das Alpha und das Omega, der Anfang und das Ende. Wer durstig ist, den werde ich unentgeltlich aus der Quelle trinken lassen, aus der das Wasser

des Lebens strömt. Wer siegt, wird dies als Anteil erhalten: Ich werde sein Gott sein und er wird mein Sohn sein. Aber die Feiglinge und Treulosen, die Befleckten, die Mörder und Unzüchtigen, die Zauberer, Götzendiener und alle Lügner – ihr Los wird der See von brennendem Schwefel sein. Dies ist der zweite Tod." (Off 21,1-8)

Bevor es zum allgemeinen Aufruf kommt, seinen Durst am Wasser des Lebens zu stillen, vollendet Gott seine Bewegung in der Errichtung des neuen Jerusalems. Das Meer, d. h. der Ort des Bösen, der ewigen Verdammnis, ist nicht mehr. Das neue Jerusalem ist ein Ort der Opfer, der Gescheiterten, der Unterdrückten, Armen und Ausgebeuteten, an dem kein Täter Platz hat. Deutlich ist, dass es sich um eine zugespitzte Darstellung mithilfe einer Täter-Opfer-Logik handelt, die zur Verdeutlichung der Absicht und des Wesens Gottes dient. Er steht auf Seiten der Opfer. Dass auch Täter Opfer sein können, sollten wir dabei nicht aus dem Blick verlieren. Wir dürfen nur nicht vergessen, dass Johannes an jene Christen schreibt, die aufgrund ihres Glaubens mit dem Tod bedroht sind. Von daher erklärt sich die akzentuierte Darstellung.

Gott wird also eine neue Stadt errichten, in der es keine Trauer, keine Klage und keine Mühsal mehr gibt. Verbinden wir mit einer Stadt eine sesshafte Kultur und Lebensweise, die nicht mehr in Bewegung ist, so erinnert doch die „Wohnung" Gottes an die Zeit, in der Israel aus Ägypten auszog und 40 Jahre auf Wanderschaft war. Auch wenn „Wohnung" im Deutschen ebenfalls wie eine Einrichtung Sesshafter klingt, spielt das griechische Wort *skänä* auf das transportable Zelt an, in dem das Heiligtum während der Wüstenzeit aufbewahrt wurde. Gott zeltet also in dieser neuen Stadt. Die Erfahrung der Wanderschaft bleibt auch in dieser Endzeitstadt noch erhalten.

Lukas buchstabiert das Wegmotiv in einer Geschichte realer Ereignisse durch und charakterisiert den Auftrag Jesu als Weg, der von den ersten Christen weitergelebt wird. Der Autor der Offenbarung schöpft hingegen seine Darstellung aus einer alttestamentlich-prophetischen Bildsprache. Bei beiden werden das Glauben, das Leben der Gläubigen und die christliche Existenz im Wesenskern als Bewegung verstanden, der eine Bewegung Jesu entspricht, der sich nach der Auferstehung aus der Welt entfernt, um dann aus der Ferne wieder zu uns zu kommen. Zu wohnen in der Nähe Gottes ist hier – anders als in der Wüstenzeit Israels – Heilszeit.

Bei Franziskus von Assisi hat sich ganz deutlich gezeigt, dass die reale Heimat- und Besitzlosigkeit und Wandertätigkeit einen endzeitlichen Hintergrund hat: Es geht um die Darstellung der Endlichkeit und Vorläufigkeit alles Irdischen und der Zentrierung auf den kommenden Schatz im Himmel. Hier und jetzt ist das Reich Gottes schon angebrochen, das Reich Gottes, das im Kommen ist, daher kann auf Unwichtiges, Nichtessenzielles verzichtet werden. Auch in der Berufung von Teresa von Kalkutta spielt der Aufruf zum endzeitlichen Kommen eine wichtige Rolle: So ruft ihr Jesus in ihrem Berufungserlebnis zu, zu ihm zu kommen. In einer anderen Vision (in einer Reihe von mehreren Visionen) rufen aber andere:

> *„In der ersten Vision fand sie sich inmitten einer Menschenmenge von ‚sehr Armen und Kindern' wieder. Diesmal kam die Stimme aber nicht von ihrem geliebten Jesus, der ihr zuvor zurief:* ‚Komm, Komm [doch] – trag mich in die Löcher der Armen. – Sei mein Licht.' *Sondern es war die Stimme einer flehenden, ‚großen Menschenmenge', die ihr zurief: ‚Komm, rette uns – bring uns zu Jesus.'" (Kolodiejchuk, 2007, 122)*

Egal welche theologische Bedeutung wir dieser Vision beilegen, sie fügt sich inhaltlich nahtlos in diese große endzeitliche Vision der Offenbarung vom neuen Jerusalem ein. Hier wohnen nicht die aufrechten, sondern die aufgerichteten Bürger und Bürgerinnen. So kann man am Ende festhalten:

„Aber in allem wissen wir, daß auch die Niederlagen der Ort von Gottes Kommen sind, das Material seiner Gegenwart also. Nichts ist gottlos, auch das Dunkelste im Leben nicht. So gesehen, lädt der christliche Glaube dazu ein, sich des armen Gottes in der Welt anzunehmen, seine Not mitzutragen und schöpferisch bewältigen zu helfen. Nicht die Menschennot vor ihm ist das letzte Thema des Glaubens, sondern Gottes Not mit uns in dieser Welt – das Geheimnis seiner Schwäche für den Menschen. Er braucht uns, er will uns nötig haben, er will unseres Beistandes und unserer Mitarbeit bedürfen." (Fuchs/Werbick, 1991, 66f.)

An den dienenden Zeugen und Zeuginnen ist die eschatologische Spannung abzulesen, die nicht leichtfertig in die eine oder andere Richtung aufgelöst werden darf. Die eine Seite ist die Not, in der Menschen hier und jetzt leben, aus der heraus sie zu Mensch und Gott um Hilfe schreien, wobei sie oft nicht gehört werden. Dienende Spiritualität gibt diesen Menschen eine Stimme, klagend und anklagend, fordernd und herausfordernd. Die andere Seite ist die Zuversicht des Kommens Gottes, der alle Völker, insbesondere die Opfer, sammelt wie verlorene Schafe und ihnen einen neuen, heilsamen Wohnort bauen wird, in dessen Mitte er leben wird. Dienende Spiritualität lebt auf diese Hoffnung hin und ruft die Menschen auf, sich auf den Weg zu Gott zu machen.

Diese Spannung zu leben ist eine Gratwanderung, aber Diener und Dienerinnen wissen, wann es Zeit für die Klage und Anklage und wann die Zeit für Zuversicht und Aufruf ist, solange sie Hörende und Zuhörende sind, solange sie Gehorsame sind.

Gehorchen

Im Jahr 2011 sorgte die österreichische Pfarrer-Initiative mit einem Aufruf zum Ungehorsam für Aufsehen und heftige Diskussionen. Das eine waren die Inhalte dieses Aufrufs, die z. B. mit den Forderungen nach einem Frauenpriestertum oder der Aufhebung des Pflichtzölibats den derzeitigen kirchlichen Regelungen widersprechen; das andere war die Form als Aufruf zum Ungehorsam, wo doch in der Kirche alle Getauften und Geweihten den Oberen Gehorsam schulden. Mit der Thematisierung des Ungehorsams hat die Initiative letztlich aber nur eine kirchliche Realität zur Forderung umformuliert, denn in der Praxis geschieht in den Pfarren sehr viel gegen die kirchlichen Regeln und bischöflichen Vorgaben – im Stillen. Eine erneute Auflage dieses Aufrufs gab es dann zehn Jahre später. Anlass war das Verbot des Vatikans, homosexuelle Paare zu segnen. Der Aufruf war diesmal nicht mehr so aufsehenerregend, zumal nun auch Bischöfe öffentlich gegen dieses Verbot des Vatikans Stellung bezogen. Der Ungehorsam ist mittlerweile auf bischöflicher Ebene angekommen.

Als ich zum ersten Mal das Buch „Komm, sei mein Licht" von Teresa von Kalkutta las, wunderte ich mich, warum sie so konsequent die kirchliche Akzeptanz für ihr Werk suchte. Immerhin ließen sie die offiziellen Stellen fast zwei Jahre lang warten. Festigte sie damit nicht eine kirchliche Struktur, die auf blinden, unreflektierten Gehorsam aufbaute? Muss ich mich in meinen Glaubenswerken wirklich um Akzeptanz von Seiten der offiziellen Kirche(nleitung) bemühen? Warum eigentlich?

Sicherlich kann man im Fall von Teresa diese Frage von einer rein strategischen Seite her beantworten. Im Auftrag der Kirche – so könnte man argumentieren – kann ihr Werk auf größere Ressourcen und stärkere gesellschaftliche Anerkennung hoffen. Und sicherlich kann man strategische Gegenüberlegungen anstellen – wie zum Beispiel: In einer religiös pluralen Gesellschaft kann ihre Arbeit als Anwerben neuer Kirchenmitglieder verstanden werden, wodurch ihr Werk größere Ablehnung erfahren würde. Aber solche strategischen Überlegungen treffen meines Erachtens nicht den Kern ihrer Bemühungen.

Sicher ist, dass sie in der kirchlichen Struktur und in den kirchlichen Ämtern und Institutionen Gott selbst am Werk sah und eine Anerkennung durch die Kirche für sie auch eine Anerkennung ihres Vorhabens durch Gott bedeutete. Zeugnis dieses Gehorsamsverständnisses sind folgende Absätze aus ihrer Ordensregel von 1947:

> *„30. Freudiger Gehorsam – Durch dieses Gelübde bindet sich die Schwester, der rechtmäßigen Oberin zu gehorchen – in Dingen, die mit dem Leben der* Missionaries of Charity *verbunden sind.*
> *31. Die Schwestern werden freudig, unverzüglich, blind und einfach gehorchen. Sie sollten daran denken, dass es nicht sie [die Oberin] ist, der sie gehorchen, sondern dass Er es ist, Jesu Christus, dem zuliebe sie in allem gehorchen.*
> *32. Vollkommener Gehorsam – der mächtige Beschützer des Friedens, bringt dem Herzen Freude und vereint die Seele tiefer mit Gott – mit Seinem Heiligen Willen." (Teresa von Kalkutta nach Kolodiejchuk, 2007, 395)*

Es ist unschwer zu erkennen, welchen starken Gehorsam Teresa von ihren Schwestern verlangte. Auch die Begründung ist eine ganz klassisch-traditionelle: Die Amtsträgerin wird mit Christus identifiziert; wer ihr gegenüber gehorsam ist, ist immer Christus gegenüber gehorsam. Und natürlich gilt auch: Wer ungehorsam gegen die Oberin ist, ist auch gegen Christus ungehorsam. Dass dieses Gehorsamsverständnis den Nährboden für Machtmissbrauch aller Art bildet, hat Doris Wagner in ihrem Buch „Spiritueller Missbrauch in der katholischen Kirche" plastisch und schmerzvoll dargestellt.

Man kann also durchaus vermuten, dass Teresa von Kalkutta auch in den kirchlichen Instanzen Christus selbst zu hören glaubte. Erstaunlich ist jedoch, dass sie in Bezug auf ihr Vorhaben ganz anderes lebte. Ihr eigenes Berufungserlebnis spricht ja eine andere Sprache: Gott selbst wendete sich direkt und unmittelbar an sie. Nun galt es, dieses Erlebnis zu prüfen: War es nur ein Hirngespinst, eine Einbildung, oder steht Gott selbst dahinter? Die Anerkennung durch die Kirche war für Teresa eine Instanz zur Bestätigung.

Der Vorgang ist aber noch komplexer: Anfangs ließ sie sich durch ihre geistlichen Begleiter führen, um sich ihrer Berufung sicher zu sein. So war der erste Auftrag eines Begleiters an sie, nicht mehr an ihr Berufungserlebnis zu denken. Würde sie in ein paar Monaten alles wieder vergessen, wäre es keine Berufung. Drängten sich diese Gedanken aber immer wieder auf, könnte dies ein Zeichen für einen Weg sein, den Gott bestimmt hatte. Tatsächlich zeigte sich: Je länger es dauerte, umso sicherer wurde Teresa, obwohl die kirchlichen Instanzen in der Akzeptanz zögerlich waren. Und das veranlasste sie ja auch, ungeduldig zu sein – in den Augen anderer lästig. Immer wieder schrieb sie Briefe und versuchte den Druck zu erhöhen. Sie war also keine Frau, die im Kämmerlein auf den Brief eines Erzbischofs, Kardinals oder Papstes wartete, um dann gehorsam eine Entscheidung entgegenzunehmen und umzusetzen. Vielmehr war es ihr Anliegen, die kirchlichen Instanzen von der Authentizität ihrer Berufung zu überzeugen.

Was hätte sie wohl gesagt, wenn man ihr konkretes Verhalten mit ihrem eigenen Gehorsamsverständnis konfrontiert hätte? Meine Vermutung ist, dass sie ihre Ungeduld als Schwäche und nicht als Inspiration Gottes verstanden hätte. Immerhin wäre es vielleicht nie zu ihrem Werk gekommen, wenn sie nur freudig, unverzüglich, blind und einfach den kirchlichen Autoritäten gehorcht hätte.

Am tatsächlichen Verhalten von Teresa zeigt sich: Gehorsam ist kein einfacher blinder Gehorsam, sondern ein Kommunikationsprozess, ein Diskurs, in dem Berufung vor mehreren Instanzen verhandelt wird. Der Gehorsam der Kirche gegenüber fußt also auf einem vorgängigen Gehorsam Gott gegenüber. Wie aber soll man Gott gegenüber gehorsam sein, wenn er sich im Dunkeln verbirgt? Teresa schilderte selbst, dass sie sich bis zu ihrem Berufungserlebnis Gott ganz nahe gefühlt hatte. Das änderte sich mit dem Tag, an dem sie das Kloster verließ. Wenn sie ab diesem

Zeitpunkt im Dunkeln tappte, blieb ihr nur ein blinder Glaube, ein blindes Vertrauen und damit ein blinder Gehorsam Gott gegenüber:

> *„Beten Sie für mich – denn in meinem Innern ist es eiskalt. – Einzig dieser blinde Glaube trägt mich, denn in Wirklichkeit ist für mich alles nur Dunkelheit." (Teresa von Kalkutta nach Kolodiejchuk, 2007, 192)*

Das schreibt sie 1955 an Erzbischof Périer. Hier geht es natürlich um den Gehorsam Gott, nicht kirchlichen Instanzen gegenüber. Das hat auch etwas Faszinierendes, Spannendes, Spannungsvolles an sich: Wenn Gott sich in seiner Abwesenheit manifestiert und sich weder zu sehen noch zu hören gibt, wie sollen sich die Gläubigen ihres Weges, ihrer Berufung sicher sein? Gibt es Hilfsmittel, die ihnen den Weg weisen können? Oder sind sie einfach Blinde, die im Dunkeln herumtappen in der Hoffnung, dass es hell wird oder sie ihr Augenlicht wieder erhalten? Johannes vom Kreuz hat geantwortet: Das Leiden weist uns den Weg. Können wir das heute noch so annehmen? Meine Antwort ist ein diskursives Gehorsamsverständnis, wie es zum Beispiel dieses Buch darstellt.

Für Benedikt von Nursia nimmt das Hören eine wichtige Funktion im Leben eines Mönches bzw. Christen ein. Nicht umsonst ist der Prolog zur Ordensregel stark diesem Thema gewidmet.

> *„Benedikt fordert nicht nur, das Hören zu einer echten Grund-Haltung des Lebensstils zu machen. Er gibt auch vor, mit welchem Organ man das zu tun habe. Dem Mönch von Monte Casino geht es dabei, wie immer, nicht um das Gewöhnliche, sondern um das Eigentliche. Er will auch hier in eine andere Dimension vordringen. Und hierfür ist – wie in allen Dingen des Seins – ein einziges Organ tauglich, das Herz. Es klingt absurd. Aber wie man nur mit dem Herzen richtig sehen und fühlen kann, so kann man auch nur mit dem Herzen richtig hören." (Seewald, 2001, 65)*

Aus diesem Hören wird dann in seiner Ordensregel ein strenger Gehorsam dem Abt und den Oberen gegenüber:

> *„Der Glaube sagt ja: Er [der Abt; K.S.] vertritt im Kloster die Stelle Christi; wird er doch mit dessen Namen angeredet nach dem Wort des Apostels: ‚Ihr habt den Geist empfangen, der euch zu Söhnen macht, den Geist, in dem wir rufen: Abba, Vater!'*
> *Deshalb darf der Abt nur lehren oder bestimmen und befehlen, was der Weisung des Herrn entspricht."* (Benedikt, Regel, 2,2-4)

> *„Der erste Schritt zur Demut ist Gehorsam ohne Zögern. Er ist die Haltung derer, denen die Liebe zu Christus über alles geht. Wegen des heiligen Dienstes, den sie gelobt haben, oder aus Furcht vor der Hölle und wegen der Herrlichkeit des ewigen Lebens darf es für sie nach einem Befehl eines Oberen kein Zögern geben, sondern sie erfüllen den Auftrag sofort, als käme er von Gott. [...]*
> *Sie leben nicht nach eigenem Gutdünken, gehorchen nicht ihren Gelüsten und Begierden, sondern gehen ihren Weg nach der Entscheidung und dem Befehl eines anderen."* (Benedikt, Regel, 5,1-4.12)

> *„Das Gut des Gehorsams sollen alle nicht nur dem Abt erweisen. Die Brüder müssen ebenso einander gehorchen; sie wissen doch, daß sie auf diesem Weg des Gehorsams zu Gott gelangen.*
> *Ein Befehl des Abtes oder der von ihm eingesetzten Oberen habe jedoch immer den Vorrang, und wir erlauben nicht, daß private Befehle vorgezogen werden."* (Benedikt, Regel, 71,1-3)

Hören und Gehorsam dem Oberen gegenüber bilden also einen Grundstein für die Lehre von Benedikt. Dass ein Abt auch auf Abwege geraten und sich vom Wort Gottes entfernen kann, reflektiert Benedikt von Nursia in seiner Ordensregel nicht. Um aus dem Abt aber keinen diktatorischen Patriarchen zu machen, stattet ihn Benedikt mit einem starken, fordernden Tugendkatalog aus. Dazu gehören die Barmherzigkeit und die Besonnenheit. Auch um die Ausgeschlossenen soll sich der Abt kümmern. Außerdem soll er auch die Ansichten der Jüngeren anhören. Mir scheint daher, dass ein diskursives Gehorsamsverständnis in rudimentären Ansätzen vorhanden ist. Und dennoch ist diese starke Identifikation von Oberen und Christus, wie sie Benedikt und Teresa vornahmen, einem charismatischen Freimut des Evangeliums nicht angemessen. Ich glaube, es zeigt sich auch im Entschluss der benediktinischen Orden, Äbte und Äbtissinnen auf Zeit zu wählen, eine Relativierung dieser Identifikation.

In unserer Zeit scheint eine gehorsame Haltung – egal wie „locker“ verstanden – generell unter Verdacht zu stehen, will man doch frei, ungebunden und selbstbestimmt sein Leben gestalten. Ich habe in meinem Leben aber auch ganz unterschiedliche Erfahrungen gemacht, die zumindest dem Gehorsam und dem damit einhergehenden Zwang eine gewisse Plausibilität abgewinnen können. Um nur ein Beispiel zu nennen: Als ich am Beginn meiner ersten kirchlichen Anstellung war, wollte ich die Arbeit mit Jugendlichen vermeiden. Das traute ich mir nicht zu. Wie es aber oft so ist, wird der junge Pastoralassistent als für die Jugendarbeit prädestiniert angesehen, und weil ich nicht zu widersprechen wagte, wurde mir diese Tätigkeit „aufgedrückt“. Mit der Zeit merkte ich, dass mir diese Arbeit nicht nur lag, sondern ich große Freude mit den Jugendlichen erlebte. Das ist bis heute so geblieben. Ich hätte diese Erfahrung nicht gemacht und meine Talente nicht entdeckt, wäre es nach meinem Willen gegangen.

Ich habe mir oft den Kopf darüber zerbrochen, wie es ethisch verantwortbar ist, dass der Mensch, dessen Freiheit ein Grundmoment seines Daseins ist, zu der er von Christus befreit wurde (Gal 5,1), durch Zwang zu neuen, positiven Erkenntnissen über sich gebracht wird. Wodurch kann ein solcher Zwang gerechtfertigt werden? Sicherlich könnte man argumentieren, man bekämpfe mit äußerem Zwang einen innerlichen (wie

z. B. Hemmungen oder Ängste), sodass der Mensch zu noch größerer Freiheit geführt wird. Die Frage ist also: Gibt es ethisch vertretbare Formen von Zwang, die das Ziel haben, einen Menschen zu noch größerer Freiheit zu führen? Wenn ja, welche? Und wer darf sich ein solches Urteil erlauben?

Franz von Assisi sah sich ganz in die Freiheit Gottes hineinbefreit. Auch er erfuhr Zwang durch Gefangenschaft und Krankheit. Durch den Bruch mit seinem Vater und den Verzicht auf alles Materielle erfuhr er eine Befreiung und mit dieser Freiheit sah er sich vor Gott stehen. Vielleicht entwickelte Franziskus aus dieser Erfahrung sein Verständnis von Gehorsam. An dieser Stelle unterscheidet er sich von Benedikt und Teresa. Er war ja von Beginn an auf der Suche nach derjenigen Lebensform, die seiner Berufung am besten entsprach. Dabei griff er nicht einfach auf vorgegebene Formen zurück, sondern entwickelte diese im jahrelangen Ringen mit sich selbst und Gott, in der Auseinandersetzung mit seiner leiblichen Familie, seiner sozialen Umgebung und den kirchlichen Institutionen. Wie Teresa wollte auch Franziskus die Anerkennung seiner Lebensform und seiner Gemeinschaft durch den Papst und sicherlich sah er die Kirche auch als Einrichtung Gottes an. Das hinderte ihn aber nicht, seine neue Lebensweise ohne vorherige offizielle Bestätigung anzunehmen. Er identifizierte kirchliche Amtsträger nicht mit Gott bzw. Christus. Hier war er differenzierter, was folgende Worte aus den Ermahnungen deutlich machen:

> *„Jener Mensch verläßt alles, was er besitzt, und verliert seinen Leib, der sich selbst zum Gehorsam ganz in die Hände seines Oberen übergibt. Und was immer er tut und redet, wenn er davon weiß, daß es nicht gegen den Willen des Oberen ist, so ist dies der wahre Gehorsam, sofern nur das, was er tut, gut ist. Und wenn der Untergebene einmal etwas sieht, was für seine Seele besser und nützlicher ist als das, was der Obere ihm befiehlt, so soll er das Seine*

> *freiwillig Gott zum Opfer bringen; was aber vom Oberen kommt, soll er tatkräftig zu erfüllen trachten. Denn das ist der von Liebe getragene Gehorsam (vgl. 1 Petr 1,22), weil er Gott und dem Nächsten Genüge leistet.*
> *Wenn aber der Obere [dem Untergebenen] etwas gegen seine Seele befehlen würde, so darf er ihm zwar nicht gehorchen, soll ihn aber nicht verlassen."* (Erm 3,3-7)

Der Untergebene hat nicht einfach das zu tun, was der Obere befiehlt, sondern soll vor der Ausführung nochmals sein Gewissen vor Gott befragen. Es ist das zu tun, was für die Seele nützlich ist – was also dem Gewissen entspricht –, gleich, ob es befohlen oder verweigert wird oder freiwillig geschieht.

Im Sinne einer geschwisterlichen Kirche *bat* er im Vermächtnis an die heilige Klara die Schwestern um Folgendes:

> *„Und ich bitte euch, meine Herrinnen, und gebe euch den Rat, ihr möchtet doch allezeit in diesem heiligsten Leben und in der Armut leben. Und hütet euch sehr, daß ihr nicht auf die Lehre oder den Rat von irgend jemand hin in irgendeiner Form auf ewig davon abweicht."* (Verm Klara 2-3)

Hinter diesen unscheinbaren Worten verbirgt sich die Bestärkung der Schwestern, unter anderem auch gegen den Wunsch und Willen kirchlicher Autoritäten nicht auf ihre Lebensform und die Armut zu verzichten. Es gab damals nämlich Bestrebungen, aus Klara und ihren Gefährtinnen eine kontemplative Gemeinschaft zu bilden. Die kirchliche Autorität ist nicht automatisch diejenige, die eine gottgefällige Anweisung gibt. Der Untergebene muss nochmals sein eigenes Urteil fällen. Dieses Verständnis von Hierarchie übertrug sich auch auf seine Gefolgschaft. Der Obere wurde nicht auf Lebenszeit gewählt, sondern es kam im Gegenteil immer wieder zu deren Absetzung, wenn sie sich nicht als würdig erwiesen hatten. Franziskus trennte also den Gehorsam Gott gegenüber von dem der Kirche gegenüber und ihm war bewusst, dass die Worte kirchlicher Amtsträger nicht immer deckungsgleich mit dem Evangelium waren. Er forderte einen diskursiven Gehorsam, das Hören auf Gott, den Oberen und das eigene Gewissen und er lehrte, Prioritäten zu setzen, wenn sich diese Instanzen widersprachen. Im Hintergrund steht Franziskus' Auffassung von einer Kirche als Gemeinschaft von Gleichen. Nikolaus Kuster stellt den Prolog der Ordensregel des Benedikt den Sätzen aus dem Brief des Franziskus an die Orden gegenüber und macht damit diese unterschiedlichen Zugänge offensichtlich:

Regel des Benedikt	Brief des Franziskus
Höre,	*Hört,*
mein Sohn,	*ihr Söhne Gottes und meine Brüder,*
	und vernehmt mit euren Ohren
auf die Lehren	*meine Worte.*
des Meisters	
und neige das Ohr	*Neigt das Ohr*
deines Herzens.	*eures Herzens*
	und gehorcht der Stimme des Sohnes Gottes.
Nimm die Mahnung	*Bewahrt seine Gebote*
des gütigen Vaters willig an	*in eurem ganzen Herzen*
und erfülle sie	*und erfüllt seine Räte*
in der Tat.	*in vollkommener Gesinnung.*
(Zitiert nach Kuster, 2010, 133)	

Während also Benedikt im Abt den irdischen Vertreter des Vaters im Himmel sieht, kennt Franziskus nur den Vater im Himmel. Da es nur den einen Vater im Himmel gibt, sind wir seine Söhne und Töchter und untereinander Brüder und Schwestern. Sein Leitbild war eine geschwisterliche Kirche, in der sich niemand Vater nennen sollte. (Von seinen Anhängern ist er dann doch so bezeichnet worden.)

> *„‚Ihr alle seid Brüder. Und laßt euch nicht Vater nennen auf Erden, einer nur ist nämlich euer Vater, der im Himmel ist. Und laßt euch auch nicht Meister nennen‘; denn nur einer ist euer Meister, der im Himmel ist (vgl. Mt 23,8-10).“ (NbReg 22,33-36)*

Möglicherweise musste Franziskus seinen leiblichen Vater erst verlassen, um diese Einsicht in die Väterlichkeit Gottes zu erhalten. Oder es war gerade umgekehrt: Aufgrund der Einsicht, dass einzig Gott unser aller Vater ist, konnte erst der leibliche Vater verlassen werden.

Ob Joseph Wittig an Franziskus gedacht hat, kann ich nicht sagen, jedoch favorisiert er die Vater-Anrede Jesu und möchte sich dabei klar gegen einen Philosophengott, der lediglich im Katechismus, aber nicht im Leben und Erleben der Menschen vorkommt, wenden.

> *„Man kann wohl sagen: Jesus Christus hat Gott abgesetzt und seinen Vater dafür eingesetzt. Er gibt diesem zwar manchmal den alten Namen Gott, um die Stelle anzuzeigen, an der sein Vater im Himmel steht, aber gemeint ist immer der Vater.*
> *Jesus Christus hat das Hauptwort Gott zu einem Eigenschaftswort gemacht. Sein Hauptwort ist ‚Vater‘.*
> *Ergreifend sind seine echten Reden an den Vater, seine Gebete zum Vater. Er ist sich bewußt, daß er den rechten Namen gefunden hat.* ‚Vater, *ich habe* deinen Namen *verherrlicht!‘ ‚Wenn ihr betet, so betet so:* Vater *unser, der du bist in den Himmeln, geheiligt werde* dein Name!*‘ Es ist wohl klar, daß hier nicht der Name ‚Gott‘ gemeint ist.“ (Wittig, 1990, 175)*

Wittig meint, die eigentliche Anrede, die Jesus verwendet, sei „Vater". Die Verwendung des Gottesbegriffs in den Evangelien sei nur ein Kompromiss mit der verbreiteten Gemeindetheologie, aber nicht durch den Heiligen Geist eingegeben. Die Anrufung des Vaters im jesuanischen Sinn ist jedoch nicht im Sinn eines klassisch-patriarchalen Gottesbildes zu verstehen. Der jüdisch-christliche Gott inkludiert auch „weibliche" Züge, wie zum Beispiel Fürsorglichkeit und Liebe und die *ruach* (hebr. Atem, Geist) Gottes, sodass aus heutiger Sicht Gott auch als Mutter angesprochen werden kann.

Muten all diese Worte in einer Zeit, in der ohnehin niemand mehr auf die Kirche hört, geschweige denn ihr gehorsam ist, nicht sehr seltsam an? Ja, so ist es. Die gegenwärtige Kirche steckt in einer veritablen Gehorsamkeitsproblematik fest. So schreibt Thomas Frings:

> *„Übertragen auf das System der Kirche kann man feststellen, dass die Geweihten nicht nur durch den Gehorsam aneinander gebunden sind, sondern die Getauften im übertragenen Sinne ebenfalls. Letztere sind es sogar in einem höheren Maße, denn sie sind die schweigenden Opfer eines Systems, in dem sie kaum gefragt werden und nicht entscheiden können." (Kohlhaas/Frings, 2021, 65)*

Laien, also Nichtgeweihte, sind zum Gehorsam verdonnert, weil ihre Stimme einfach nicht zählt. Die Dialoge, Umfragen und synodalen Wege, in denen Laien mitreden können, bleiben Pseudoveranstaltungen, die über das Sterben der gegenwärtigen Kirchengestalt hinwegtäuschen wollen, da letztlich der innere Kreis der Bischöfe die Entscheidung trifft. Wer sich zu einem solchen Mitsprachegehorsam der Unbeweglichkeit nicht nötigen lassen will, verlässt entweder die Kirche oder hält einfach den Mund und macht brav, was ihm gesagt wird, oder lebt einen stillschweigenden Ungehorsam oder leistet aktiven Widerstand. Ersteres und Letzteres sind geeignet, das derzeitige kirchliche System zu verändern.

Auf das Entscheidungsmonopol wollen die Bischöfe auch nicht verzichten. Der Bischof möchte in seiner Amtsführung frei und ungebunden sein, was nur auf Kosten der Unfreiheit der Untergebenen zu haben ist. Er selbst sieht sich aber gegenüber dem Papst und den vatikanischen Behörden unfrei und gebunden, sodass er das brav wiederholt, was ihm von Rom vorgesagt wird.

Die oberste Leitungsebene, die Bischöfe und die Priester, sind durch das Gehorsamsversprechen, aber auch durch die finanzielle Abhängigkeit aneinander gebunden, sodass sich ein sich selbst erhaltendes System nach außen hin abschottet. Dabei spielt die Zölibatsverpflichtung eine besondere Rolle, sieht man doch mit einem Priester, der eine Familie hat, das System schon ins Wanken geraten. Immerhin sind Ehefrau und Kinder zum Gehorsam nicht verpflichtet. Emmanuela Kohlhaas fragt zu Recht:

> *„Liegt nicht vielmehr in der Verknüpfung von Spiritualität mit Machtansprüchen die Wurzel jeder spiritualisierten Gewalt und jeden geistlichen Missbrauchs? Ist die Spiritualisierung eines Gehorsams, der fraglose Unterordnung und die Aufgabe des eigenen Willens fordert, nicht an sich schon ein Missbrauch? Es ist ein Akt der Gewalt." (Kohlhaas/Frings, 2021, 258)*

Ich stimme Thomas Frings und Emmanuela Kohlhaas in ihrer Analyse zu, sehe darin aber nur eine Perspektive. Die reale Kirche ist so vielgestaltig, dass ich auch gegenteilige Erfahrungen und Wahrnehmungen habe. Mittlerweile will auch so mancher Bischof bei diesem System nicht mehr mitspielen. Bischöfe sprechen sich kritisch gegen vatikanische Anordnungen aus oder widersprechen ihnen sogar. Bischöfe bieten ihren Rücktritt an, weil sie Verantwortung für ihre Verfehlungen übernehmen wollen. Noch ist zwar das Entscheidungsmonopol nicht gefallen, aber ich habe den Eindruck, dass so mancher Bischof ernsthaft auf der Suche ist, wie er selbst ein glaubwürdiger Zeuge der Botschaft sein kann. Dabei werden manche scheitern. Aber dieser Zugang war lange Zeit in der Leitungsebene kein Thema.

Auch auf der unteren Ebene zeigt sich manchmal ein anderes Bild: Bischöfe, die ihren Priestern ohnmächtig gegenüberstehen, weil sie sich trotz des Gehorsamsversprechen dem verweigern, was von oben kommt. So einfach kann beim derzeitigen Personalstand und der sakramental-verpflichtenden Verbundenheit kein Priester einfach vor die Tür gesetzt werden. Ein Pfarrer sagte zu mir einmal: „Was kann der Bischof schon tun? Im schlimmsten Fall versetzt er mich in eine kleine Landpfarre.“ Seltsamerweise habe ich häufig den Eindruck, dass, je weiter man in der Hierarchie nach unten kommt, der Gehorsam zunimmt: So scheinen mir Diakone oft viel gehorsamer als ihre priesterlichen Mitbrüder; und Laien sind – wie Frings meint – aufgrund der Tatsache, dass sie nicht mitentscheiden dürfen, zum Gehorsam verdammt, auch dann, wenn sie mitreden. Egal auf welcher Ebene und egal unter welcher Perspektive – die Kirche hat sich in einer Gehorsamsohnmacht einzementiert, der nur schwer zu entkommen ist – außer man ist mutig.

Es gibt meines Erachtens also ganz widerstrebende Entwürfe des faktischen kirchlichen Zusammenlebens, das nicht nur von Personen, sondern auch von Themen abhängig sein kann. Es würde sich lohnen, einen genaueren Blick auf das kirchliche Gehorsamssystem zu werfen, was von mir an dieser Stelle nicht geleistet werden kann.

Wie dem auch sei: Eine dienende Spiritualität lässt sich weder auf einen blinden Gehorsam noch auf ein System der Gehorsamsohnmacht ein. Vielmehr geht sie den Weg eines diskursiven Gehorsams, der im gemeinsamen Hören auf das Wort Gottes, in der Prüfung des Gehörten und in der Verpflichtung auf das besteht, was gemeinsam als sein Willen erkannt wurde. Das Wort Gottes kann uns auf vielerlei Weise ereilen: als innere Stimme, im Gebet, durch Ereignisse und Gewissheiten, in der Bibel, durch das Wort der Heiligen, durch Menschen, die wir kennen, oder durch uns unbekannte Menschen, die uns in einem kurzen Augenblick begegnen, besonders aber im Ruf der Geringsten und Übersehenen und Überhörten. Umso wichtiger ist es, unser „göttliches Hörorgan“, das Herz, gut auszubilden. Dieses Hören gilt für beide Seiten: für den, der Gehorsam einfordert, und für den, von dem er eingefordert wird. Im Hören auf das Wort Gottes ergeht an uns ein unbedingter An-Spruch, dem wir dann auch gehorsam Folge leisten, weil wir darin eine Antwort auf die Not und Wunden unserer Zeit erkennen.

Ein gutes biblisches Beispiel für einen solch diskursiven Gehorsam ist das sogenannte Apostelkonzil in Jerusalem. Zur Diskursivität gehört auch die unterschiedliche Darstellung dieser Vorgänge. Ich empfehle dabei den Leserinnen und Lesern die Darstellung des Lukas in Apg 15,1-35 und die Version des Paulus in Gal 2 vergleichsweise zu lesen und darin auch die Offenheit und das gemeinsame Ringen um den Willen Gottes zu erkennen.

Da Dienerinnen und Diener der Kirche nicht aufseiten der Gewalt, sondern auf der Seite der Opfer stehen, muss dienende Spiritualität – in welcher Form auch immer – aktiv Widerstand gegen jedes System von Gewalt leisten. Das bedeutet auch, dass jede Forderung nach blindem Gehorsam, vonseiten welcher kirchlichen Instanz auch immer, ins Angesicht widerstanden werden muss, um eine paulinische Formulierung zu bemühen. Der darin enthaltene Ungehorsam ist Gehorsam Gott gegenüber, weil er der Gewalt eine Absage erteilt.

Und genau hier kommen die Diakone ins Spiel, die sich nur als subversive Provokateure in das kirchliche System eingliedern lassen.

Gottverlassenheit durchhalten

Psalm 22, auszugsweise

Mein Gott, mein Gott, warum hast du mich verlassen,
bleibst fern meiner Rettung, den Worten meines Schreiens?

Mein Gott, ich rufe bei Tag,
doch du gibst keine Antwort;
und bei Nacht,
doch ich finde keine Ruhe.

Aber du bist heilig,
du thronst über dem Lobpreis Israels.
Dir haben unsere Väter vertraut,
sie haben vertraut
und du hast sie gerettet.
Zu dir riefen sie und wurden befreit,
dir vertrauten sie und wurden nicht zuschanden.
Ich aber bin ein Wurm und kein Mensch,
der Leute Spott, vom Volk verachtet.
Alle, die mich sehen,
verlachen mich,
verziehen die Lippen,
schütteln den Kopf:

Wälze die Last auf den HERRN!
Er soll ihn befreien,
er reiße ihn heraus,
wenn er an ihm Gefallen hat!

Du bist es, der mich aus dem Schoß meiner Mutter zog,
der mich anvertraut der Brust meiner Mutter.

Von Geburt an bin ich geworfen auf dich,
vom Mutterleib an bist du mein Gott.
Sei mir nicht fern,
denn die Not ist nahe und kein Helfer ist da!
Hingeschüttet bin ich wie Wasser,
gelöst haben sich all meine Glieder,
mein Herz ist geworden wie Wachs,
in meinen Eingeweiden zerflossen.
Meine Kraft ist vertrocknet wie eine Scherbe,
die Zunge klebt mir am Gaumen,
du legst mich in den Staub des Todes.

Du aber, HERR, halte dich nicht fern!
Du, meine Stärke, eile mir zu Hilfe!

Ich will deinen Namen meinen Brüdern verkünden,
inmitten der Versammlung dich loben.

Denn er hat nicht verachtet,
nicht verabscheut des Elenden Elend.
Er hat sein Angesicht nicht verborgen vor ihm;
er hat gehört, als er zu ihm schrie.

Die Armen sollen essen und sich sättigen;
den HERRN sollen loben, die ihn suchen.

Kapitel 7

Das Amt des Dienens

Manche Leserinnen und Leser stellen sich vielleicht die Frage, inwiefern dieses Kapitel für sie von Belang sein könne. Ist ein solches Kapitel nicht ausschließlich für (angehende) Diakone interessant? Ich gebe zu, dass im Folgenden sehr spezielle und theologische Fragen zur Weihestufe Diakonat erörtert werden. Sollten Sie kein Interesse an diesen Fragen haben, können Sie dieses Kapitel natürlich gern auslassen oder auch nur den ersten und den letzten Abschnitt lesen. Während nämlich alle anderen Abschnitte ein bestimmtes theologisches Problem offenlegen wollen, stellt der erste und letzte Abschnitt meine eigene Sichtweise auf den Diakonat dar.

Das theologische Problem sei gleich an dieser Stelle benannt: *Der Diakonat ist ein überflüssiges Amt.* Es geht mir also in den folgenden Abschnitten darum, diese These darzustellen und zu untermauern. Ist damit gemeint, dass dieses Amt überhaupt abgeschafft werden soll? Mein Antwort: Gerade wegen seines Überflüssigseins ist es ein Kernamt der Kirche. Dies ist das Thema des letzten Abschnittes.

An mehreren Stellen in diesem Buch habe ich meine Ansicht dargelegt, dass der christliche Zeuge auch sich selbst zum Thema machen muss, um seine Botschaft zu vermitteln. Dabei geht es nicht um die Selbstdarstellung der eigenen Gutheit und Besonderheit, sondern darum, wie die Botschaft, die der Zeuge selbst empfangen hat, auf ihn eingewirkt hat. Dieser Grundthese folgend sehe ich in diesem Kapitel, in dem der Diakon im Mittelpunkt steht, gleichzeitig auch eine *diakonale, dienende* Spiritualität für die Nachfolgegemeinschaft Kirche ausgesprochen. Denn die Diakonie, der Dienst an den Menschen, ist keine Spezialaufgabe eines kirchlichen Amtes oder einer Institution wie der Caritas, sondern Grunddimension christlichen Lebens aller Getauften, worunter auch die Geweihten zu verstehen sind. Sowohl in seiner theologischen Verortung als auch in seinem konkreten Leben soll daher am Diakon ablesbar sein, wie diese Nachfolgegemeinschaft dienend wirken kann. Die theologische Verortung ist der An-Spruch Gottes an den Diakon, den jeder einzelne mehr oder weniger gut erfüllt, erfüllen kann.

Die katholische Kirche wird in der Öffentlichkeit ja oft sehr reduziert auf Papst, Kardinäle, Bischöfe und Priester wahrgenommen. Das Amt des Diakons tritt immer dann in der öffentlichen Diskussion hervor, wenn es darum geht, Frauen ein Weiheamt zu ermöglichen. Viele halten sich für fortschrittlich, wenn sie die Einführung von geweihten Diakoninnen fordern. Wer jedoch nicht zugleich fordert, dass Frauen auch zu Priesterinnen und Bischöfinnen geweiht werden sollen, degradiert beide: Frauen und den Diakonat. Denn in der gegenwärtigen Denkweise des Lehramtes können Frauen nur dann zum Diakonat zugelassen werden, wenn der Diakonat zuvor theologisch abgewertet wird. Obwohl ich die Frauenfrage weitgehend außen vor lasse, wird sich diese Entwertungstendenz in einem der folgenden Abschnitte noch zeigen. Mit dieser Entwertung wird aber auch das Dienen als Grundauftrag der Kirche degradiert. Ich möchte an dieser Stelle festhalten: Dass Frauen bis heute immer noch nicht zum Sakrament der Weihe zugelassen sind, dass darüber nicht einmal ernsthaft diskutiert werden kann, sondern das Anliegen mit den immer gleichen unhaltbaren Argumenten abgelehnt wird, ist eine Sünde der Kirche gegen die Frohe Botschaft, in der Frauen wesentlich zum Erfolg der Verkündigung Jesu beigetragen haben und die ersten Zeuginnen des leeren Grabes und der Auferstehung Jesu waren. Leider gibt es bis heute eine Kommunikationsweise des Lehramtes, die in der Würdigung der Frau im Subtext diskriminierend ist. Zuletzt zeigte sich das meines Erachtens im nachsynodalen Schreiben *Querida Amazonia* von Papst Franziskus.

Wie ist nun dieses Kapitel aufgebaut? Der erste Abschnitt besteht aus einer Predigt, die ich zum Thema „Diakonat“ gehalten habe. Er soll einen leichten Einstieg in das Thema bieten und zugleich meine Grundperspektive auf den Diakonat verdeutlichen. Die folgenden Abschnitte kreisen um zwei Pole: Handlungsvollmacht und Identität. Dies spiegelt sich in den beiden Fragen „Was tut der Diakon?“ (Aufgabe) und „Was ist der Diakon?“ (Identität) wider, die Diakonen sehr häufig gestellt werden und den Ausgangspunkt meiner Predigt bilden. In der klassischen Theologie wird die Identität eines Amtes von seiner Handlungsvollmacht abgeleitet. Zuerst werde ich diesen Zusammenhang herausarbeiten, danach auf die Handlungsvollmacht des Diakons eingehen. Dabei wird sich zeigen, dass der Ansatz der klassischen Theologie beim Diakonat nicht funktioniert und seine Identität daher nicht in dieser Vollmacht gesucht werden kann. Aus diesem Grund schaue ich dann noch auf andere Quellen, um schließlich – im letzten Kapitel – in seinem Überflüssigsein die eigentliche Identität des Diakons zu entfalten.

Wie fügt sich dieses Kapitel in das gesamte Buch ein? Wie ich schon in der Einleitung gesagt habe, können die einzelnen Teile auch so gelesen werden, dass sie zum letzten Kapitel hinführen. Um es konkret zu machen: Dieses letzte Kapitel soll eine theologische Reflexion über das Amt des Diakons unter Einbeziehung dessen sein, was ich bisher unter den Stichwörtern „verborgen“, „verloren“, „verlassen“, „Auf-dem-Weg-Sein“, „Scheitern“ und „Berufung“ ausgeführt habe. All diese Themen werde ich aufgreifen, weil sie wesentliche Momente des Diakonenamtes darstellen. Ich hoffe, dass das für alle Leser und Leserinnen gewinnbringend sein wird.

Was ist ein Diakon?

Predigt vom 4. Oktober 2015

Der Kontext der nachfolgenden Predigt ist meine offizielle Einführung als Diakon in eine Klagenfurter Pfarrgemeinde. Ich nahm mir damals die Freiheit, länger als üblich zu predigen, was ja in der katholischen Kirche nicht immer – auch damals nicht – auf wohlwollende Aufnahme stößt. Für dieses Buch habe ich die Predigt um jene Teile gekürzt, die sich speziell auf die Pfarrgemeinde beziehen, und nur jene Teile behalten, die den

Diakonat in den Blick nehmen.

Liebe Schwestern und Brüder,
der Herr Pfarrer hat mich gebeten, heute bei der Predigt nicht länger zu predigen als sonst. Ich weiß nicht, ob ich diese Anweisung wirklich einhalten kann, und ich bitte Sie, mir das heute zu verzeihen. Ich werde es bei der nächsten Predigt gutmachen und etwas kürzer predigen.

Mir ist es heute wichtig, wenn es um meine Einführung oder Vorstellung geht, einfach einmal darauf einzugehen, was ein Diakon eigentlich ist. Diese Frage wird mir sehr häufig gestellt – also eigentlich sind es immer zwei Fragen: „Was tut denn ein Diakon?" und „Was ist ein Diakon?" Zugegebenermaßen tu' ich mir mit der Antwort schwer. Und was soll ich jetzt Ihnen darauf antworten? Wenn andere diese Frage beantworten, dann höre ich oft die Wörter „Hilfspfarrer", „halber Pfarrer" oder einfach „nix G'scheits". Das ist schon etwas demütigend, so als halbe Portion abgestempelt zu werden.

Ich könnte ja auch die Gegenfrage stellen: Was ist denn ein Priester? Überlegen Sie einmal: Jemand kommt zu Ihnen, der sich im Christentum nicht auskennt, und fragt Sie: „Was ist eigentlich ein Priester?" Was antworten Sie dann? Antworten Sie dann, was ein Priester ist, oder antworten Sie, was ein Priester tut? Haben Sie jetzt gerade den Gedanken gehabt, der Priester feiert die Messe oder der Priester darf die Wandlung vollziehen, dann beschreiben Sie den Priester als jemanden, der etwas tut. Aber was *ist* ein Priester? Es ist eine genauso schwierige Frage; Priester sind für uns so eine Selbstverständlichkeit, dass wir gar nicht mehr hinterfragen, was eigentlich ein Priester ist. Aber der Diakon – weil der so unbekannt ist – muss sich immer wieder dieser Frage stellen. Und in meiner Not – sozusagen weil ich nie richtig weiß, wie ich antworten soll – habe ich versucht, eine kurze, sachliche Formulierung zu finden, in der man das gut zusammenfassen kann. Und diese Formulierung lautet: *Der Diakon ist das soziale Gewissen der Kirche in Person.* Und auf diese Formulierung möchte ich kurz eingehen.

Zunächst zum Wort *Gewissen*. Gewissen kann man in zweifacher Weise verstehen. Das Gewissen ist einerseits dasjenige, das eine Leitlinie vorgibt, eine Richtschnur für das Handeln. Bevor ich handle, befrage ich mein Gewissen, was gut ist, was schlecht ist, und ich versuche, dann das Gute umzusetzen. Das Gewissen ist aber dann in zweiter Hinsicht etwas, das *nach* dem Handeln kommt, nämlich eine Urteilsinstanz. Ich befrage mein Gewissen: Habe ich gut oder schlecht gehandelt, wo waren meine Fehler, was hab' ich gut gemacht? Diese Aufgabe hat der Diakon auf alle Fälle. Er ist auch derjenige, der das Evangelium vorliest und das Wort Gottes verkündet. Und in diesem Wort Gottes erhalten wir unsere Leitlinie.

Und deshalb ist es wichtig, den Diakon mit dem Wort *sozial* noch etwas näher zu bestimmen. Aber auch hier sozial in zweifacher Hinsicht: Einerseits heißt der Begriff nichts anderes als „für die Gemeinschaft". Wir sind bereit, der Gemeinschaft der Kirche zu dienen. Andererseits kann man das Wort „sozial" auch im heutigen Sinn verstehen, nämlich in Hinblick auf die Schwachen, die Armen, die Unterdrückten, auf die, die am Rande stehen. Da gibt es ein Symbol, das zwar nicht das der offiziellen Lehre der katholischen Kirche ist, aber doch für mich eine Bedeutung hat. Wenn wir zur Eucharistiefeier kommen, dann steht der Diakon nicht im Zentrum, da steht der Priester. Der Diakon steht am Rand und dort ist sein Ort. Er gehört dorthin, wo Menschen an den Rand ihres Lebens gekommen sind, an den Rand der Gesellschaft, an den Rand der Kirche. Das ist seine Verortung, nicht im Zentrum, sondern am Rand.

Und das sollte der Diakon aus meiner Sicht auch immer wachhalten, dieses Bewusstsein, dass wir als Kirche – nicht der Diakon allein, sondern wir als Kirche – dazu aufgerufen sind, an den Rand zu gehen, dort, wo Menschen an den Rand ihrer Existenz gekommen sind – sei es, weil sie materiell arm sind, sei es, weil sie krank sind, sei es, weil sie trauern, oder aus welchem Grund auch immer. Das heißt, der Diakon hat die Aufgabe, dieses Bewusstsein wachzuhalten und er hat diese Aufgabe *in Person*. Das soziale Gewissen der Kirche in Person, das heißt eine verbindliche Zusage, mein ganzes Leben dieser Aufgabe zu widmen, dies nicht mehr rückgängig zu machen, denn wie der Priester empfängt auch der Diakon seine Weihe auf Lebenszeit. Ich kann nicht mehr zurücktreten, sondern ich musste mich entscheiden und habe versucht und versuche immer noch, mein Leben dieser Aufgabe zu widmen. Er kann nicht einfach nur von anderen fordern, gut zu sein, er muss es auch selbst tun und leben. Und da ist der Diakon wie jeder andere Mensch immer auch ängstlich und schwach und fehlbar oder mit einem anderen Wort: einfach auch ein Sünder, der um Verzeihung bitten muss.

Wer in die Bibel blickt, wird sehen: Gott beruft nicht Heilige, Gott beruft die Sünder – und besonders die ganz großen Sünder beruft er. Wenn ich also hier stehe, dann niemals als Heiliger, sondern immer als einer, der selbst genügend Schwächen hat. Die zweite Frage, „Was tut denn ein Diakon?“, kann daher jetzt ganz einfach beantwortet werden: Er tut nichts, was Sie nicht auch tun können. Es ist so in unseren Köpfen drin: Der Priester darf etwas tun, was andere nicht tun dürfen, er darf die Wandlung vollziehen. Aber beim Diakon geht es nicht darum, was er tun darf, was andere nicht tun dürfen. Alles, was der Diakon tun darf, dürfen auch andere – entweder Sie oder eben ein Priester. Das ist nicht das Entscheidende. Der Diakon soll kein Aktionist sein, sondern das diakonale Bewusstsein der Kirche wachhalten.

Von diesem diakonalen Bewusstsein nehme ich in unseren Pfarrgemeinden oft zu wenig wahr. Ich bin immer wieder schockiert, wie wenig mir Pfarrgemeinden aufzählen, wenn ich frage: Was tut ihr für den Nächsten, was ist euer Dienst am Nächsten? Da gibt es Pfarren, die zählen dann nur den Basar am Weltmissionssonntag auf. Nicht dass jetzt die einzelnen Christen nicht sozial wären oder sich nicht sozial betätigen würden. Die Frage, wer am Rand der Gemeinde lebt, gehört faktisch aber nicht zur Identität von Pfarrgemeinden. Zentraler sind die Fragen nach

Veranstaltungen, Gottesdienstvorbereitungen oder Bauangelegenheiten. Sieht so eine diakonale Kirche aus?

Zur Geschichtlichkeit des Amtes

Ausgangspunkt meiner Überlegungen ist die Frage nach der Handlungsvollmacht des Diakons, also danach, welche spezifischen, exklusiven Handlungen dem Diakon mit der Weihe übertragen werden. Daher ist hier nicht der Ort, die geschichtliche Entwicklung des Diakonates vollständig nachzuzeichnen, sondern es sind lediglich ein paar Bemerkungen dazu zu machen, um einerseits die Geschichte im Hinblick auf die Handlungsvollmacht und andererseits den geschichtlichen Charakter des Amtes hervorzuheben. Die Amtsbezeichnung *diákonos* taucht schon in der Bibel auf. Zunächst in den Briefen des Apostels Paulus. Die heutige Bibelinterpretation geht davon aus, dass Diakone und Diakoninnen in den paulinischen Gemeinden gleichberechtigt Leitungsämter innehatten und ihre spezielle Aufgabe in der Verkündigung lag. Das Wort „Diakon" ist hier weniger als „Diener" denn als „Beauftragter" zu verstehen.

In der frühen Kirche entwickelten sich verschiedene Leitungsmodelle und Amtsstrukturen, die heute oft auch nicht klar abgrenzbar sind. Der Diakonat bildete zunächst ein Doppelamt mit den Episkopen (heute Bischöfe), wurde aber schon in den Pastoralbriefen (Briefe an Timotheus und Titus) in ein dreigliedriges Amt integriert, in das auch die Presbyter (heute Priester) eingeordnet wurden. Die Presbyter fungierten ursprünglich als kollegiales Leitungsgremium unabhängig von den Episkopen. Der Monepiskopat (= ein einzelner Bischof an der Spitze einer Gemeinde) entwickelte sich schon im zweiten Jahrhundert. Ihm wurden Presbyter und Diakone bei- oder untergeordnet. Neben diesen Ämtern kannten die frühchristlichen, v. a. paulinischen Gemeinden noch andere Ämter wie z. B. Apostel und Apostelinnen, Lehrer und Lehrerinnen, Propheten und Prophetinnen usw.

Kirchliche Traditionsbildung brachte dann dieses Diakonenamt mit den Sieben in Verbindung, die in der Apostelgeschichte von den Zwölf gewählt wurden, um die Speisung der heidnischen Witwen zu organisieren und zu garantieren. Diesen Sieben wurden die Hände aufgelegt – im heutigen Verständnis wurden sie also geweiht –, sie werden dort aber nicht als Diakone bezeichnet. Über diesen Vorgang schreibt Papst Benedikt XVI. Folgendes:

> *„Die Apostel, denen vor allem ‚das Gebet' (Eucharistie und Liturgie) und der ‚Dienst am Wort' aufgetragen waren, sahen sich mit dem ‚Dienst an den Tischen' überfordert; sie beschlossen deshalb, bei ihrer zentralen Aufgabe zu bleiben und für die andere, in der Kirche ebenfalls nötige Aufgabe das Siebener-Gremium zu schaffen, das freilich auch keinen bloß technischen Verteilungsdienst leisten sollte: Es mußten Männer ‚voll Geist und Weisheit' sein (vgl. Apg 6,1-6). Das bedeutet, daß der Sozialdienst, den sie zu leisten hatten, ein ganz konkreter, aber zugleich durchaus geistlicher Dienst und ihr Amt daher ein wirklich geistliches Amt war, das einen der Kirche wesentlichen Auftrag – eben die geordnete Nächstenliebe – wahrnahm. Mit der Bildung dieses Siebener-Gremiums war nun die ‚diakonia' – der Dienst gemeinsamer, geordnet geübter Nächstenliebe – in der grundlegenden Struktur der Kirche selbst verankert." (P. Benedikt, DC, 21)*

Die Tätigkeit der Sieben erstreckte sich aber nicht nur auf den sozialen Dienst der Speisung, wie Papst Benedikt XVI. hier im Anschluss an den Autor der Apostelgeschichte darzustellen versucht, sondern auch auf den Verkündigungsdienst, also im Dienst am Wort. Denn es war die Verkündigung des Stephanus, die ihm das Leben kostete. Aufgrund dieser Traditionsbildung wird gesagt, dass der erste Märtyrer ein Diakon gewesen sei.

Die kirchliche Traditionsbildung geht aber noch weiter: Im Osterlob, das vom Diakon gesungen wird, wird eine Linie zu den Tempeldienern des jüdischen Volkes, den Leviten, gezogen. Diese hatten Vortritt, wenn es um das Verlesen der Tora ging, und manche von ihnen waren auch vorgesehen, dem Priester im Tempel während der kultischen Handlungen zu helfen.

In der nachbiblischen Kirche wurden die Aufgaben der männlichen Diakone und weiblichen Diakoninnen getrennt. In Zeiten der Ganzkörper- und Erwachsenentaufe war es Aufgabe der Diakoninnen, den weiblichen Täuflingen beim Aus- und Ankleiden zu helfen. Bei den Diakoninnen zeigt sich, dass Ämter wegfallen können, wenn die Aufgaben wegfallen, denn mit der Einführung der Kindertaufe wurden ihre Tätigkeiten obsolet und damit auch ihr Amt.

Bei den männlichen Diakonen geschah das erst im 6. Jahrhundert. Wenn wir heute Eucharistie feiern, dann bekommen wir nur ein Stückchen Brot zu essen, das uns – zumindest leiblich – nicht satt macht. In den ersten Jahrhunderten gehörten allerdings Eucharistie und Sättigungsmahl zusammen. Das bildete ja auch die Basis für den Konflikt in der Jerusalemer Urgemeinde, aufgrund dessen die Sieben eingesetzt wurden. Da die Diakone vor allem für das Sättigungsmahl zuständig waren, wurde diese Funktion hinfällig, als sich im Laufe der Jahrhunderte das Sättigungsmahl von der Eucharistiefeier abgekoppelt hatte. Im 7. Jahrhundert wurden Sättigungsmähler in Kirchenräumen kirchlicherseits sogar verboten. Waren Liturgie und Armenfürsorge ursprünglich bei allen Sakramenten miteinander verbunden, löste sich dies in der Neuzeit zunehmend auf. Gründe dafür liegen in der Entwicklung staatlicher Sozialfürsorge und kirchlicher Professionalisierung des Armendienstes. Zum Verschwinden der ständigen Diakone trug zudem bei, dass neu geschaffene Ämter (z. B. Subdiakon, Akolyth, Lektor usw.) deren Aufgaben übernommen hatten. Mit der Zeit machte ein eigenständiges Amt des Diakons keinen Sinn mehr, da seine Aufgaben von anderen erledigt wurden.

Die Geschichte darf aber nicht so verstanden werden, als ob lediglich organisatorische Fragen wichtig gewesen wären, wenn es darum ging, welche Ämter welche Aufgaben erledigen sollten. Es ging immer auch um Zu- und Unterordnungen der Ämter, d. h. um Machtfragen. Schon die Zusammenführung zweier Ämtermodelle (episkopal und presbyterial) in den spät neutestamentlichen Schriften kann so gesehen werden. Auch werden in denselben Schriften die weiblichen Diakone in ihre Schranken gewiesen; sie werden nicht einmal mehr mit ihrem Amtstitel angesprochen, sondern als „Frauen" bezeichnet. (Es herrscht heute Konsens darüber, dass in 1 Tim 3,11 nicht über die Ehefrauen der Diakone, sondern über weibliche Diakoninnen gesprochen wird.) Und so wundert es nicht, dass es im Laufe der ersten Jahrhunderte vor allem zwischen Priestern und Diakonen immer wieder zu Konflikten um Macht kam, kaschiert mit dem Hinweis, es gehe nicht um Macht, sondern um Vollmacht. Solche Machtfragen führten mit der Zeit zu unterschiedlichen Aufgabenverteilungen und Verhältnisbestimmungen zwischen Priestern und Diakonen.

Dies geht Hand in Hand mit einer Veränderung des Amtsverständnisses: Der generelle Sinn des kirchlichen Amtes wurde zunehmend in der Kompetenz gesehen, in der Messe die Wandlung von Brot und Wein in Leib und Blut Christi (Konsekration) zu vollziehen. Man spricht von einer Sazerdotalisierung des Amtes, weil der Priester als *sacerdos*, d. h. als Opferpriester, zur bestimmenden Leitfigur für das Amt wurde. Das Amtsverständnis verengte sich auf den Priester bzw. auf eine einzelne seiner Handlungsvollmachten. In der Folge wurde der Bischofs- und Diakonenweihe die Sakramentalität abgesprochen: der Bischofsweihe, weil sie nicht zu mehr Konsekrationsvollmacht führte, der Diakonenweihe, weil sie diese Vollmacht gar nicht vermittelte.

„Das sazerdotale Kultverständnis macht den Presbyter als Priester zum entscheidenden Glied und Bezugspunkt im Amtsverständnis. Mit der Sazerdotalisierung des Amtes ist somit eine Entwicklung

eingeleitet, die dem Diakon seine Bedeutung für die Identität der Gemeinde nimmt und einige Jahrhunderte später in der Frage mündet, warum er für die marginalen Aufgaben, die er in der eucharistischen Feier übernimmt, überhaupt ordiniert werden muss." (Sander, 2008, 80)

Der Diakonat als eigenständiges Amt geriet also aus der Mode, blieb aber als Durchgangsstufe zum Priesteramt immer erhalten. D. h., wer Priester werden wollte, musste sich immer zuvor zum Diakon weihen lassen. Das deutet darauf hin, dass die Kirche Ämter nicht ausschließlich von den Aufgaben her, also rein funktional versteht. Erst am Zweiten Vatikanischen Konzil im 20. Jahrhundert wurde beschlossen, den Diakonat als ständiges Amt wieder einzuführen. Dies galt und gilt nicht für die gesamte Kirche, sondern jeder Bischof kann für seinen Bereich entscheiden, ob er ein derartiges Amt wieder einführt. Die Gründe für diese Wiederherstellung des Diakonates sind vielfältig und sollen hier nicht weiter erörtert werden. Interessant ist vielmehr eine Einschätzung der Internationalen Theologischen Kommission:

> *„Es ist allerdings beachtenswert, dass das Konzil in keiner Weise vorgibt, die Form des ständigen Diakonats, den es vorschlägt, wäre eine Restauration einer früheren Form. […] Was es wiederherstellt, ist* das Prinzip der Ausübung des ständigen Diakonats, *und nicht eine besondere Form, die er in der Vergangenheit gehabt hat. Nachdem es die Möglichkeit geschaffen hat, den ständigen Diakonat wieder einzuführen, scheint das Konzil für Formen, die er in der Zukunft, bedingt durch pastorale Notwendigkeiten und kirchliche Praxis, haben wird, offen zu sein, so lange die Treue gegenüber der Tradition gewahrt bleibt." (Müller, 2004, 65.)*

In diesem Licht besehen mutet es mehr als seltsam an, dass Papst Franziskus schon die zweite Kommission zur Erforschung der Geschichte des weiblichen Diakonates eingesetzt hat. Wir wissen doch längst, dass diese Tradition abgebrochen ist, und wir wissen auch, dass es in Zukunft nicht um die Wiedereinsetzung eines Amtes geht, wie es vor 2000 Jahren bestanden hat. Es ist ganz klar, dass Diakoninnen heute andere Aufgaben inne haben und eine andere Lebensform gestalten werden als ihre Amtsschwestern in der jungen Kirche.

Wichtig ist mir an dieser Stelle zu zeigen, dass sich das Amt insgesamt, aber im Speziellen der Diakonat, entwickelt und verändert hat. Diese Entwicklung ist aber nicht abgeschlossen. Auch nicht für das Amt des Bischofs und des Priesters. Wir müssen in Zukunft mit Veränderungen der Ämter rechnen. Das wird nicht von allen so gesehen, wie ich am Beispiel von Gerhard Lohfink zeigen möchte:

> *„Wir dürfen mit ruhiger Gelassenheit damit rechnen, dass sich das kirchliche Amt erst noch nach Art eines lebendigen Organismus entwickeln musste. Wo bliebe denn sonst die Kraft des Heiligen Geistes, der die Kirche im Sinne von Johannes 16,13 allmählich in die ganze Wahrheit einführt?*
> *Ich sage: ‚allmählich'. Nicht weil der Heilige Geist von Natur aus langsam wäre, sondern weil es meistens die geschichtliche Not ist, die der Kirche die Augen öffnet und sie dazu zwingt, das, was ihr längst vorgegeben ist, zu erkennen und zu entfalten. Mutet die Vorstellung nicht ein wenig naiv an, in der Kirche müsse von Anfang an alles komplett und fertig dagewesen sein? Dass gerade die junge Kirche in einem außerordentlichen Maße lebendig und weltverändernd war, steht auf einem anderen Blatt. Dennoch gilt: Jedes Neugeborene braucht sehr viel Zeit, erwachsen zu werden. [...]*
> *Ähnlich ist es auch beim Bischofsamt und beim Primat des Papstes. Beides musste sich sukzessive entwickeln – entwickeln allerdings in der Weise, dass Grundstrukturen, die der Kirche von An-*

fang an eingestiftet waren, allmählich ihre sachgerechte Form fanden.“ (Lohfink, 2019, 193)

Ich stimme mit Lohfink darin überein, dass die Kirche – leider – nicht immer oder fast nie aus freier Einsicht, sondern zumeist aus Not Neues geschaffen hat. Jedoch – um es in seinem Bild zu sagen – geht er davon aus, dass die Kirche heute erwachsen ist und die Ämter vollständig entfaltet und abgeschlossen definiert sind. Dies ist gerade nicht der Fall. Wie sich noch zeigen wird, hat das letzte Konzil auch Veränderungen beim Bischofs- und Priesteramt vorgenommen. Außerdem kam es durch die Einführung des ständigen Diakonates zu offenen theologischen Stellen, die vom Konzil nicht gesehen wurden. Die Zukunft steht noch aus, aber man kann im Rahmen der Metapher Lohfinks fragen: Hat nicht heute die Mutter Kirche längst ihr Klimakterium überschritten und entwickelt sich zur alten Greisin dem Tod nahe? Dazu passt die Frage von Emmanuela Kohlhaas, ob die Kirche Europas und Nordamerikas nicht schon unfruchtbar geworden ist. Die gegenwärtige Kirchengestalt geht ihrem Ende entgegen. Und aus dieser Not heraus – das ist das Hoffnungszeichen – werden neue Ämter, neue Strukturen, neue Aufgaben, wird eine neue Gestalt von Kirche entstehen. Diese Gestalt darf nur nicht mit der Kirche schlechthin gleichgesetzt werden. Als pilgernde Kirche in dieser Welt ist sie aufgerufen, ihre Gestalt immer wieder zu erneuern, wenn es gilt, das Evangelium in der jeweiligen Zeit glaubwürdig zu leben. Und in der Vergangenheit hat die Kirche oft bewiesen, dass ihr das möglich ist – sowohl durch kleinere und größere Reformen als auch durch Revolutionen.

Zum kirchlichen und amtlichen Dienen

Wie bereits dargestellt, war es in der Vergangenheit umstritten, ob die Bischofsweihe ein Sakrament ist. Dies wurde durch das Zweite Vatikanische Konzil geklärt, indem es lehrte, dass dem Bischof die Fülle des Weihesakramentes gegeben ist. Priester und Diakone sind ihm untergeordnet. Demgemäß heißt es im Dokument über die Kirche *Lumen gentium*:

> *„Die Bischöfe haben also das Dienstamt [ministerium] in der Gemeinschaft zusammen mit ihren Helfern, den Priestern [presbyter] und Diakonen [diakon], übernommen. An Gottes Stelle stehen sie der Herde vor, deren Hirten sie sind, als Lehrer in der Unterweisung, als Priester [sacerdos] im heiligen Kult, als Diener [minister] in der Leitung."* (LG 20)

Zunächst sieht man: Für den Priester werden im lateinischen Originaltext zwei Wörter verwendet: Der *presbyter* meint den Priester in Hinblick auf die Leitung der Gemeinde und den Vorsitz in der Eucharistiefeier. Dagegen fokussiert der *sacerdos* auf die Opfertätigkeit innerhalb des Gottesdienstes.

Das Amt des Bischofs wird als Hirte, Lehrer, Priester (im Sinn von *sacerdos*) und Diener beschrieben. Diener und Dienst, im Lateinischen *minister* und *ministerium*, sodass sich eine Verbindung zu *Lumen gentium* 29 ergibt, worin gesagt wird, dass die Diakone nicht zum Priestertum (*sacerdotium*), sondern zur Dienstleistung (*ministerium*) geweiht werden. Das *ministerium* ist dabei sowohl ein Amtsbereich des Bischofs wie zugleich auch die Grundlage aller dieser Amtsbereiche. So heißt es auch mit Verweis auf zahlreiche Bibelstellen:

> *„Jenes Amt [das Bischofsamt; K.S.] aber, das der Herr den Hirten seines Volkes übertragen hat, ist ein wahres Dienen [servitus], weshalb es in der Heiligen Schrift bezeichnenderweise mit dem Wort „Diakonia", d. h. Dienst, benannt wird (vgl. Apg 1,17.25; 21,19; Röm 11,13; 1 Tim 1,12)."* (LG 24)

Wiederum begegnen uns mehrere Wörter für Dienen: aus dem Lateinischen *ministerium* und *servitus*, aus dem Griechischen *diakonía*. *Servitus* ist nochmals eine Verschärfung, denn es bedeutet Knechtschaft, Sklaverei, was im Griechischen eher mit *doulos* wiederzugeben ist. Es soll hier deutlich werden: Auch wenn dem Bischof die höchste Autorität zukommt, so soll seine Autoritätsausübung getragen sein vom demütigen Dienst für die Gemeinschaft der Christen, nicht von autoritären Herrschaftsallüren. Genau auf diesem Grundaspekt kirchlichen Amtes wird der Diakon kraft seiner Weihe verpflichtet und mit der Kraft des Heiligen Geistes ausgestattet. Der Diakon soll also das ganz und gar leben, worin jedes kirchliche Amt besteht.

Schauen wir von da aus auf die Laien. Das Wort „Laie“ ist heute äußerst problematisch, weil es mit den „Unkundigen, Unwissenden“ gleichgesetzt wird. Dabei meint es – im Gegenteil – eine Auszeichnung, denn durch Geburt (Juden) oder Taufe (Christen) werden wir zum Volk (griech. *laós*) und zu Kindern Gottes. Von diesem Wort *laós* leitet sich das deutsche Wort „Laie“ ab und meint im kirchlichen Sprachgebrauch alle Getauften, die das Sakrament der Weihe nicht empfangen haben. Jene, die dieses Sakrament empfangen haben, werden als Kleriker bezeichnet. Gerade das Zweite Vatikanische Konzil betont an vielen Stellen die Würde der Laien – ja, die gleiche Würde aller Getauften, auch jener, die später das Weihesakrament empfangen haben.

Zur Beziehung zwischen Bischöfen und Laien sagt das Konzil:

> *„Die Hirten der Kirche sollen nach dem Beispiel des Herrn einander und den übrigen Gläubigen dienen [ministrare], diese aber sollen voll Eifer mit den Hirten und Lehrern eng zusammenarbeiten.“ (LG 32)*

Auch hier wird das Verhältnis zwischen Hirten und Volk Gottes als ein Dienstverhältnis beschrieben – und zwar indem die Hirten dem Volk dienen, und nicht umgekehrt. So geht jener Bischof in seinem Amtsverständnis völlig fehl, der vor einer Versammlung kirchlicher Mitarbeiter und Mitarbeiterinnen gefragt hat: „Seid Ihr bereit, mir als eurem Bischof zu dienen?" Die Frage müsste lauten: „Bist du, lieber Bischof, bereit, uns als deinem dir anvertrauten Volk Gottes zu dienen?"

Warum aber wird das Amt des Bischofs als Dienst verstanden? Weil es um die Beauftragung durch Christus geht. Er ist derjenige, der letztlich alle Menschen in seinen Dienst beruft. Und das bedeutet einerseits in den Dienst ihm gegenüber, andererseits in den Dienst an den Menschen. Dazu ist der Menschensohn in die Welt gekommen, nämlich nicht um bedient zu werden, sondern um zu dienen. Die Sendung Jesu selbst ist Dienst und so muss auch die Sendung der Getauften und der Charakter der kirchlichen Ämter Dienst sein. Der Diakon verwirklicht mit seiner Berufungsgestaltung also nicht nur die Grunddimension des kirchlichen Amtes, sondern der christlichen Existenz generell. Der Diakon hat sich mit seinem Ja zur Berufung als Person dazu bereit erklärt, diesen Dienstcharakter zu leben und damit den Grundcharakter christlicher Existenz immer wachzuhalten.

Ich habe im Kapitel „Die Osterkerze" entsprechend dem Konzil vom Weltcharakter der Laien gesprochen (LG 31). Dies ist allzu missverständlich – auch schon im Konzilstext selbst. Denn die alte Entgegensetzung Kirche – Welt oder gar gute Kirche – böse Welt soll damit nicht neu formuliert werden. Denn das könnte so verstanden werden, dass es Sache der Geweihten ist, sich um die Belange der Kirche, und Sache der Laien, sich um die Belange der Welt zu kümmern – und keiner soll sich in die Belange des anderen einmischen. Diese Zeiten sollten überwunden sein. Der Sprachgebrauch des Konzils bleibt aber ambivalent und undeutlich und es wäre längstens an der Zeit, auch an einer Theologie der Laien zu arbeiten. An dieser Stelle möchte ich nach meinem Verständnis zwei Anmerkungen machen:

Zum einen: Laien ist es zur Aufgabe gestellt, Sauerteig in der Welt zu sein. Es geht nicht darum, ein geschlossenes christliches Milieu zu schaffen, etwa in abgegrenzten Zirkeln und Gruppen oder gar in eigenen christlichen Staaten, sondern vielmehr unter den Menschen zu wirken, um unter ihnen das Reich Gottes zu verwirklichen. Dieses Reich ist offen für alle Menschen, über denen Gott die Sonne aufgehen lässt.

Zum anderen: Die Laien haben sehr wohl auch die Aufgabe, nicht nur das Recht, sondern auch die Pflicht, sich in allen kirchlichen Fragen zu äußern und einzubringen. Das Konzil deutet es vorsichtig an, wenn es schreibt, dass die Gläubigen bisweilen die Pflicht haben, ihre Meinung kundzutun (LG 37). Ich gehe noch einen Schritt weiter und sage, dass ihnen auch die Pflicht zukommt, die Kirche mit- und umzugestalten, sodass sie in veränderten gesellschaftlichen Rahmenbedingungen weiterhin glaubwürdige Zeugin des Evangeliums bleibt. Dabei geht es nicht um die Anbiederung an den Zeitgeist, sondern einzig um das Ziel, glaubwürdig das Evangelium in die jeweilige Zeit hineinzusprechen und hineinzuleben.

Die Kirche hat in Europa längst den Status einer glaubwürdigen Zeugin verloren und es wäre längst an der Zeit, dass die Kleriker mehr auf die Laien hören. Denn noch immer scheinen viele Kleriker in einer Welt zu leben, die nicht die Welt der Menschen ist. Bedauernswerterweise konnte weder das Konzil noch die nachkonziliare Zeit konkrete institutionelle Einrichtungen schaffen, mit denen es Laien möglich ist, von der Pfarr-, Diözesan- und Kirchenleitung auch etwas einzufordern. Somit bleibt das im Konzil Gesagte auf einer moralisierenden Ebene, der keine konkreten kirchenrechtlichen, verbindlichen Schritte gefolgt sind. Es ist längst an der Zeit, das zu ändern.

Aus der Kirchengeschichte erfahren wir leider auch, wie der Dienstcharakter der Ämter zur pervertierten Ideologie werden kann:

„Was theologisch völlig richtig ist, wird von der kirchlichen Realität oft widerlegt und zur Ideologie gemacht. Es ist eben nicht selbstverständlich so, daß der ‚servus servorum Dei' [Diener der

> *Diener Gottes; ein Papsttitel; K.S.] irgend etwas an sich hat von einem Diener – etwa von einer ‚Hausfrau' oder einem ‚Hausmann', der den Dreck wegputzt. Die gründonnerstägliche Fußwaschung bleibt dann eine schwer erträgliche Parodie aufs wirkliche* Dienen. *Daß die (Voll-)Macht zum* Dienen *verliehen ist, das spürt man ihrer Ausübung oft nicht an; da hilft keine theologische Klarstellung. Solange der Hilfesuchende den Seelsorger nur stört bei dem Wichtigeren, das er gerade jetzt zu erledigen hat und von dessen Wichtigkeit der Störenfried ja keine Ahnung hat – es geht da um die Verwaltung der göttlichen Geheimnisse und der kirchlichen Liegenschaften –, solange passen die Aufgaben des hilfreichen Helfers und des ‚Seelsorgers' noch nicht zusammen." (Fuchs/Werbick, 1991, 106f.)*

Der Dienst muss sich in jedem Fall als echter Dienst erweisen, der den Hilfesuchenden, den Gescheiterten, den Randständigen nicht als abzuschiebende Störenfriede einordnet. Sollte da nicht die eigentlich christliche Haltung sein, das Leben mit diesen Menschen zu teilen, ja sogar ihre Lebensform anzunehmen? Ist das nicht erst der wahre Dienst, den vor allem ein Diakon zu verwirklichen hat? Hilflos mit den Hilflosen zu sein, verzweifelt mit den Verzweifelten, gescheitert mit den Gescheiterten? Sollten uns in dieser Grundhaltung nicht Franz von Assisi und Teresa von Kalkutta ein Vorbild sein? Geht es dann wirklich noch um die konkrete Handlung oder vielmehr um Solidarität, die sich in einer bestimmten Lebensform ausdrückt?

Wie stark können da so einfache Zeichen wirken wie das Verbleiben eines Papstes im Gästehaus, statt in den riesigen, herrschaftlichen Vatikan einzuziehen? Oder wenn Bischöfe lieber in ihren einfachen Wohnungen bleiben, in denen sie den Haushalt selbst führen und nicht durch Ordensschwestern bedient werden? Oder wie sehr dient da ein Diakon, der keine schön ins Bild gesetzte Vorzeigefamilie hat, sondern sich abmühen muss, weil Familienmitglieder in Schwierigkeiten geraten sind und er zur Stelle ist, um sich mit all seinen Kräften für das Wohl seiner Familie einzusetzen?

Gegen die Klerikalisierung des Dienens

Eine spezifische, exklusive Handlungsvollmacht für den Diakon hat sich bis jetzt nicht ergeben. Anlass genug, eine kritische Stimme zu hören, die eine alternative Idee vorbringt. Ein Grund zur Wiedereinführung des ständigen Diakonates war die Schaffung eines autochthonen Klerus in den „jungen" Kirchen, also in den Kirchen Afrikas, Asiens und Lateinamerikas. Gerade dort wurde er aber nicht flächendeckend eingeführt; geboomt hat er in Europa und Nordamerika. Gegen den ständigen Diakonat nahm der Kameruner Befreiungstheologe und Priester Jean-Marc Éla Stellung. Interessant ist seine Position nicht nur aufgrund seines theologischen Hintergrundes, sondern auch weil in Kamerun 1969 die ersten ständigen Diakone auf afrikanischem Boden geweiht wurden. Ich möchte längere Passagen aus zwei seiner Bücher zitieren, um seine Perspektive einzubringen.

In der ersten Passage greift Éla die Priesterzentriertheit der Kirche auf. Hinter dem Wunsch nach einem autochthonen Klerus stehe das Anliegen nach mehr einheimischen Priestern. Mit den verheirateten Diakonen wolle man ein offizielles Amt schaffen, um dieser Art des Priestermangels entgegenzuwirken, führe aber nur einen minderbemittelten Ersatz ein. Éla erhob seine kritische Stimme, aber anders, als wir es gewohnt sind:

> *„Das Thema ‚Priestermangel' steht nicht nur zeichenhaft für eine ‚priesterzentrierte' und zu Ritualisierungen neigende Kirche, sondern macht auch die Versuchung der Kirche deutlich, das Heilshandeln Christi in der Erfüllung seiner Sendung mehr und mehr zu*

klerikalisieren. Der Ritualismus führt zum Primat des Klerus. Das Problem des Priestermangels beruht weiterhin auf der priesterzentrierten Vorstellung vom Geheimnis der Kirche und der Sakramente. Man setzt voraus, dass Jesus sein Handeln auf rituellen Gesten aufgebaut hat; aus dem Abendmahl will man den Mittelpunkt seines Lebens machen. [...] In diesem Sinne sollte das ‚allgemeine Priestertum' nicht als ein ‚untergeordnetes Priestertum' in Gegenüberstellung zu einem ‚geweihten Priestertum', das von einem Über-Christen ausgeübt wird, verstanden werden.
Die Kirche muss sich über das Fehlen eines Laienstandes Sorgen machen, der dazu imstande wäre, seinen Teil der kirchlichen Verantwortung zu übernehmen. Denn wenn die ministerielle [dienende; K.S.] Verfasstheit ein Merkmal der ganzen Kirche ist, dann besteht die Aufgabe der Kirche darin, das Potenzial des Laienstandes und dessen Fähigkeiten für den grundlegenden Dienst des Gottesvolkes zur Geltung zu bringen. In Afrika besteht das Problem des kirchlichen Amtes nicht nur darin, mehr geweihte Priester und sogar Diakone zu benötigen. Es geht auch darum, die ganze Kirche zu einer diakonalen Kirche zu machen. [...] In dieser Hinsicht muss jede/r ChristIn DiakonIn seiner/ihrer Brüder und Schwestern sein, wie auch Christus der ‚Diakon' seiner Apostel gewesen ist (Joh 13,2-15). Dabei geht es weniger darum, Männer zu Diakonen zu weihen, als vielmehr darum, die diakonalen Ressourcen des christlichen Laienstandes auszuschöpfen. Anders ausgedrückt: Die Erneuerung des ständigen Diakonats löst nicht das Grundproblem der Ämter in der Kirche. [...] Der grundlegende Diakonat in der Kirche ist nämlich der des Gottesvolkes. Es geht daher um eine Entklerikalisierung der Dienste und Ämter, um dem Laienstand vollen Zugang zur Diakonie der Kirche zu verschaffen." (Éla, 2003, 311f.)

Éla sah also sowohl das Priestersein wie auch das Diakonsein im Volk Gottes verankert und möchte daher nicht der Klerikalisierung des Dienens Vorschub leisten, sondern vielmehr den Laien mehr Kompetenz zukommen lassen. Klerikalisierung würde bedeuten, dass immer mehr Kompetenzen und Aufgaben den Laien entzogen und den Klerikern zugeteilt werden. Damit sah er nicht im Priestermangel, sondern in der unzureichenden sakramentalen Ausstattung des Gottesvolkes das Problem. Wenn er vom „vollen Zugang zur Diakonie“ sprach, dann meinte er ganz konkret auch Sakramentenspendungen, nicht nur bezogen auf Taufe und Eheschließung – wie beim Diakon –, sondern auch auf Eucharistie und Beichte. Diese sollten in Zukunft auch von Laien durchgeführt werden dürfen. Wie auch immer man dazu stehen mag, es ist ihm zuzustimmen, dass Aufgaben, an eine Person delegiert, anderen entzogen werden. Zumindest aber werden sie von anderen ungern vollzogen. Je mehr Ämter, desto weniger kommt den Laien zu. Konkret zeigt sich das oft bei den Pfarrgemeinderäten, die sich für gewisse Themen nicht zuständig sehen, weil ja ein Pfarrer oder eine Pastoralassistentin da ist. Ihrer Rolle als Verantwortungsträger der gesamten Pfarre und der Seelsorge werden sie mit einer solchen Haltung nicht gerecht. Und die Amtsträger leisten keinen Beitrag, dieses Bewusstsein zu ändern. Es könnte ja Machtverlust bedeuten.

Wir sind damit aber wieder bei dem alten Problem angekommen, das wir in der Geschichte des Diakonates kennengelernt haben. Wenn es keine Aufgaben gibt, ist das Amt überflüssig. So schreibt Éla auch:

> *„Das Dokument des II. Vaticanums über die Dienstämter stellt Funktionen für Laien vor, die damals die Wiederherstellung des ständigen Diakonates zu benötigen scheinen. Demnach ist das Amt des Lektors nicht weiter eingeschränkt auf das bloße Lesen der Heiligen Schriften während der Messe, sondern beinhaltet verschiedene Formen des Dienstes am Wort. Ähnlich kann das Amt*

> *des Akolyten so verstanden werden, dass es den Dienst der Kommunionspendung bei liturgischen Versammlungen ohne Priester beinhaltet. In dieser Situation: Welchen Bedarf gibt es für ständige Diakone? Sind sie ‚Super-Laien' oder ‚Mini-Priester'? Sicher ist, dass sie beides nicht sein wollen. Sogar zur Zeit des II. Vaticanums nahmen sie eine schwierige Position ein, gefangen zwischen den Laien, die mehr Verantwortung forderten, und den Klerikern, die die Laien beschuldigten, deren Vorrechte zu ‚torpedieren'. Heute sind die Diakone meist verheiratet und erhalten einen Lohn außerhalb der Kirche. Angesichts der Neuverteilung der Dienstämter haben sie sogar mehr Schwierigkeiten, sich selbst zu definieren. Wir müssen bald begreifen, dass die Diakonenweihe nicht notwendig ist, um neue Funktionen innerhalb der Gemeinschaft zu erfüllen."* *(Éla, 1988, 59f. – eigene Übersetzung)*

Die Wiedereinführung des Diakonats, die viele in der Kirche auf unserem Kontinent so begrüßen, sei auf ein klerikalisiertes Kirchenbild zurückzuführen. In den Ländern ohne Diakone gibt es in den Gemeinden Katechisten, also Laien, die von der Kirchenleitung beauftragt werden, das Leben in der Pfarre verantwortlich zu gestalten. Warum auch nicht? Wozu also ein solches Diakonenamt? Liegt Éla mit seiner Sicht so weit daneben?

Wieder einmal zeigt sich an dieser Stelle ein Dilemma der Kirche: Gerade Papst Franziskus wendet sich immer wieder gegen einen übertriebenen Klerikalismus, der die Kleriker wichtiger nimmt als die Laien, denen kein Raum zur Entfaltung zugestanden wird. Je mehr über Klerikalisierung gesprochen wird, desto mehr werden die Kleriker selbst ins Zentrum gerückt, sodass der Eindruck entsteht, Kirche bestünde wesentlich nur aus Klerikern. Die Diskussion über den Klerikalismus kann also so zur klerikerzentrierten Wahrnehmung von Kirche führen. Daher meinen manche, man sollte nicht über die Geweihten sprechen, sondern über z. B. die Stärkung der Laien bei der Mitsprache oder die Einbindung von

Frauen in die Leitung. Damit wollen sich die Kleriker aus dem Diskurs herausnehmen, wodurch ihre kirchliche Position nicht zur Debatte stehen würde. Auf indirekte Weise würde so einer Klerikerzentriertheit der Kirche wieder Vorschub geleistet, da ja ihre Vorrangstellung nicht in Frage gestellt werden soll. Éla möchte diesem Dilemma entkommen, indem er sich für die sakramentale Kompetenzerweiterung der Laien ausspricht. Wer diesen Weg wählt, muss aber zumindest indirekt über Weiheämter sprechen. Eine Weiterentwicklung kann es nur geben, wenn nicht ein Element des kirchlichen Systems herausgegriffen, sondern das Zueinander der Elemente insgesamt in den Blick genommen wird.

Auch bei Éla zeigt sich, dass es um die jeweilige Handlungsvollmacht geht. Wenn sich das Amt über die Handlungen abgrenzen muss, dann macht der Diakonat nur Sinn, wenn dem Diakon Handlungen zukommen, die anderen nicht zukommen. Dem Priester kommt die Konsekrations- und Lossprechungsvollmacht, dem Bischof die Firm- und die Leitungsvollmacht über die Ortskirche zu. Welche Handlungsvollmacht kommt nur und ausschließlich dem Diakon zu? Keine einzige. Alle Handlungen können auch von Laien durchgeführt werden. Selbst bei Taufen und Eheschließungen können sie in Ausnahmefällen den Vorsitz übernehmen.

Das veranlasst nicht wenige, im Diakon den Oberministranten oder Minipfarrer zu sehen, wie es auch Éla schrieb. Aber noch mehr: Diakone werden als Semikleriker bezeichnet, also als Halbkleriker, wobei da die Frage auftaucht, worin die eine, klerikale Hälfte besteht. Manche meinen nämlich, zusätzlich zur Weihe müsse ein Vollkleriker auch zölibatär leben. Der Zölibat war auch der Hauptdiskussionspunkt bei der Wiedereinführung des Diakonats am Zweiten Vatikanum. Andere meinen, dass Vollkleriker nur der sei, der auch die Konsekrationsvollmacht habe; angelehnt an die mittelalterliche Theologie. Wieder andere können sich gar nicht vorstellen, dass ein Kleriker seinen Lebensunterhalt nicht von der Kirche erhält, dass Kleriker nicht abgeschieden einsam in einem Pfarrhof leben und arbeiten, sondern mitten unter Menschen, in Wohnhäusern und -siedlungen.

Handeln in der Person Christi, des Hauptes

Bis jetzt haben sich keine neuen Einsichten ergeben: Dem Diakon kommt keine exklusive Handlungsvollmacht zu. Das mit Dienen charakterisierte Handeln ist keine ausschließliche Domäne des Diakons; ein Amt des Dienens kann sogar verhindern, dass die Getauften das Dienen als ihre Aufgabe ansehen. Dieses Amt kann also zum Hindernis werden. Braucht es ein solches Amt denn wirklich?

Im folgenden Abschnitt gehe ich auf eine theologische Qualifizierung des Handelns der Kleriker überhaupt ein, die den Anspruch hat, den spezifischen Unterschied zwischen dem Handeln der Laien und der Kleriker, später der Laien und Diakone auf der einen Seite und der Priester und Bischöfe auf der anderen, zu benennen. Dies wird dann im nächsten Abschnitt weitergeführt zur Frage nach der Identität des Diakons.

Das Sakrament der Weihe kennt drei Stufen: Diakon, Priester, Bischof. Es ist *ein* Sakrament, aber in *drei Stufen*. Ein Bischof wird also dreimal geweiht, weil jeder Kleriker „von unten nach oben" die Stufen durchlaufen muss. Es ist das einzige der sieben Sakramente, welches mehrere Stufen kennt. Wenn also vom Sakrament der Weihe gesprochen wird, dann meint es immer alle drei Stufen.

In Zusammenhang mit der Theologie der Ämter hat sich im Laufe der Geschichte eine Formel herausgebildet, die das klerikale Handeln als Gesamtes charakterisieren möchte: Handeln in der Person Christi, des Hauptes – lat. *agere in persona Christi capitis*. Was diese Formel besagen will und worauf sie sich bezieht, ist genau besehen unklar. Sie hat jedoch in den letzten 30 Jahren in der lehramtlichen Ämtertheologie eine interessante Rolle gespielt, von der der Diakonat unmittelbar betroffen ist. Ein Jahr nach der Abfassung des Abschnittes „Die Osterkerze“, in dem ich den Canon 1008 des Kirchenrechts zitiere, der jene Formel verwendet, wurde eben diese Passage durch das Motu proprio *Omnium in mentem* von Papst Benedikt XVI. geändert. In diesem Schreiben hat er kirchenrechtliche Neuformulierungen zum Diakonat und zur Eheschließung aus zwei Gründen vorgenommen: Zum einen möchte er die Einheit der Lehre garantieren, zum anderen sollen sie dem größeren pastoralen Nutzen dienen. In Hinblick auf den Diakonat möchte ich dies näher ausführen.

Was hat sich nun konkret verändert? In der alten Version von Canon 1008 des Kirchenrechtes, das im Jahr 1983 herausgegeben wurde, steht:

> *„Durch das Sakrament der Weihe werden kraft göttlicher Weisung aus dem Kreis der Gläubigen einige mittels eines untilgbaren Prägemals, mit dem sie gezeichnet werden, zu geistlichen Amtsträgern bestellt; sie werden ja dazu geweiht und bestimmt, entsprechend ihrer jeweiligen Weihestufe die Dienste des Lehrens, des Heiligens und des Leitens in der Person Christi des Hauptes zu leisten und dadurch das Volk Gottes zu weiden.“ (CIC 1983, 1008)*

Es wird also von allen drei Weihestufen gesagt, dass sie „in der Person Christi, des Hauptes“ ihren Dienst leisten. Das meint also auch den Diakon. Papst Benedikt XVI. lässt nun diese Passage streichen und durch folgende ersetzen:

> *„Durch das Sakrament der Weihe werden kraft göttlicher Weisung aus dem Kreis der Gläubigen einige mittels eines untilgbaren Prägemals, mit dem sie gezeichnet werden, zu geistlichen Amtsträgern bestellt; sie werden ja dazu geweiht und bestimmt, entsprechend ihrer jeweiligen Weihestufe unter einem neuen und besonderen Titel dem Volk Gottes zu dienen.“ (CIC 2009, 1008)*

Zudem fügt er dem folgenden Canon 1009 noch einen dritten Paragraphen hinzu, der folgendermaßen lautet:

> *„Die die Bischofsweihe oder die Priesterweihe empfangen haben, erhalten die Sendung und die Vollmacht, in der Person Christi, des Hauptes, zu handeln; die Diakone hingegen die Kraft, dem Volk Gottes in der Diakonie der Liturgie, des Wortes und der Liebe zu dienen." (CIC 2009, 1009)*

In seiner Begründung für die Änderung weist das päpstliche Schreiben ausdrücklich auf Nr. 875 des Katechismus der katholischen Kirche hin. Dort heißt es:

> *„Von ihm empfangen die Bischöfe und die Priester die Sendung und die Vollmacht [heilige Gewalt],* ‚in der Person Christi des Hauptes' *[in persona Christi Capitis] zu handeln, die Diakone die Kraft, in Gemeinschaft mit dem Bischof und seinem Presbyterium dem Volke Gottes in der ‚Diakonie' der Liturgie, des Wortes und der Liebe zu dienen." (KKK 1997, 875)*

So zumindest die Version von 1997. In der Version des Katechismus von 1992 liest sich dieser Satz derart:

> *„Das setzt Diener der Gnade voraus, die von Christus bevollmächtigt sind. Von ihm empfangen sie die Sendung und die Vollmacht [heilige Gewalt], „in der Person Christi des Hauptes" [in persona Christi Capitis] zu handeln." (KKK 1992, 875)*

Unter den „Dienern der Gnade" sind alle Weihestufen, also auch die Diakone, gemeint.

Nochmals chronologisch: Nach dem Kirchenrecht von 1983 handeln

Diakone in der Person Jesu Christi, des Hauptes. Auch nach der Nr. 875 des Katechismus von 1992. Nach derselben Nummer des Katechismus von 1997 aber nicht mehr. Daher tritt eine inhaltliche Spannung zum Kirchenrecht auf, die Papst Benedikt XVI. 2009 dazu veranlasst hat, das Kirchenrecht dem Katechismus anzugleichen.

Zu dieser Veränderung ist zumindest dreierlei zu sagen:

Erstens: Es scheint wohl schon 1997 ein Bestreben gewesen zu sein, dass die Nr. 875 mehr mit den Nr. 1554, 1558 und 1563 innerhalb des Katechismus harmonisiert wird. In 1554 wird davon gesprochen, dass zwei Weihestufen am Priestertum Christi teilhaben, nämlich Bischof und Priester, während die Diakone die Aufgabe haben, ihnen zu dienen. Und in 1558 und 1563 wird den Bischöfen und den Priestern ausdrücklich das Handeln *in der Person Christi als Haupt* zugesprochen. Eine ausdrückliche Passage, dass diese Qualifizierung auch dem Handeln des Diakons zuspricht, findet sich nicht, aber auch keine, die sie ihm explizit abspricht. Der Katechismus greift hierbei Formulierungen des Zweiten Vatikanischen Konzils auf (LG 28a, PO 2c).

Wir haben es mit einer Spannung innerhalb der konziliaren Texte selbst zu tun, die in den 1990er- und 2000er-Jahren zugunsten eines sazerdotalen Priesterverständnisses entschieden wurden. Generell gilt für das Konzil, dass es mit dem Begriff des *sacerdos* sehr sparsam umgeht und ihn weitgehend durch den *presbyter* ersetzt. Über diese Vorgehensweise des Konzils schreibt Stefan Sander:

> *„Das mittelalterliche, an der Konsekrationsvollmacht ausgerichtete sazerdotal-kultisch verengte Amtsverständnis ist damit an dieser Stelle eindeutig aufgegeben. […] So versuchen sowohl LG [Lumen gentium; K.S.] als auch das Dekret über Dienst und Leben der Priester „Presbyterorum ordinis“ (PO) den Begriff Dienstamt (*ministerium*) in der Ein- und Mehrzahl dem Begriff* sacerdotium *vorzuziehen. Außerdem wird sehr bewusst von* presbyter *und nicht von*

> sacerdos *gesprochen. Das Amt, das in den Dienst der Sakramente, besonders der Eucharistie gestellt gewesen ist, ist jetzt in den Dienst an der Gemeinde berufen.“ (Sander, 2008, 100)*

An jenen Stellen, wo aber das priesterliche Handeln als in der Person Christi, des Hauptes qualifiziert wird, wird vom *sacerdos* gesprochen. Damit wird vor allem die gottesdienstliche Aufgabe in den Mittelpunkt gestellt: Das Handeln in der Person Christi als Haupt bezieht sich auf die Vollmacht, Brot und Wein zu wandeln. Diese Zuspitzung auf die Konsekrationsvollmacht erfolgte vor allem in der mittelalterlichen Theologie.

Keine Spur also davon, dass die Ämter schon fertig vorliegen und deren Gestalt ihr vollkommenes Ende gefunden haben. Vieles an der Theologie der Ämter ist noch offen und in Bewegung. Können die nachkonziliaren Veränderungen als Rückkehr zu einem verengten Verständnis des Opferpriestertums gedeutet werden, an dem der Diakon keinen Anteil hat? Ist damit nicht nur eine Verengung der Formel „Handeln in der Person Jesu Christi, des Hauptes“, sondern auch eine Verengung des kirchlichen Amtes insgesamt gegeben? Mir scheint es so zu sein.

Zweitens: Dabei tritt eine andere Spannung zu Tage, die auf ein lehramtlich und theologisch ungelöstes Problem hinweist. Wie gerade deutlich geworden ist, wurde die Formel *agere in persona Christi capitis* in den Kontext der Eucharistie gestellt und meinte die Konsekrationsvollmacht: Wer wandelt, der handelt als Haupt.

Dieser liturgische Kontext hat aber nicht Eingang in den Katechismus gefunden (und auch nicht in das Kirchenrecht). Ein anderer Kontext kommt darin aber auch nicht zum Tragen: Neben der Konsekrationsvollmacht betonte das Konzil von Trient in seiner antireformatorischen Argumentation – also am Beginn der Neuzeit – die Absolutionsvollmacht des Priesters. In der Nr. 1554 wird der Unterschied zwischen Bischöfen und Priestern auf der einen Seite und den Diakonen auf der anderen Seite ganz allgemein und ohne spezifischen Kontext formuliert. Es handelt sich hier vielmehr um eine grundsätzliche Aussage über die Identität dieser Weihestufen, ganz unabhängig von jeweiligen Kontext. Das Gleiche gilt dann auch für die Nr. 1558 und 1563 und auch für den alten Canon 1008 des Kirchenrechtes.

Anders die Nr. 875 des Katechismus: Hier wird allerdings nicht von der Konsekrations- und Absolutionsvollmacht, sondern von der Verkündigung gesprochen:

> *„Niemand, keine Einzelperson und keine Gemeinschaft, kann sich selbst das Evangelium verkündigen. […] Das setzt Diener der Gnade voraus, die von Christus bevollmächtigt sind." (KKK 1997, 875)*

Nimmt man also nur diesen Paragrafen, scheint es, dass das Handeln in der Person Christi als Haupt sich auf den Verkündigungsdienst bezieht. Es ist heute folglich unklar, ob sich besagte Formel 1. auf einen Teil des bischöflichen und priesterlichen Handelns bezieht oder auf deren gesamtes Tun, 2. wenn auf einen Teil, auf welchen (Konsekration, Absolution, Verkündigung oder noch etwas anderes?), oder ob sie sich 3. auf die Identität des Bischofs und Priesters bezieht.

Drittens: Auch in einer anderen Hinsicht tritt eine Spannung auf: Wem gegenüber dient der Diakon eigentlich laut Katechismus von 1997? Nr. 875 sagt klar: dem Volk Gottes. Nr. 1554 sagt es auch ganz klar: den Bischöfen und den Priestern. Diese Spannung könnte natürlich auf verschiedene Weise leicht aufgelöst werden, kann aber auch zu Machtmissbrauch führen. In dieser Dienstzuordnung wird der Diakon einerseits nur in Hinblick auf seine innerkirchliche Funktion wahrgenommen und andererseits wird seine Hinordnung zu den Armen, denen das Evangeliums verkündet werden soll, ausgeblendet.

In der Praxis haben die Änderungen des Motu proprio Anlass für noch ganz andere Spekulationen gegeben: Papst Benedikt XVI. hätte den

Diakonat deutlich von den anderen beiden Weihestufen abheben, wenn ihm nicht sogar die Sakramentalität absprechen wollen, um den Weg für weibliche Diakoninnen frei zu machen. So könnte man gut argumentieren, warum die Frauen Diakoninnen, aber nicht Priesterinnen oder Bischöfinnen werden können. D. h., erst die Entwertung des Diakonenamtes – und so muss dieser Vorgang gesehen werden – könnte den Weg für Frauen frei machen.

Das könnte dann auch unter die pastorale Zielsetzung des Motu proprio subsumiert werden. Jedoch schreibt Papst Benedikt XVI. kein Wort darüber im Kontext dieser Rechtsänderung, wie sich auch die Praxis nicht geändert hat. In Bezug auf die Praxis mutet diese Diskussion ohnehin ziemlich überflüssig und lächerlich an. Denn warum macht man sich überhaupt so viele Gedanken über das Zusprechen einer Formel, deren Bedeutung unklar ist? Jeder Getaufte ist gesandter Zeuge Christi und hat Anteil am Priestertum, Prophetentum und Königtum Jesu.

Von der Handlung zur Identität

In der Theologie hat sich eine Argumentationsfigur herausgebildet, die aus dem Handeln des Priesters die Identität der Kleriker erschließt. Darauf und auf eine mögliche Anwendung auf den Diakonat möchte ich im Folgenden eingehen. Ich möchte zu Beginn aus der Predigt von Kardinal Josef Frings anlässlich der ersten Weihe von ständigen Diakonen nach dem Zweiten Vatikanischen Konzil in Deutschland 1968 zitieren:

> *„Wenn man nun all diese Aufgaben des Diakons zusammenfassen wolle und das innerste Wesen des Diakonates zu ergründen suche, so werden wir sagen müssen, durch die Diakonatsweihe seid ihr Christus dem Herrn ähnlich gestaltet worden, und zwar vor allem dem dienenden Christus." (Frings zitiert nach Ferstl, 2019, 45)*

Frings spricht in diesem einen Satz genau jene Themen an, denen ich hier nachgehe. Er schließt dabei nicht ausdrücklich von den Aufgaben, d. h. vom Handeln des Diakons, auf sein Wesen, seine Identität. Er stellt aber beide Pole nebeneinander und schließt daraus, dass die Diakone Christus ähnlich gestaltet werden, indem sie wie der Diener Jesus Christus werden. Diese Zusammenhänge sind die Themen dieses Abschnittes.

Zuerst möchte ich nochmals den Argumentationsweg vom Handeln des Priesters hin zum Wesen der drei Weihestufen in fünf Schritten nachzeichnen. Dabei handelt es sich nicht um eine Rekonstruktion der Theologiegeschichte, sondern um den Nachvollzug einer Denkfigur, die vom Handeln des Priesters zur Identität der Weihestufen führt:

Schritt 1: Priester setzen sehr verschiedene Handlungen. Sie leiten Sitzungen, stehen Sakramenten wie Taufe oder Eheschließungen vor, besuchen Menschen zu Hause, predigen, besprechen sich mit den Ehren- und Hauptamtlichen, nehmen an Fortbildungen teil usw. All das können und dürfen auch andere Personen. In der Konsekrations- und Absolutionsvollmacht sind dem Priester aber bestimmte Handlungsvollzüge vorbehalten. Dem Priester werden also Handlungsvollmachten *exklusiv* zugesprochen.

Schritt 2: Diese exklusiven Handlungsvollmachten erhalten eine theologische Qualifizierung: Sie und zunächst nur sie werden als Handeln in der Person Jesu Christi als Haupt verstanden. Solange der Priester diese Handlungen vollzieht, handelt er als Christus, dem Haupt der Kirche. Alle anderen Handlungen fallen nicht unter diese Qualifizierung. Mit anderen Worten: Solange er die Handlungen vollzieht, ist er *einstweiliger Stellvertreter Christi.*

Schritt 3: Diese Qualifizierung wird von den spezifischen Kontexten losgelöst und verallgemeinert. Jetzt wird jede Handlung des Priesters als Handeln in der Person Christi, des Hauptes, verstanden.

Schritt 4: Wenn aber jedes Handeln des Priesters ein solches Handeln ist, dann sagt das etwas über die Identität des Priesters aus. In ihm ist nun

Christus dauerhaft gegenwärtig (lat. *repraesentare*). Er ist damit nicht mehr Stellvertreter Christi, denn ein Stellvertreter vertritt einen Abwesenden. Insofern Christus im Priester dauerhaft gegenwärtig ist, ist der Priester nun sein *ständiger Repräsentant*.

Schritt 5: Diese priesterliche Identität wird auf alle drei Weihestufen – also auf den Diakon und auf den Bischof – übertragen. Die Weihe macht die Geweihten zu Repräsentanten Christi, weil sie in Person Jesu Christi als Haupt der Kirche handeln. Und genauso verstehen es das Kirchenrecht von 1983 und der Katechismus von 1992. Von da aus ergibt sich dann auch das Weiheverständnis: Die Weihe ist nicht einfach die Einsetzung in ein bestimmtes Aufgabengebiet und in die daraus resultierende Identität, sondern verwandelt auf ontologischer Ebene das Wesen des Mannes.

Durch Schritt 5 wird also auch die Identität des Diakons bestimmt. Durch die Änderung des Katechismus 1997 und die Änderung des Kirchenrechtes 2009 hat der Diakon diese Identitätsbestimmung aber wieder verloren. Jetzt wissen wir: Er handelt nicht in Person Jesu Christi als Haupt und ist kein Repräsentant Christi. Was aber ist er dann?

Wer diese Frage beantworten möchte, könnte Folgendes versuchen: Er sucht sich eine Handlung, die dem Diakon exklusiv zusteht, und findet eine theologische Qualifizierung dieses Handelns. Von da aus folgt er den Schritten 3 und 4 und schon hat er die Identitätsbestimmung des Diakonates. Dieser Versuch läuft aber ins Leere, da dem Diakon kein exklusives Handeln zukommt. D. h., die Identitätsbestimmung muss eine andere Quelle als eine exklusive Handlungsvollmacht haben.

Im Folgenden möchte ich zwei Ansätze skizzieren, die dieses Problem zu lösen versuchen. Der eine Ansatz ist, die Quelle der Identitätsbestimmung nicht im Handeln zu suchen, sondern in der Wortbedeutung *diákonos*, übersetzt „Diener". Der Diakon steht im Dienst des Wortes, des Gottesdienstes und der Liebe. Diese Charakterisierung als Diener hat zu einer neuen Formel geführt: Der Diakon handelt in Person Jesu Christi, *des Dieners*. Es wird also, wie schon im Zweiten Vatikanischen Konzil, der Diakon vom Dienen her bestimmt. Auch Kardinal Frings greift in seiner Predigt auf diese Idee zurück. Der Diakon ist damit Repräsentant Christi, aber nicht als Haupt, sondern als Diener. Er wird Christus *ähnlich* gestaltet.

Diese Idee der Christus*gleich*gestaltung bzw. Christus*ähnlich*gestaltung ist ebenso eine, die mit dem Priesteramt eng verbunden ist. Geht es doch beim Priesteramt darum, dass der Priester ein Leben Christus gleich bzw. ähnlich führt. Dieser Anspruch verengt sich dann auf die zölibatäre Lebensweise (begründet auf Mt 19,11f.). Aus dieser Christusrepräsentanz wurde theologiegeschichtlich aber auch eine entsprechende Autorität gefolgert, die oft genug zu einem autoritären Gehabe kirchlicher Amtsträger führte. Der Theologe Jürgen Werbick schreibt dazu:

> *„Die institutionelle Unvermeidlichkeit amtlicher Christusrepräsentation wäre erträglicher, wenn der Dienstcharakter die Ausübung des Amtes tatsächlich prägte; sie ist erträglich, ja sogar offenkundig hilfreich, wo das Amt als Dienst ausgeübt wird. Daß dieser Dienst mit befreiender Autorität ausgeübt wird, gehört dann zu der διακονία [diakonía; K.S.], auf die angewiesen ist, wer sich in vielfältiger Unfreiheit vorfindet. Wo aber das Befreiende der Autoritätsausübung weitgehend Behauptung bleibt und man aus dieser Behauptung allzu deutlich die Selbstbehauptung der institutionell Privilegierten heraushört, [...] da wird das Handeln der Amtsträger in persona Christi capitis bei aller Gültigkeit der in ihm gesetzten sakramentalen Vollzüge die Gegenwart der Gemeinden immer weniger bestimmen, sie immer weniger in der Gegenwart der hier und jetzt anfangen wollenden Gottesherrschaft versammeln können.“ (Werbick, 2000, 764f.)*

Es ist aber schon eine Verkürzung, wenn diese Ähnlichgestaltung lediglich auf das Weiheamt bezogen wird. Schon in der Taufe werden wir zu Gliedern Christi, der Priester, König und Prophet ist. Werden wir also nicht schon bei der Taufe Christus gleich bzw. ähnlich gestaltet? Erhalten wir nicht schon durch die Taufe Anteil an den „Ämtern" Christi? Und sind die „Ämter" Jesu nicht als Dienst zu charakterisieren? Und sind wir nicht als Getaufte schon Diener Jesu Christi und der Menschen, denen er sich besonders zugewandt hat? Wir stehen wieder vor dem bekannten Problem: Würde dem Diakon das Dienen exklusiv zugeschrieben werden, würde es anderen als Handlungsauftrag entzogen werden. Und das widerspricht der kirchlichen Lehre. Zudem bleibt – wie im Vorigen dargestellt – offen, wem der Diakon dient.

Schließlich muss noch die Übersetzung problematisiert werden: Das Wort „Diakon" wird so selbstverständlich als Diener übersetzt, dass gar nicht in den Sinn kommt, dass es auch andere Übersetzungsmöglichkeiten gibt. Neutestamentliche Exegeten schlagen vor, gerade in den Paulus-Briefen *diákonos* mit „Beauftragter" zu übersetzen, weil diese Bezeichnung der damaligen Funktion besser entsprach. Es bleibt dabei natürlich offen, wozu jemand beauftragt wurde. In den paulinischen Gemeinden geht man heute von einem Verkündigungsauftrag aus; Lukas, der Autor der Apostelgeschichte, möchte bei den Sieben ein sozialdiakonisches Handlungsfeld etablieren, obwohl auch hier der Verkündigungsdienst stark in den Vordergrund drängt.

Damit bin ich beim zweiten Ansatz, das Problem der Identitätsbestimmung des Diakons zu lösen, nämlich diese Frage gar nicht mehr zu stellen. Der Geschäftsführer des Internationalen Diakonatszentrums Stefan Sander sieht die kirchlichen Ämter allein bestimmt durch ihre Funktion, ihre Aufgaben innerhalb der Kirche. Er lehnt es ab, eine Bestimmung der Identität der Ämter vorzunehmen. Die Ämter sind allein durch ihre Stellvertreterfunktion bestimmt. Für den Diakon gilt in Anklang an die Sieben der Apostelgeschichte daher: Er ist Stellvertreter der Armen.

Für Sander werden also Diakone (wie auch die anderen Weihestufen) für eine bestimmte Funktion geweiht. Daraus folgt für den Weihevorgang, dass dieser die Identität des Geweihten nicht verändert, sondern ihm lediglich dauerhaft eine kirchliche Funktion überträgt. Die Tätigkeit des Diakons, sein konkretes Tun, verwandelt den Geweihten in weiterer Folge auf einer psychologischen Ebene.

Sander möchte die Frage nach der Identität des Diakons nicht mehr stellen, sondern den Diakon ganz von seinem Handeln bzw. von seinem Handlungsfeld her bestimmen, ihn bestimmen als Stellvertreter der Armen. In der derzeitigen Kirchenverfassung kommt das jedoch zu wenig zum Ausdruck. D. h., die Kirche müsste dem Diakon in seinem sozialdiakonischen Handlungsfeld offiziell mehr Anerkennung zollen. Sander möchte erreichen, dass der Gottesdienst und der Nächstendienst wieder als gleich wichtig, als gleichwertig von der Kirche gewürdigt werden. Daher soll dieses spezifische Handlungsfeld des Diakons in der Eucharistiefeier einen angemessenen Ausdruck finden. Zudem wünscht er sich für jede Pfarre einen Diakon.

Auf unsere Frage, was der Diakon ist, gibt Sanders Ansatz aus meiner Sicht keine Antwort. Er möchte ja zum einen den Schluss von den Handlungen auf die Identität des Diakons gar nicht ziehen, sondern lediglich eine Bestimmung seiner Funktion vornehmen. Zum anderen möchte er für den Diakon ein bestimmtes Handlungsfeld etablieren. Dabei bleibt aber die Frage offen, ob dem Diakon dieses Handlungsfeld exklusiv zukommt oder nicht. Und gerade beim sozialdiakonischen Handlungsfeld, beim Dienst am Nächsten, würde niemand auf die Idee kommen, dieses ausschließlich dem Diakon zuzusprechen. Dieser Dienst ist Auftrag der Kirche als Ganzes.

Stellvertreter der Armen zu sein ist zwar eine Identitätszuschreibung, aber keine, in die der Geweihte ontologisch verwandelt wird, sondern ihm kommt diese Identität nur bei bestimmten Handlungen zu. Welche das sind, bleibt offen. Kritisch ist zunächst zu fragen: Wissen die Armen, dass sie einen Stellvertreter haben? Wollen sie das überhaupt? Was kümmert es einen Armen, wenn er in der Kirche vertreten wird? Und schließlich kommen wir wieder zu unserer Ausgangsfrage zurück: Wenn das sozialdiakonische Handlungsfeld dem Diakon nicht exklusiv zukommt, wozu gibt es dann ein solches Amt? Was kann uns also helfen, hier klarer zu sehen?

Nichtexklusive Unterschiede

Wir sind immer noch auf der Suche nach der Identität des Diakons. Bei dieser Suche möchten wir jenes Merkmal aufspüren, das dem Diakon ausschließlich und exklusiv zukommt, weil wir sonst den Eindruck gewinnen müssten, dieses Amt wäre überflüssig. Wir suchen also nach einem Unterschied. Jetzt gibt es einige Merkmale am heutigen Diakonat, von denen oft so geredet wird, als wären sie solch exklusive Unterschiede, die die Identität des Diakons beschreiben. Tatsächlich werden dabei auch wirkliche Unterschiede genannt, die aber durch einfache (kirchenrechtliche) Änderungen aufgehoben werden könnten. Wenn dem aber so ist, so haben wir es zwar mit faktischen, aber nicht mit exklusiven Unterschieden zu tun. Auf diese nichtexklusiven Unterschiede möchte ich im Folgenden eingehen.

Bei vielen Reden und Ansprachen vor Diakonen wird besonders betont, wie sehr Diakone wertgeschätzt werden (müssen), da sie sowohl das Sakrament der Ehe wie auch das Sakrament der Weihe leben. Das unterscheidet den Diakon vom Priester. Dagegen gilt: Es gibt zölibatär lebende Diakone und es gibt verheiratete Priester (im Amt). In der gegenwärtigen Diskussion um den Pflichtzölibat gibt es einige, die argumentieren, dass der Zölibat die dem Priester angemessene Lebensform ist, dass also der Zölibat wesentlich zum Priestersein gehört. Wenn dem so wäre, dann wäre es tatsächlich ein wesentlicher Unterschied zum Diakonat. Aber die kirchliche Lehre sieht das nicht so. Sie lässt sogar verheiratete Priester zu, auch wenn das in der Öffentlichkeit oft nicht wahrgenommen wird. Ich möchte an dieser Stelle die Diskussion nicht weiter vertiefen. Nur so viel: Genauso wenig, wie der Zölibat wesenhaft zum Priestersein gehört, gehört die Ehe wesenhaft zum Diakonsein.

Zusammenhängend mit der Ehe des Diakons gibt es einen anderen nichtexklusiven Unterschied, der gegenwärtig weniger ins Gewicht fällt, aber sich in Zukunft deutlicher herausbilden könnte: Diakone benötigen nicht die gleiche theologische Qualifikation wie Priester. So gibt es derzeit Diakone, die einen akademischen Abschluss haben, und andere mit einer weniger umfassenden theologischen Ausbildung. Sollte in Zukunft die Verpflichtung zum Zölibat für Priester fallen, könnte es durchaus mittel- und langfristig zu einem Diakonat als Amt für theologisch geringer qualifizierte Männer kommen. Die akademischen Theologen werden dann eher zur Priesterweihe tendieren, zumal nicht wenige Diakone ohnehin gern Priester wären, wäre da nicht die Zölibatsverpflichtung. Spannend wird zudem, wenn zugleich Frauen zum Diakonat, aber nicht zu den anderen Weihestufen zugelassen werden. Der Diakonat würde zum Amt für Nichttheologen und Frauen werden.

Ein weiterer nichtexklusiver Unterschied ist die Ehrenamtlichkeit des Diakons, während der Priester als Hauptamtlicher gesehen wird. Einmal abgesehen davon, dass es in der Kirche auch hauptamtlich angestellte Diakone gibt, geht mit dieser Thematik einher, dass viele Diakone ihren Lebensunterhalt aus anderen, nichtkirchlichen Quellen erhalten. Diese haben einen nichtkirchlichen Arbeitgeber oder sind schon in Pension. Auch das könnte beim Priester anders sein und ist es auch. Einerseits gab und gibt es Priester, deren Lebensunterhalt sich zum Teil nichtkirchlich speist, wie zum Beispiel Arbeiterpriester oder auch Priester, die als Religionslehrer oder Psychotherapeuten tätig sind. Andererseits handelt es sich beim Thema Ehrenamtlichkeit lediglich um eine Perspektive in jenen Ländern, in denen Priester überhaupt ein kirchliches Gehalt bezahlt bekommen. In anderen Ländern hat diese Unterscheidung zwischen Haupt- und Ehrenamt gar keinen Sinn.

Wer jetzt meint, das seien Banalitäten, der hat noch nicht die Auseinandersetzungen zwischen ehrenamtlichen Diakonen und der Diözesanleitung miterlebt, in denen es ums Geld, um Refundierung von Fahrtkosten oder sonstigen Ausgaben usw. geht. Die Kirchenleitung möchte ganz sicher keine neue Berufsgruppe schaffen, die an ihrem finanziellen Rockzipfel hängt. Sie hat ja schon genug finanzielle Sorgen. Also wird die Ehrenamtlichkeit so eingeschärft und idealisiert, dass man den Eindruck gewinnen kann, diese gehörte wesentlich zum Diakonat.

Aber auch die Diakone geben dabei manchmal ein sehr trauriges Bild ab. Der Diakonat gehört zu einem oft übersehenen Amt. Wie zum Beispiel bei jenem Bischof, der im jahresrückblickenden Interview gefragt wurde, über welche Ereignisse er sich im vergangenen Jahr besonders gefreut habe, und daraufhin die beiden Priesterweihen anspricht. Die sechs Weihen zum ständigen Diakon im selben Jahr lässt er unerwähnt. So taucht im Diakon das Gefühl auf, nicht nur übersehen, sondern in seinem Dienst, ja in seiner Würde nicht gesehen zu werden, nicht einmal vom Bischof, dem er doch kraft der Weihe so eng verbunden ist und mit dem er sich ja auch eine enge freundschaftliche Beziehung wünscht. Und da ist es nicht fern, diese Anerkennungsproblematik über finanzielle Fragen auszufechten. Wenn ich bezahlt werde, bin ich anerkannt, dann nimmt man mich als Diakon ernst, dann bin ich mir meiner Würde sicher.

An dieser Stelle sei mir ein kleiner Exkurs zur systemischen Stellung des Diakons in der Kirche gestattet: Wie ausgeführt meint Thomas Frings, dass sich Bischöfe und Priester durch das Gehorsamsversprechen aneinander binden, das durch die finanzielle Abhängigkeit und den Zölibat abgesichert wird. Genau da passen nun viele Diakone nicht hinein: Sie sind weder finanziell abhängig noch leben sie zölibatär. Sie versprechen zwar den Gehorsam, der aber lediglich auf moralischer Ebene verpflichtend ist, da der Kirchenleitung keine Machtmittel zur Verfügung stehen, wenn der Diakon den Gehorsam verweigert. Absetzung und Exkommunikation können zwar persönlich treffen, sind aber nicht existenziell bedrohlich. Diakone können von daher gar nicht zum innersten Kreis gehören, und doch ist die Kirchenleitung durch die Weihe an sie gebunden.

Diakone können also in der finanziellen Unabhängigkeit auch eine Chance sehen, das abgeschlossene, in sich gekehrte kirchliche System aufzubrechen. Sie müssen nicht zu allem Ja sagen, sondern können einen Gehorsamsdiskurs in Gang setzen, der die Kirche insgesamt voranbringt. In der Praxis scheint mir jedoch, dass Diakone oft gehorsamer sind als Priester. Dennoch gilt: Je mehr die Kirchenleitung auf die Ehrenamtlichkeit pocht, desto unabhängiger sind Diakone und desto mehr können sie geschlossene Systeme auf Menschen hin öffnen, zu denen Christen in ihrer Pro-Existenz gesandt sind. Damit verändert sich die Mitte der Kirche vom Rand her.

Ich komme zu den nichtexklusiven Unterschieden zurück, bleibe aber bei der Bezahlung, die in manchen Kontexten als Kriterium dafür verwendet wird, diakonale von nichtdiakonalen Handlungen zu unterscheiden. Was meine ich damit? Formal hat jeder Diakon eine pfarrliche oder organisationale Zuordnung. Diese Zuordnung wird manchmal schriftlich festgehalten, sodass es auch zu einer Nennung der konkreten Aufgaben des Diakons kommt. Manchmal werden nur diese festgeschriebenen Handlungen als diakonal angesehen, alle anderen als nichtdiakonal. Unterscheidungskriterium ist dann die organisationale Zuordnung. Als ich noch Pastoralassistent war, wurde genau festgehalten, welche Tätigkeiten ich im Rahmen meiner Anstellung – also bezahlt – machte und welche als Diakon – also unbezahlt. Man ging also von der Idee aus, dass man bei einem Diakon manchen Handlungen diakonalen Charakter zusprechen kann, manchen nicht.

Heute bin ich teilweise selbstständig, teilweise im nichtkirchlichen Sozialbereich angestellt. Das bedeutet, ich verdiene meinen Lebensunterhalt nicht durch die Kirche, bin aber ständig mit Menschen konfrontiert, die (psychisch) krank oder belastet sind, die manchmal aus eigenem, manchmal aus fremdem Verschulden ihr Leben schwer in den Griff bekommen, die am Rand ihrer eigenen Existenz und oft auch am Rand der Gesellschaft leben. Ich bin dort präsent, wo viele andere nicht mehr hingehen wollen oder können, wo Menschen sind, die vielleicht gar nicht zur Kirche gehören, weil sie einen anderen Glauben haben oder gar keinen. Glaube ist manchmal, aber meist gar kein Thema. Die gleichen Tätigkeiten, die ich mache, werden auch von anderen ausgeübt, die Christen oder auch keine sind. Die Religion spielt dabei keine Rolle.

Aus all diesen Gründen wird meine berufliche Tätigkeit nicht als diakonaler Dienst gesehen und anerkannt: Jeder und jede mit der gleichen Qualifikation kann das auch tun; es geschieht nicht im kirchlichen Kontext; es geht nicht ausdrücklich um Glaube und Seelsorge. Ich hingegen lehne die Teilung von diakonalem und nichtdiakonalem Handeln ab – zumindest stelle ich die bisher erwähnten Kriterien in Frage. Ich bin ja als ganzer Mensch von Gott in den Dienst genommen, nicht nur teilweise. Gottes unbedingter An-Spruch gilt mir als ganzer Person. Daher steht der Diakon unter dem Anspruch, in all seinem Handeln diakonal zu sein. Und er verwirklicht diesen Anspruch nicht, je mehr er zur Sünde neigt, je weniger er heilsam wirkt, je weniger er Christus zum Vorschein bringt. Zentral ist also nicht der institutionelle Kontext, die Quelle des Lebensunterhaltes oder welche Tätigkeiten bezahlt werden, sondern ob der diakonale An-Spruch Gottes, zu suchen, was verloren ist, erfüllt wird – egal in welchem organisationalen oder systemischen Kontext das stattfindet.

Vom Rand zur Mitte

Mit unserer Zentralfrage sind wir immer noch kein Stück weitergekommen. Vielmehr drängt sich zunehmend der Eindruck auf, dass dieses Amt völlig überflüssig ist. Lediglich die faktischen Regelungen, die nichtexklusiven Unterschiede machen dieses Amt attraktiv: Verheiratete und Nichttheologen können ein kirchliches Amt ausüben. Vielleicht bald auch

Frauen. Mit Blick in die Kirchengeschichte ist jedoch zu fragen: Warum blieb der Diakonat – zeitweise zwar nur als Durchgangsstufe zum Priesteramt – über zwei Jahrtausende erhalten? Kann daraus nicht geschlossen werden, dass es ein fundamentales Amt ist, auf das die Kirche – Priestermangel hin oder her – nicht so einfach verzichten kann, während andere Ämter – wie z. B. der Subdiakon – abgeschafft wurden?

Gleichsam als Vorbereitung für den abschließenden Teil, in dem ich meine Sichtweise auf die Identität des Diakons darstellen möchte, soll noch ein Versuch gemacht werden, diese Identität zu beschreiben. Er besteht in einem Bild, welches nicht nur von mir und anderen, sondern auch vom gegenwärtigen Papst in seinen Schriften häufig verwendet wird. Ich meine das Bild von Rand und Mitte. Der Ort des Diakons ist der Rand.

Wie jedes Bild ist auch dieses begrenzt und kann zu problematischen Schlussfolgerungen führen. Der katholische Theologe und Diakon Christian Wessely wirft einen kritischen Blick darauf:

> *„Man könnte also vom Diakon und Priester als zwei entgegengesetzt verlaufenden Kräften (der ersteren vom Rand zur Mitte, der letzteren umgekehrt) sprechen, die wie Kettfäden das Gefüge des Gottesvolkes verbinden und auf sein Zentrum – Jesus Christus – fokussieren helfen. Eine Schwäche dieses Bildes ist sein konzentrischer Aufbau um Jesus Christus, repräsentiert im Episkopat, aus der eine (relativ statische) größere oder geringere Nähe gefolgert werden kann." (Wessely, 2004, 43)*

Wessely kritisiert eine zu statische Zuordnung der Ämter zu den Ortsbezeichnungen Rand und Zentrum, eine damit einhergehende Erstarrung des Bildes und die gleichzeitige Schlussfolgerung, dass manche Ämter näher an Christus sind als andere. In diesem Kritikpunkt stimme ich Wessely zu.

Abgesehen davon, dass alle Bilder immer unvollkommen sind,

möchte ich für meine Verwendung des Bildes von Rand und Mitte Folgendes festhalten und damit das eine oder andere von mir im Abschnitt „Die Osterkerze" Gesagte weiterentwickeln: Ich verstehe dieses Bild ganz von der Liturgie her – zunächst in der Auferstehungsfeier, dann aber in jeder Eucharistiefeier. Dabei kommt es auf die Perspektive an, wer ins Zentrum und wer an den Rand positioniert wird. In der symbolträchtigen Auferstehungsfeier sehen wir ja auch, dass der Priester hinter der Osterkerze hergeht. Der Diakon ist dabei Wegbereiter vom Rand in das Zentrum, hin zum Altar (= Jesus Christus), befindet sich aber gleichzeitig am zentralen Ort, der Osterkerze (= Jesus Christus), von der aus gesehen der Priester am Rand steht bzw. geht. Mit Jesus Christus als Osterkerze wird der Weg frei gemacht hin zum endzeitlichen Zentrum des Altares, an dem wir jetzt schon die göttlich-endzeitliche Herrlichkeit im Hochzeitsmahl verkosten können, die wir einst zu uns nehmen werden. Diesen Weg bereitet der Diakon, aber auch der Priester muss diesen Weg hin zum Zentrum gehen.

Darüber hinaus ist die Eucharistie immer polyzentrisch: Wir versammeln uns nicht nur um den Altar, sondern auch um den „Tisch des Wortes", den Ambo. Auch er bildet ein Zentrum und es kommt dem Diakon (und den Laien) zu, an dieses Zentrum heranzutreten, um das Wort Gottes zu verkünden. Die Liturgie ist ein dynamisches Geschehen und damit sollte das Bild „Rand – Zentrum" nur in dieser Dynamik verstanden werden. Wir sind im wahrsten Sinn des Wortes auf dem Weg, in Bewegung, weil Gottes Geist uns bewegt. Auch der Priester bleibt ja nicht im Zentrum stehen, sondern nähert sich ihm immer wieder.

In der Liturgie wechseln wir also unseren Standort. Wir gehen von einem Ort zum anderen, sind in Bewegung. Liturgie fasse ich als symbolisches Handeln auf, in dem sich existenzielle Bedeutungen verdichten, was nicht bedeutet, dass Liturgie immer in adäquater Weise diese Bedeutungen zum Ausdruck bringt. So ist sicherlich zu fragen, ob die Liturgie, wie sie derzeit gefeiert wird, dem Diakon und seiner Identität gerecht wird. Aber dazu müsste man einmal wissen, was ein Diakon ist. Für Stefan Sander ist er der Stellvertreter der Armen und dementsprechend schreibt er dann auch über die Rolle des Diakons in der Liturgie:

> *„Leider wird die gegenwärtige Form der Eucharistieassistenz des Diakons selten seiner Rolle als Stellvertreter der Armen gerecht. Er wird vielmehr als Assistent, als Helfer des Priesters wahrgenommen. Selbst wenn er seinen Dienst in der Gemeinde an der Seite und an der Stelle der Armen tut, findet er in der Feier der Eucharistie häufig nicht den Ort, dies bildkräftig und zeichenhaft auszudrücken." (Sander, 2008, 158f.)*

Würden wir das Bild von Rand und Mitte statisch auffassen, wäre es tatsächlich sehr problematisch. Dann würde der Bischof im Zentrum stehen und alle anderen kämen nur durch den Bischof zu Christus. Vielmehr kommt dem Amt ein *personal-symbolischer* Charakter zu. *Symbolisch* meint dabei, dass jedes Amt das in den Mittelpunkt rückt, was dem Christen als solchem, kraft seiner Taufe, zukommt. Das Amt hat dabei die Funktion, in der Kirche dieses Bewusstsein lebendig zu halten. Im Falle des Diakons ist es – so die allgemeine Ansicht – der Dienst Jesu Christi, zu dem alle Christen berufen sind. Der Diakon soll garantieren, dass dieser Dienst innerhalb der Kirche nicht in Vergessenheit gerät. Und er tut dies nicht in erster Linie mit seinen Taten und Handlungen, sondern mit seiner Person, daher auch *personal*. Er steht als Person für diesen Dienst Christi ein. Von da aus gesehen scheinen die Art der Handlungen sowie deren Quantität von sekundärer Bedeutung. Vielmehr steht der Diakon unter dem Anspruch, den Dienstcharakter christlicher Existenz und damit der Kirche als Person wachzuhalten.

Wenn wir das Amt und die Multiperspektivität und Bewegtheit im Gottesdienst und dessen realsymbolische Bedeutung so auffassen, dann kann auch das Bild vom Rand und der Mitte nicht erstarren. Hat es dann aber überhaupt eine Bedeutung für die Bestimmung der Identität des Diakons, wenn es von der jeweiligen Perspektive abhängt, wer gerade im Zentrum steht und wer am Rand? Für eine solche Bestimmung ist dieses Bild möglicherweise unbrauchbar. Das ist aber kein Anlass, diesem Bild nicht dennoch eine gewisse Bedeutung zuzuschreiben. Tomáš Halík schreibt:

> *„Insbesondere wenn unsere Kirchen auch in Zukunft annähernd so wie heute aussehen sollten – und soviel ich weiß, hat Gott uns diesbezüglich kein Wunder versprochen –, werden Menschen wie Zachäus in der Regel einen Platz* am Rande der sichtbaren Kirche *einnehmen. Dieser Rand ist aber nicht nur für sie selbst, sondern auch für die Kirchen enorm wichtig. Eine Kirche ohne diesen ‚Rand' wäre nämlich keine Kirche, sondern eine Sekte." (Halík, 2017, 108)*

Wenn wir sagen, der Diakon steht am Rand, dann will ja auch gesagt sein, dass der Diakon *für* diesen Rand da ist. Jedes Amt hat diesen Für-Charakter. Daher stellt sich die Frage, welche Menschen sich an diesem Rand befinden, *für* die der Diakon geweiht ist und in dessen Mitte steht er. Auch das kann sehr viele Bedeutungen annehmen. Halík spricht in obigem Zitat vom *Rand der Kirche,* also von jenen, die irgendwie nicht ganz dazugehören, von den Zaungästen, von jenen, die bei der Bergpredigt zuhören, aber nicht zum Jüngerkreis gehören, von den Unentschlossenen, von den Lauen, die weder heiß noch kalt sind, von jenen, die an der Kirche gescheitert sind oder die kraft der Taufe noch dazugehören, aber exkommuniziert wurden, von jenen, die wegen des Kirchenbeitrages ausgetreten, aber dadurch noch nicht vom Glauben abgefallen sind usw. Wir können aber auch an den *Rand der Gesellschaft* denken, an den Blinden wie Bartimäus, an die Sterbenden und Kranken in Indien, derer sich Teresa von Kalkutta angenommen hat, an die Leprakranken, in deren Mitte

Franziskus gelebt hat, an die, die im Leben auf voller Länge versagt haben, die nichts auf die Reihe bekommen haben, an jene, die stinken, betrunken und renitent sind, die bettelnd lästig sind, die keiner mehr anschaut, geschweige denn berühren möchte. Oder wir nehmen jene in den Blick, die an den *Rand ihrer Existenz* gekommen sind, die wohlbehütet scheinen, in feinem Zwirn gewandet, mitten in unserer Gesellschaft und/ oder der Kirche leben, und doch innerlich so unglücklich, so depressiv, so verzweifelt sind, dass man es ihnen nicht ansieht, die sich mit Reichtum und Statussymbolen und Genuss umgeben, um ja nicht ihre innere Leere zu spüren, die trauern und nicht wissen, wie es mit ihrem Leben weitergehen soll, und die im Suizid den einzige Ausweg sehen. Sander meint dazu:

> *„Der Diakon steht mit seiner Person dafür ein, dass der Dienst an und für die Armen keine Nebenbeschäftigung oder Randarbeit ist, die Begegnung mit den Geringsten ist Begegnung mit Gott, sie hat sakramentale Würde, Dignität. Sie ist ein Ort der Gottesbegegnung in dieser Welt." (Sander, 2008, 152)*

Die Arbeit am Rand darf keine Randarbeit sein. Die Arbeit am Rand ist die Mitte der Kirche.

Eine personale Bestimmung von bewegten Standorten

Jetzt ist der Moment gekommen, aus dem bisher Gesagten die entsprechenden Schlussfolgerungen zu ziehen. Schon öfter habe ich auf räumliche Kategorien zurückgegriffen: Nicht nur das Bild von Rand und Mitte oder der Prozession der Osterkerze, sondern auch die Frage nach meinem Platz in der Kirche ist von räumlichen Vorstellungen geprägt. Gleiches gilt für Gott *im* Verborgenen, für verlorene Menschen, die gesucht werden, oder für das Pilgern, das Auf-dem-Weg-Sein, sowohl räumlich als auch innerlich als auch endzeitlich verstanden. Es liegt also durchaus nahe, die Identität des Diakons von seinem Standort her zu bestimmen, einem Standort, der aber nicht fixierbar ist, sondern in Bewegung.

Es besteht nämlich, wie schon beim Bild von Rand und Mitte, die Gefahr, dass die Rede von Standorten zu einer Erstarrung führt. Fragt man nach dem Standort des Diakons, dann scheint nach einem Ort gefragt zu werden, wo der Diakon hingestellt werden kann und wo er sich dann auch aufzuhalten hat, von dem er sich also nicht wegbewegen soll. Gerade das sollte angesichts einer möglichen Weiterentwicklung der Ämter, der persönlichen Entwicklung jedes Einzelnen, aber auch angesichts des christlichen Glaubens, in dem die Bewegung bis hinein in die endzeitliche Erwartung ein zentrales Wesensmerkmal ist, vermieden werden. Ich verstehe daher den Standort des Diakons selbst als bewegt und als Grundlage für Bewegung und Veränderung. Das gilt es im Folgenden thesenartig zu zeigen.

Der Diakon besetzt eine leere Stelle, die nicht auffällt

Bei einer Standortbestimmung muss gefragt werden, wo der Diakon steht. Dies kann nur geschehen, indem der Standort zu anderen Orten in Beziehung gesetzt wird. So entsteht ein Netzwerk von Orten, eine Landkarte. Die Orte auf einer Landkarte stehen in Beziehung zueinander. Kein Ort steht einfach nur für sich da, ohne Bezug zu anderen Orten. Und: Landkarten gewichten Orte; d. h., Orte stehen auf Landkarten nicht gleichwertig nebeneinander. Das fängt bei der Markierung von Orten als Hauptstädte, Städte und Dörfer an, geht über die spezifische Auswahl des Gezeigten – Straßenkarten zeigen anderes als Wanderkarten – und mathematisch gesehen über Verfälschungen von Größenverhältnissen, wie wir sie noch heute auf den Karten finden, bis hin zur Anordnung der Kontinente mit Europa im Zentrum oberhalb, Afrika unterhalb und seitlich Amerika,

Asien und Australien. Landkarten sind also keine wertfreien Gebilde, womit sich die Frage stellt, wer die Macht hat, die gültige Landkarte vorzugeben.

Wenn es um die Standortbestimmung von Personen in der Kirche geht, werden meist die Sakramente, die Ämter Jesu Christi (König, Priester, Prophet) und/oder die Grundaufträge (Liturgie, Diakonie, Verkündigung, Gemeinschaft) herangezogen. In der Theologiegeschichte hat sich sogar die Rede von *loci theologici* (theologische Orte), also von den Orten, in denen die Theologie ihre Argumentationsbasis findet, herausgebildet. Wo steht da der Diakon?

Wie schon des Öfteren möchte ich vom Ort des Diakons in der Eucharistiefeier ausgehen, die ja das zentrale Sakrament, Mitte und Höhepunkt des christlichen Lebens darstellt. Der Diakon nimmt hier mehrere Orte ein. Er sitzt neben dem Bischof oder Priester, steht beim Altar an der Seite und handelt sowohl zum Altar wie auch zum Volk hin. Er steht am Ambo und begibt sich unter Umständen zu den anderen Mitfeiernden. Dem Diakon stehen laut Messbuch einige Handlungen (als Erstem) zu: Lesen des Evangeliums, Geheimnis des Glaubens, Halten des Kelches bei der Schlussdoxologie des Hochgebetes usw.

Fehlt der Diakon aber, so ist das kein Hinderungsgrund, die Messe zu feiern. Obwohl ihm Handlungen *als Erstem* zustehen, stehen sie ihm nicht *exklusiv* zu. Er findet in anderen Personen einen Ersatz und die Messfeier wird dadurch nicht behindert. Eine Messe ohne Priester, aber auch ohne Volk ist nicht möglich, obwohl man in Zeiten der Coronapandemie und der Ausgangsbeschränkungen den Eindruck hatte, die Priester dürften auch allein eine Messe gültig feiern. Kirchenrechtlich braucht es dazu eine Ausnahmegenehmigung, aber theologisch ist selbst das nochmals kritisch zu hinterfragen. Aber darum soll es jetzt nicht gehen.

Eine Messe ohne Diakon ist möglich. Er wird zur gültigen Feier der Eucharistie nicht gebraucht. Die Orte, an denen der Diakon steht, bleiben daher nicht leer, sondern werden mit Ersatzpersonen gefüllt. Die Menschen haben jedoch oft den Eindruck, dass es dabei gar keine Ersatzpersonen sind. Manche glauben sogar, dass es vom Priester abhängig ist, eine Art Kulanz, dass der Diakon etwas tun „darf“.

Es fällt somit gar nicht auf, dass da trotz aller Fülle eine leere Stelle bleibt, die nicht von anderen besetzt werden kann, weil sie eben keine Diakone sind. Es bleibt eine leere Stelle, die nicht auffällt. Wie kann das sein? In der bisherigen Darstellung habe ich zwei unterschiedliche Landkarten zur Ortsbestimmung zugrunde gelegt: Zum einen ist das eine gewöhnliche *räumliche* Landkarte, mit der ich die realen Orte bestimmen kann, an denen sich der Diakon aufhält, also z. B. Altar, Ambo usw.; zum anderen ist das eine *handlungsorientierte* Landkarte, mit der die Orte über Handlungen bestimmt werden, die der Diakon ausführt, also z. B. Lesen, Predigen, Kelchhalten usw. Fehlt der Diakon, werden die Orte und Handlungen auf beiden Landkarten durch andere ersetzt.

Bestimme ich aber die Orte *personal*, lege ich eine *personale* Landkarte zugrunde, so kann der Ort des Diakons nur durch einen Diakon ersetzt werden. Eine solche Landkarte spiegelt weder Räume noch Handlungen, sondern vielmehr Personen und ihre Beziehung zueinander wider. Voraussetzung ist natürlich, dass dem Diakon eine spezifische Identität zukommt. Wenn dem Diakon *in seiner Identität* etwas exklusiv Spezifisches zukommt, dann kann die leere Stelle, die der abwesende Diakon hinterlässt, nicht durch andere Personen gefüllt werden. Auf einer solchen Landkarte kann es für den Diakon keine Ersatzpersonen geben. Aber die alte Frage ist damit noch nicht beantwortet: Gibt es eine solche Identität, die dem Diakon exklusiv zukommt? Denn:

Der Diakon ist überflüssig

Was sich in der Messe symbolisch zeigt, trifft auf den Diakon in *allen* Vollzügen und Handlungen zu. Der Diakon ist nicht nur für die Feier der Eucharistie, sondern auch für das pfarrliche, kirchliche und gesellschaftliche Leben völlig überflüssig. Ja, er wird als Diakon gar nicht gebraucht.

Das hat eben damit zu tun, dass wir die Landkarte zur Angabe des Ortes entweder räumlich oder handlungsorientiert definieren: Taufen, Eheassistenz und Lesen des Evangeliums in Kirchen, Seelsorge in Krankenhäusern, Pflegeheimen oder Gefängnissen, Hausbesuche, Andachten an Wegkreuzen, Kreuzwegandachten auf Kalvarienbergen usw. können prinzipiell von allen Christen durchgeführt werden. Zu all dem bedarf es keiner Diakone.

Das Nicht-gebraucht-Werden muss genauer bestimmt werden: Auf der Ebene der kirchlichen Organisation ist in Zeiten von Priestermangel und Ehrenamtlichenschwund mehr als genug Arbeit für einen Diakon vorhanden. Hat die Kirche doch einen Ehrenamtlichen mehr, der zudem als Geweihter mehr Handlungsmöglichkeiten zu haben scheint und als Ersatzmann die Personallücke füllen kann. Dafür wird er dann auch in Reden kirchlicher Leitungsvertreter hochgelobt und sein Dienst als unerlässlich bezeichnet. Im Hintergrund solcher Lobreden steht die offensichtliche Brüchigkeit kirchlicher Strukturen. Während aber Diakone nur unzureichend die leere Stelle, die die fehlenden Priester hinterlassen, ersetzen können, können diakonale Aufgaben vollständig ersetzt werden. Wenn ich also an dieser Stelle vom Überflüssigsein spreche, dann spreche ich nicht von der faktischen, organisatorischen, sondern von der prinzipiellen, theologischen Ebene, auf der es den Diakon ob des Fehlens exklusiver Handlungsvollmacht nicht braucht.

Aufseiten der Diakone gibt es da auch ein interessantes psychologisches Phänomen: Je mehr sie für diese Ersatzleistungen gebraucht und gelobt werden, desto mehr steigert das auch ihr Selbstwertgefühl. Daher berichten viele Diakone, was sie alles tun, und ziehen aus diesen Leistungskatalogen ihren Selbstwert. Dass sie als bloße und unvollständige Ersatzmänner fungieren, die schneller weg sind, als sie schauen können, wenn Priesternachschub vorhanden wäre, kommt ihnen dabei nicht in den Sinn. Wie auch? So schnell ist ja nicht mit einem solchen Nachschub zu rechnen. In der Folge verorten sich manche Diakone sehr im Liturgischen, weil sie eigentlich gern Priester wären, sich zum Priesteramt berufen sehen, aber die Zölibatsverpflichtung nicht eingehen wollen oder können oder nicht ausreichend theologisch qualifiziert sind. Diese Diakone leben dann wirklich als Minipriester und leisten damit dem Diakonat keinen guten Dienst.

All diese Versuche, dem Diakonat und den Diakonen einen Wert zuzusprechen, sind Beschwichtigungen, weil man der Wahrheit, dass der Diakonat ein überflüssiges Amt ist, nicht ins Auge sehen möchte. Daher zu Recht die Anfrage aus der afrikanischen Befreiungstheologie: Wozu braucht es ein solches sakramentales Amt, wenn Laien auch dazu beauftragt werden können? Führt das nicht letztlich zu einer klerikerzentrierten Kirche? Im Anschluss an Sander kann gefragt werden, ob dieses Amt überhaupt Sinn macht, wenn es keine spezifische Funktion hat.

Das Fehlen des Exklusiven ist dem Diakon exklusiv eigen – Überflüssigsein ist das Spezifische des Diakons

Egal ob der Diakon nun räumlich oder handlungsorientiert verortet wird, ihm kommt nichts Spezifisch-Exklusives zu. Und gerade das ist in personal-identitätsbezogener Hinsicht seine spezifische Exklusivität. Um es handlungsbezogen zu formulieren: Indem dem Diakon keine spezifischen Handlungen exklusiv zukommen, unterscheidet er sich gerade darin von allen anderen – nicht nur Amtsträgern, sondern auch Laien. Oder räumlich formuliert: Egal welche Stelle der Diakon besetzt, ob in der Liturgie oder an Orten der Seelsorge oder des Berufes, sie ist vollständig durch andere besetzbar. Gerade das macht seine spezifische, exklusive Identität aus.

Wie viele Menschen gibt es, die nicht (mehr) gebraucht werden, die zu alt sind, um noch nützlich zu sein, die zu behindert sind und lediglich Ressourcen verbrauchen, die psychische Störungen haben und sich partout nicht gesellschaftsfähig verhalten wollen. Die Gescheiterten braucht niemand mehr. Wie sehr ist unser Leben bis in die kleinsten Bereiche hinein durchdrungen von der Ökonomisierung und Kapitalisierung, in der alles nur seinen Wert hat, wenn und sofern es gebraucht wird, wenn und sofern es eine Funktion hat. Was nicht gebraucht wird, ist nichts wert, belastet nur das ökonomische Gleichgewicht.

Das Amt des Diakons erfüllt hier eine besondere Funktion, indem es ein überflüssiges Amt ist, das niemand braucht und das keine spezifische Funktion hat: Diese Kirche leistet sich ein solches Amt, um den Menschen zu zeigen, dass sie einen Wert haben, auch wenn sie nicht gebraucht werden. Aus dem Überfluss an Liebe und an Zuwendung allen Menschen, besonders den Armen gegenüber, behält sie ein überflüssiges Amt. Damit wird der Diakon durch seine Weihe mit seiner ganzen personalen Existenz in die Mitte jener Menschen gestellt, die unsere Kirche und unsere Gesellschaft als überflüssig und unbrauchbar ausscheidet. Das ist ein Anspruch, der vom Diakon erst einmal eingelöst werden muss. Ein Diakon, der seinen Selbstwert aus seinem Gebrauchtwerden und seine Anerkennung aus einer reichhaltigen Tätigkeitsliste zieht, droht an diesem Anspruch zu scheitern.

„Eine Stufe tiefer“ (LG 29), eine Ortszuschreibung des Diakons durch das Zweite Vatikanum, die getragen ist von einem hierarchischen Kirchenbild, wird damit zu einer Identitätsaussage. Mit dem Besteigen der untersten Stufe, mit dem Herabsteigen auf diese Stufe, wird er zu jenen Menschen, jenen Geringsten gestellt, die auch auf der untersten Stufe stehen. Legen wir dem eine personal bestimmte Landkarte zugrunde, ist auch klar, warum die leere Stelle in der Eucharistiefeier nicht durch andere ersetzt werden kann. Sie bleibt eine leere Stelle, weil der Diakon erst durch die Weihe in sein Überflüssigsein hineingeweiht wird.

Der Diakon weist auf eine personal bestimmte Landkarte hin, auf der die am Rande in der Mitte stehen – der Gestaltungsprozess ist eine Frage der Macht

Wenn die Landkarte personal bestimmt wird, bedeutet das, dass wir die

Wichtigkeit und die Macht in der kirchlichen und gesellschaftlichen Landschaft von den Personen, von den Menschen her bestimmen und nicht von den realen, räumlich situierten Orten oder von der Handlungsmacht bzw. -vollmacht, die einzelne Personen in Kirche und Gesellschaft haben. Jesu Handeln wie auch die „Option für die Armen" lehren uns, dass diese Landkarte und die damit verbundenen Wertungen von den Armen am Rande her bestimmt werden muss. Sie bilden die eigentlichen Zentren auf dieser Landkarte. Oder mit anderen Worten: Jene, die in den üblichen, gängigen Landkarten am Rand stehen, bilden in der christlich-personal bestimmten Landkarte die Mitte, sozusagen die Hauptstädte. Waren die Leprakranken im 13. Jahrhundert noch räumlich unten, am Rande der Stadt Assisi angeordnet, werden sie in der personal-christlich bestimmten Landkarte zum eigentlichen Zentrum der Liebe Gottes, in dem Franziskus auch beerdigt werden wollte. War das Kloster des Loretoordens mit seinen Mauern noch Schutzmacht für die Schwestern und Schülerinnen, so werden in der personal-christlichen Landkarte die dunklen Löcher in den indischen Slums zur Mitte christlichen Glaubens und zum Zeichen für die Würde der Sterbenden.

Der Diakon verweist auf die personal bestimmte Landkarte. Das ist der Anspruch, unter dem er steht. Diese Landkarte tritt in einen Widerstreit zu den anderen Landkarten, zu jenen Deutungen, die von anderen Landkarten bestimmt sind und damit Macht anders verteilen. Der Diakon muss aber gegen jede andersartige Zuschreibung und die damit verbundenen Machtzuschreibungen und auf die Randständigen als Mittelpunkt des Heilshandelns Gottes insistieren – mit seiner ganzen Existenz, die er Gott als Werkzeug zur Verfügung stellt. Mit seiner These, dass die Zeit mehr wert ist als der Raum, weist ja Papst Franziskus auf die Machtdimension der räumlichen Besitznahme und Bedeutungszuschreibung hin. Wie der Diakon dann sein Diakonat konkret gestaltet, hängt an der speziellen Berufung, und hier sollte eine große Bandbreite an Möglichkeiten offengehalten werden.

Der Ausdruck „Stellvertreter der Armen“ ist hier mit äußerster Vorsicht aufzugreifen, denn nicht die Armen haben diesen Stellvertreter eingesetzt. Wenn sie aber darüber nicht verfügen können, wer sie vertritt, werden sie dann als Subjekte ihres Lebens ernst genommen? Oder ist es nicht vielmehr eine Machtgebärde paternalistischer Großherzigkeit der Kirche, wenn sie meint, den armen Armen einen Stellvertreter zur Verfügung zu stellen? Oder sollte es sogar Gott sein, der nicht die Armen selbst stärkt, sondern ihnen lieber einen gut situierten Mann schickt, der sie gegenüber den Wohlhabenden zur Sprache bringt? Nein, das alles sind keine Optionen: In seinem Nicht-gebraucht-Werden, in seiner Nichtfunktionalisierbarkeit ist der Diakon zu all jenen Menschen gestellt, die in Kirche und Gesellschaft als unbrauchbar ausgeschieden wurden. In seiner Lebensweise steht er unter dem Anspruch, sich solidarisch mit diesen Unbrauchbaren zu zeigen. Sein Dienst ist aber wesentlich kirchlich zu verstehen, d. h., dass er für die Verschiebung der Machtzentren einsteht, dass der Rand der Gesellschaft die Mitte christlicher Existenz ist. Die Not und Wunden der Zeit erkannt, kann die Kirche so ein Gegenangebot zur Gesellschaft bieten, in dem Macht anders verteilt wird und Menschen *sein können*. Der Diakon leistet so eine Reflexion auf Gesellschaft und Kirche, wie ich im Folgenden ausführen möchte.

Der Ort des Diakons als Heterotopie – der Diakon als leibliche Reflexion auf Kirche und Gesellschaft

Ich möchte diese personale Landkarte noch mit einer speziellen Strukturierung von räumlicher Landkarte in Verbindung bringen und greife dazu die Theorie der Heterotopien des französischen Philosophen Michel Foucault auf. Heterotopie wird oft auch mit „Ander-Orte“ übersetzt, was im kirchlichen Bereich zu dem Missverständnis geführt hat, dass es sich dabei um andere Orte handelt, also um Orte, an denen die Kirche derzeit nicht präsent ist. Damit wird Foucault aber missverstanden.

Heterotopien sind vielmehr räumlich abgegrenzte, also reale Orte.

Die Grenze hat dabei eine besondere Wichtigkeit: Sie markiert nämlich klar den Ein- und Austritt. Das ist ein wesentlicher Bestandteil von Heterotopien, die in der Praxis nicht nur durch Türen oder andere Zugangsmöglichkeiten geregelt werden können, sondern auch durch Rituale. Dass an diesen Orten andere Gesetzmäßigkeiten gelten als an den Orten außerhalb, ist ein zweites wesentliches Merkmal.

Die Funktion dieser Heterotopien besteht darin, dass sie einen Bezug zu allen anderen Orten einnehmen und eine Reflexion auf sie bieten. Sie setzen alle anderen Orte außer Kraft, neutralisieren sie oder kehren sie um. Dabei kann ein solcher Ort einen Illusionsraum eröffnen, der alle anderen realen Orte als noch größere Illusionen darstellt, oder sie wirken kompensatorisch, indem sie eine Ordnung etablieren, um einen alternativen Raum zur chaotischen Wirklichkeit zu bieten. Eine Barockkirche kann beides darstellen: Einerseits stellt sie den Raum des Himmels dar, der ja die eigentliche Wirklichkeit, die Wirklichkeit Gottes darstellt, durch die die irdische Welt als unwirklicher Durchgangsraum erscheint. Andererseits ist die klare Ordnung ein Gegenbild zur Welt, in der das Durcheinander des Dia-Bolos (Durcheinanderwerfers) herrscht.

Es gibt Heterotopien, die mehrere Orte bzw. potentiell alle Orte vereinen können. So z. B. das Theater oder das Kino, auf deren Bühne alle Orte und Räume der Welt dargestellt werden können. Mit der Darstellung von Orten außerhalb dieser Heterotopie durchdenken sie diese (neu) und wirken so auf diese realen Orte wieder zurück. Bibliotheken und Museen sind ebenfalls solche Orte, sind zudem aber auch Heterochronien, „Ander-Zeiten“, d. h., sie vereinen potentiell alle Zeiten gleichzeitig, synchron, stellen sich damit außerhalb der Zeit und bieten ebenso eine Reflexion auf alle Zeiten.

Heterotopien können bei fast völliger Abgeschlossenheit zu „totalen Institutionen“ (Erving Goffman) mutieren, in denen durch Missbrauch und Ausbeutung stillschweigend eine streng strukturierte (gottgewollte) Ordnung etablieren wird. Darauf weist Emmanuela Kohlhaas hin:

> *„Dies hilft zu verstehen, warum ‚Einrichtungen' wie Internate, Kinderheime, psychiatrische Kliniken, Altenheime, Kasernen und eben auch kirchliche Seminare, Klöster und ordensähnliche Lebensgemeinschaften so leicht zu Stätten des Missbrauchs wurden und auch noch werden." (Kohlhaas/Frings, 2021, 226)*

In ihrem totalitären Charakter bieten solch geschlossene Institutionen eine Reflexion auf Gesellschaft und Kirche. Das Draußen wird beherrscht von chaotischen und gefährlichen Kräften, die zur Verunsicherung und Amoralität der Menschen führen. Geschlossene Institutionen können Ordnung nur aufrechterhalten, indem sie sich vor dem Draußen abschotten und den bedrohlichen Mächten eine ebenso starke autoritative Macht entgegenstellen. Dabei wird selbstredend verdrängt, dass mit dem Hang zum spirituellen und sexuellen Missbrauch die Chaosmächte Einzug in diese Institutionen gefunden haben und die eigentlichen Kräfte sind, die die interne Ordnung bestimmen.

Foucault bringt mit seiner Theorie der Heterotopien eine neue Ebene in die Bestimmung der räumlichen Landkarten ein. Ich möchte diese Theorie nun einerseits mit der personalen Landkarte reformulieren und andererseits diese Landkarte mit der räumlichen in Verbindung bringen.

Fassen wir den Ort, an dem der Diakon steht, als Heterotopie auf, dann wird dieser Ort konstituiert durch die Weihe als Eintritt in diesen Ort und durch den Tod als Austritt. Für den Diakon gelten dann bestimmte Regeln und Bestimmungen. Und da spreche ich nicht von den kirchenrechtlichen Richtlinien. Ich meine etwas Grundsätzlicheres: Der Diakon steht unter einem bestimmten Anspruch, dem er in seinem Leben Ausdruck verleihen soll. Dieser Anspruch stammt vom An-Spruch Gottes an ihn, mit dem er im Dialog – wie einst Abraham oder Mose oder Jona – seinen Auftrag immer wieder aushandeln muss. Mit seinem Spezifikum des Überflüssigseins bietet er so eine Reflexion auf Kirche und Gesellschaft bzw. soll er das bieten. Damit wird er zum sozialen Gewissen der

Kirche in Person.

Dass sich der Diakon dann an solchen (räumlichen) Heterotopien aufhält, in Altersheimen, in Krankenhäusern, in Kasernen, auf Friedhöfen, in Gefängnissen usw., bildet die Verbindung dieser Landkarten. Der Diakon ist eine personale Heterotopie und bietet so eine Reflexion auf Kirche und Gesellschaft und hält sich an jenen räumlichen Heterotopien auf, die ebensolches leisten. Dadurch, dass diese Heterotopien räumlich abgegrenzt sind und damit leicht auch eine Ausgrenzung der darin befindlichen Personen einhergeht, womit eine bestimmte Wertung verbunden ist, steht der Diakon für eine Umwertung dieser Orte. Auf seiner Landkarte sind diese Orte nicht am Rand, sondern im Zentrum. Von da aus wird der Rand neu definiert.

Schauen wir vom Diakon hin zu den Randständigen. Diese Randständigen werden entweder räumlich abgegrenzt oder sie werden personal ausgegrenzt. Mit Ersterem sind eben jene oben erwähnten Orte gemeint, in denen ganz spezielle Personengruppen untergebracht sind: Altenheime, Krankenhäuser, Kasernen, Jugendheime, Gefängnisse, Psychiatrien usw. Mit Zweiterem sind Menschen gemeint, die zwar nicht in solchen Einrichtungen untergebracht sind, sondern mitten unter uns leben, aber aufgrund eines Merkmals ausgegrenzt werden. Trauernde klagen, dass sich viele „Freunde“ abwenden; mit psychisch Kranken oder Suchtkranken wollen viele nichts zu tun haben; Menschen mit Migrationshintergrund werden in der Öffentlichkeit zu oft unter Pauschalverdacht gestellt. Das hat dann wieder räumliche Auswirkungen: Je mehr ein Mensch ausgegrenzt wird, desto mehr zieht er sich an bestimmte Orte zurück: in bestimmte Stadtviertel, in die eigenen vier Wände und dergleichen.

Diese Menschen sind es, die die christlich-personale Landkarte bestimmen, nicht der Diakon. Durch die Weihe tritt er in den Raum ein, in denen sich diese Menschen aufhalten. Er ist derjenige, der aus der Verborgenheit heraustritt, nicht um sich und seine Taten ins Licht zu rücken, sondern jene, die verloren sind, weil sie nicht mehr in der Mitte weilen, weil sie aus der Gemeinschaft herausgefallen sind. In diese überflüssige Existenz hineingestellt, ist vom Diakon gefordert, dass er sich aufmacht, aufbricht zu den Schuldigen, den Gescheiterten, den Alten und Kranken, den Ausgeschiedenen und Ausgestoßenen, den Verzweifelten und innerlich Leeren, den „Zöllnern“ und „Sündern“, zu denen, die niemand mehr braucht. Sie bilden das Zentrum der personal bestimmten Landkarte. Diese Menschen nimmt der Diakon mit vom Rand in die Mitte unseres Glaubens. In der Eucharistie hält er sie gegenwärtig, nicht einfach und nicht immer indem er von ihnen spricht, sondern allein dadurch, dass er als Diakon in der Messe überflüssig ist und nicht gebraucht wird.

Dabei spielt gerade der Körper des Diakons eine zentrale Rolle, um nochmals auf Foucaults Theorie einzugehen: Für ihn ist der Körper die absolute Topie, ein Stück Raum, der ich bin, der Nullpunkt bzw. der Mittelpunkt, von dem alle realen und utopischen Orte ausgehen. Er spricht vom absoluten Ort, um anzudeuten, dass sich der Körper nicht innerhalb eines vorgegebenen Raumes befindet, sondern dass er den Anfang jedes Raumes darstellt. Problematisch an diesem Begriff ist, dass „absolut“ auch bedeutet, dass der Körper beziehungslos, losgelöst, ohne Bezug auf anderes ist. Und genau das ist unser Körper nicht.

Aus dem Körper und damit aus diesem Stück Raum gibt es kein Entrinnen. Vom Körper – so Foucault – gehen alle realen und utopischen Orte aus, am Körper selbst markiert durch die Kleidung, die anzeigt, welcher Raum gerade geöffnet wird, ob zivil oder sakral. Er schreibt:

> *„Aber vielleicht müssen wir unter die Kleidung und bis auf die Haut gehen, um zu erkennen, dass der Körper in manchen Grenzfällen seine utopischen Fähigkeiten gegen sich selbst richtet und den ganzen Raum des Religiösen und des Heiligen, den ganzen Raum der anderen Welt, den ganzen Raum der Gegenwelt in den ihm selbst vorbehaltenen Raum einbringt. In diesem Fall wäre der Körper in seiner Stofflichkeit und Fleischlichkeit gleichsam das*

Produkt seiner eigenen Fantasmen. Dehnt doch zum Beispiel der Körper des Tänzers sich über einen Raum aus, der für ihn zugleich ein innerer und äußerer Raum ist. Ganz ähnlich bei Menschen im Zustand des Rausches und bei Besessenen, deren Körper zur Hölle wird, oder bei Stigmatisierten, deren Körper Qual, Erlösung und Heil ist, ein blutiges Paradies." (Foucault, 2013, 33)

Der liturgisch tätige Diakon in Albe und Stola markiert, dass gerade ein sakraler Raum geöffnet wird, sodass sich im realen Raum ein utopischer Raum ausbreitet. Nicht nur der Diakon, sondern auch Rituale oder (Kirchen-)Gebäude zeigen eine solche Öffnung an. Wenn ich hier von Utopie spreche, dann meine ich nicht automatisch irreale Räume, bloß fantasierte, illusionäre Räume. Vielmehr sollte die Möglichkeit ihrer Realität, aber vielleicht einer ganz anderen, offengelassen werden. Utopien sind keine geographisch verortbaren Räume und damit auch keine Heterotopien. Sie können sich aber an realen Orten bzw. am Körper der Menschen öffnen und eine jenseitige Welt vergegenwärtigen. Damit wirken diese Utopien auf jene Räume zurück, in denen wir uns aufhalten, und verändern diese.

Foucault geht noch einen Schritt weiter, er geht unter die Kleidung bis auf die Haut. Diese utopischen oder dystopischen Räume können sich auf der Haut abzeichnen und sich auch gegen einen Menschen wenden. Der Körper selbst kann einen solchen „jenseitigen" Raum öffnen. Denken wir dabei z. B. an den Aussätzigen, den Franziskus umarmt hat; denken wir an die vielen Kranken und Sterbenden, um die sich Franziskus, Teresa von Kalkutta und viele andere gekümmert haben und immer noch kümmern; denken wir aber auch an den körperlichen Verfall, dem wir alle anheimfallen, oder an unsere eigenen körperlichen Krankheiten.

Dieses Stück Raum ist damit nicht nebensächlich, sondern wesentlicher Teil in der personal bestimmten Landkarte. Er markiert christlich gesehen die Vorläufigkeit dieser Welt und damit ihren illusionären Charakter; er markiert die Pilgerschaft, den Weg hin zur Vollendung, in der Menschen auf neue Weise an einem Ort zusammenleben werden, der ganz personal, nämlich durch Gott, bestimmt ist, sodass kein Tempel (oder Kirchengebäude) mehr notwendig sein wird.

Dass der Diakon derart mit jenen in Konflikt geraten kann, die die Deutungsmacht über Räume für sich beanspruchen, liegt auf der Hand. Das gehört aber zur prophetischen Dimension des Dienstes. Der Diakonat ist damit nicht nur ein überflüssiges, sondern auch ein subversives Amt. Zu seinen Aufgaben gehört es, die bestehende Ordnung so lange nicht zu akzeptieren, solange nicht die Geringsten in der Mitte stehen. Die Kirche leistet sich also nicht nur ein überflüssiges Amt, sondern auch ein Amt, das die Kirche, die Hierarchie und das Volk Gottes als Gesamtes immer wieder herausfordert, weil die Kirche weiß, dass sie sich selbst nicht genügen darf und ihre Machtansprüche immer vom ohnmächtigen Gott, Jesus Christus in seiner Dunkelheit, her bestimmen lassen muss, von einer Ohnmacht, die sich auch körperlich gezeigt hat, nämlich durch die Wundmale.

> *„Zuweilen verspüren wir die Versuchung, Christen zu sein, die einen sicheren Abstand zu den Wundmalen des Herrn halten. Jesus aber will, dass wir mit dem menschlichen Elend in Berührung kommen, dass wir mit dem leidenden Leib der anderen in Berührung kommen. Er hofft, dass wir darauf verzichten, unsere persönlichen oder gemeinschaftlichen Zuflüchte zu suchen, die uns erlauben, gegenüber dem Kern des menschlichen Leids auf Distanz zu bleiben, damit wir dann akzeptieren, mit dem konkreten Leben der anderen ernsthaft in Berührung zu kommen und die Kraft der Zartheit kennenlernen." (P. Franziskus, EG, 270)*

Der Diakon, der auch im innerkirchlichen Bereich den Finger in die Wunde legen muss, wird damit zum Provokateur. Nicht um der Provokation willen, sondern um die Kirche an ihr eigentliches Zentrum zu verweisen.

Als Berufener ist er herausgerufen (lat. *provocare*), um in seiner Pro-Existenz jene herauszufordern (lat. *provocare*), die Opfer hervorbringen oder verschweigen möchten.

> *„Das Scheitern und die Scheiternden in der Kirche scheinen Gemeinden und Amtsträger regelmäßig so sehr herauszufordern und in Frage zu stellen, daß auch sie ihre Zuflucht bei der Entsorgung des Scheiterns zu nehmen versucht sind." (Fuchs/Werbick, 1991, 126)*

Der Diakon kann schnell selbst ausgesondert und entsorgt werden, weil er unbequem ist, ein Störenfried. Gegen die Ausgrenzung setzt Gott aber den Heiligen Geist, den Geist der Entgrenzung, der Grenzenlosigkeit. Das bedeutet für die Kirche:

> *„In ähnlicher Weise soll die Kirche stets auch aus ihrer christlichen Vergangenheit ausziehen, vieles ‚Ererbte' tapfer hinter sich lassen. Das war und ist ihre Aufgabe." (Halík, 2017, 77)*

Die personale Landkarte ist nicht gekennzeichnet durch starre Orte. Vielmehr sind die Orte in Bewegung, verschieben sich, entwickeln sich. Personale Orte, die neu aufbrechen, sich aufmachen, um neue Beziehungen zu anderen Orten einzugehen. Orte, die das Alte hinter sich lassen bzw. es als das Alte mitnehmen. Der Diakon soll die Kirche in Bewegung halten, damit sie nicht stillsteht und erstarrt, damit sie immer wieder ihre Türen öffnet, um – wie Papst Franziskus sagt – hinauszugehen an jene Rand-Orte, um sie als Mitte zu finden.

Diese Bewegung der Orte und deren flukturierende Bedeutungszuschreibung spiegelt sich in der Liturgie wider, in der Rand und Mitte immer wieder neu geordnet werden. Diese Bewegung wird provokant und subversiv, weil die personal-diakonale Landkarte, auf der sie beruht, Orten, Räumen und Handlungen andere Bedeutungen zuspricht als die üblichen Landkarten der Gesellschaft und einer Kirche, die gesellschaftlich sesshaft zum Traditionsverein verkommen ist.

Die beiden Päpste Benedikt XVI. und Franziskus drücken es so aus:

> *„Die Kirche ist Gottes Familie in der Welt. In dieser Familie darf es keine Notleidenden geben. Zugleich aber überschreitet* Caritas-Agape *die Grenzen der Kirche: Das Gleichnis vom barmherzigen Samariter bleibt Maßstab, gebietet die Universalität der Liebe, die sich dem Bedürftigen zuwendet, dem man ‚zufällig' (vgl. Lk 10,31) begegnet, wer immer er auch sei." (P. Benedikt, DC, 25)*

> *„Mir ist eine ‚verbeulte' Kirche, die verletzt und beschmutzt ist, weil sie auf die Straßen hinausgegangen ist, lieber, als eine Kirche, die aufgrund ihrer Verschlossenheit und ihrer Bequemlichkeit, sich an die eigenen Sicherheiten zu klammern, krank ist." (P. Franziskus, EG, 49)*

Der Diakon ist in einer Hinsicht völlig ersetzbar und wird nicht gebraucht.

In anderer Hinsicht liegt genau darin seine unersetzbare Aufgabe für die Kirche. Überall, wo er sich aufhält, hält er das Bewusstsein wach, dass die Kirche nicht einfach Platz für jene hat, die nicht gebraucht werden, sondern dass diese Ungebrauchten die Mitte der Kirche bilden. Was der Diakon hier wachhält, ist der An-Spruch Gottes an alle Getauften. Und selbst in diesem Wachhalten ist der Diakon durch andere vollständig ersetzbar.

Harre auf Gott

Psalm 42

Wie der Hirsch lechzt nach frischem Wasser,
so lechzt meine Seele, nach dir, Gott.
Meine Seele dürstet nach Gott,
nach dem lebendigen Gott.

Wann darf ich kommen und erscheinen vor Gottes Angesicht?

Meine Tränen sind mir Brot geworden bei Tag und bei Nacht;
man sagt zu mir den ganzen Tag: Wo ist dein Gott?
Ich denke daran und schütte vor mir meine Seele aus:

Ich will in einer Schar einherziehn.
Ich will in ihr zum Haus Gottes schreiten,
im Schall von Jubel und Dank in festlich wogender Menge.

Was bist du bedrückt, meine Seele, und was ächzt du in mir?
Harre auf Gott;
denn ich werde ihm noch danken für die Rettung in seinem Angesicht.
Bedrückt ist meine Seele in mir,
darum gedenke ich deiner im Jordanland, am Hermon, am Berg Mizar.
Flut ruft der Flut zu beim Tosen deiner stürzenden Wasser,
all deine Wellen und Wogen zogen über mich hin.

Bei Tag entbietet der HERR seine Huld
und in der Nacht ist sein Lied bei mir,
ein Gebet zum Gott meines Lebens.
Sagen will ich zu Gott, meinem Fels:

Warum hast du mich vergessen?
Warum muss ich trauernd einhergehn, von meinem Feind unterdrückt?

Es trifft mich zu Tode in meinen Gebeinen,
dass meine Bedränger mich verhöhnen,
da sie den ganzen Tag zu mir sagen: Wo ist dein Gott?

Was bist du bedrückt, meine Seele,
und was ächzt du in mir?
Harre auf Gott;
denn ich werde ihm noch danken,
der Rettung meines Angesichts und meinem Gott.

Weitergehen

Dieses Buch versteht sich als Zwischenstation auf meinem Weg, wo auch immer mich dieser einmal hinführen wird. Auf dem bisherigen Weg sind mir viele Personen, reale und fiktive, lebende und längst verstorbene begegnet. Damit dieses Buch jedoch zustande kommen konnte, haben mich einige ganz konkrete Personen begleitet.

An erster Stelle steht meine Frau Anja. Sie hat nicht nur das Entstehen dieses Buches sowohl inhaltlich als auch sprachlich begleitet. Viel mehr noch: Sie hält mich und meine schwierigen Seiten seit mehr als zwei Jahrzehnten aus.

Dieses Buch hatte viele Versionen. Eine davon wurde von Angelika Boss, Melanie Marschnig sowie Monika Zobernig gelesen. Ihren Rückmeldungen ist es zu verdanken, dass ich die erste Version noch mehrmals umgearbeitet und verbessert habe. Dennoch zweifle ich immer noch, ob ich dieses Buch nicht doch ganz anders schreiben hätte sollen.

Schließlich möchte ich auch Marlies Gielen und Nikolaus Kuster anführen. Mit ihnen stand ich zeitweise im E-Mail-Austausch, um bestimmte Sachfragen zum Amtsverständnis im Neuen Testament und zu Franz von Assisi zu klären.

Für diese und auch die hier nicht erwähnten Begleiterinnen und Begleiter danke ich Gott – auch wenn nicht alle von ihnen an seine Existenz glauben. Seid gewiss: Gott glaubt an euch!

So gehe ich weiter und bin gespannt, welchen Menschen ich noch auf meinem Weg begegnen werde.

Glossar und Erläuterungen

Absolutionsvollmacht bezeichnet die Vollmacht des Priesters, Gläubige von ihren Sünden loszusprechen.

Ämter in der Kirche: Durch das Sakrament der Weihe können Männer in der römisch-katholischen Kirche in drei Ämter eingesetzt werden: Diakon, Priester und Bischof. Die frühe Kirche kannte noch keine einheitlichen Ämter. So gab es Apostel und Apostelinnen, Propheten und Prophetinnen, Lehrer und Lehrerinnen usw. Anfangs wurden viele Gemeinden durch ein Gremium geleitet. Später entwickelte sich die Leitung durch einen einzigen Bischof (Monepiskopat). In dieser Vielfalt von Ämtern versuchten schon die Pastoralbriefe in der Bibel (1 und 2 Tim und Tit) eine dreigliedrige Amtsstruktur zu etablieren.

Jesus wählte „die Zwölf“ aus, die später zwölf Apostel genannt wurden. Ihre Nachfolger sind die Bischöfe, aber auch die Priester setzte man im Laufe der Geschichte in Bezug zu den Aposteln. In der Jerusalemer Urgemeinde wurden später „die Sieben“ eingesetzt, die sich beim Sättigungsmahl um die heidnischen Witwen kümmern sollten. Diese Sieben werden heute als Diakone angesehen, obwohl die Apostelgeschichte sie nicht als solche bezeichnet.

Neben den Weiheämtern gibt es noch eine reiche Vielfalt aus nicht geweihten und nicht sakramental geweihten Ämtern. Zu Ersteren zählen z. B. Lektoren, pastorale Mitarbeiter und Mitarbeiterinnen oder Pfarrgemeinderäte; zu Letzteren z. B. Äbte und Äbtissinnen.

Bibel: Sie gliedert sich in zwei große Teile: das Alte und das Neue Testament. Das Alte Testament haben wir weitgehend mit den Juden gemeinsam. Von ihnen wird es „Tanach“ genannt. Manchmal wird es auch „hebräische Bibel“ bezeichnet, weil es in dieser Sprache verfasst wurde. Wenn das Neue Testament von der „Schrift“ spricht, dann meint es die Bücher des Alten Testamentes.

Mit „Kanon“ ist in diesem Zusammenhang die verbindliche Zusammenstellung der biblischen Bücher gemeint. Martin Luther hat bei seiner Übersetzung nicht jedes Buch des katholischen Kanons übernommen. So haben katholische und evangelische Kirche unterschiedliche Zusammenstellungen, d. h. unterschiedliche Kanones. (Siehe dazu auch das Stichwort „Kirchenrecht“.)

Christus ist die lateinische Form des griechischen *christós*, welches seinerseits die Übersetzung des hebräischen *maschiach* ist, welches wiederum ins Griechische mit *Messías* übertragen wird. Übersetzt bedeutet das Wort „der Gesalbte“.

In alttestamentlicher Zeit entwickelten sich mehrere endzeitliche Vorstellungen, wie Gott sein Reich auf dieser Erde errichten wird. Eine davon war die Einsetzung eines Königs, dessen Familie endgültig herrschen wird. Dies wurde gewöhnlich von den Nachkommen Davids erwartet, jedoch gab es auch andere Auffassungen. Dieser endgültige Herrscher wurde als Messias bzw. Christus bezeichnet, weil der König bei seiner Einsetzung gesalbt wurde (siehe Ps 2).

War im Judentum noch ein irdischer Herrscher gemeint, so veränderte das Christentum diese Vorstellung hin zu einem himmlischen Herrscher. Erst so konnte die Bezeichnung auf Jesus von Nazareth angewendet werden, da es sich bei ihm ja um keinen realen König mit irdischem Reich handelte.

Einheitsübersetzung: Schon vor dem Zweiten Vatikanischen Konzil wurde der Wunsch laut, eine deutsche Bibelübersetzung anzufertigen, die einheitlich für alle Bereiche – Gottesdienst, Gesang, Seelsorge, Religionsunterricht usw. – verwendet werden kann. Daher nannte man sie auch Einheitsübersetzung. Sie erschien 1980. Mittlerweile wurde eine Revision dieser Übersetzung notwendig, die 2016 herausgegeben wurde.

In der evangelischen Kirche wird die sogenannte Lutherbibel verwendet, von der gleichfalls 2017 eine Revision erschien. Ebenso aus dem evangelischen Bereich stammt die Elberfelder Bibel. Ihr geht es weniger um die Schönheit der Sprache oder die Verständlichkeit, als vielmehr um die Text- und Worttreue.

Ekklesiologie: Lehre von der Kirche; eine theologische Teildisziplin.

Endzeit: Viele Menschen stellen sich unter dem Ende der Zeit etwas Zukünftiges vor. Christlich gesehen ist diese Vorstellung nicht ganz falsch, allerdings glauben wir auch, dass diese Endzeit mit der Menschwerdung Gottes schon begonnen hat und gegenwärtig ist. Der Fachausdruck dafür ist „präsentische Eschatologie". Am Ende der Zeit werden alle Gräuel und alles Böse aufgedeckt; gleichzeitig beginnen aber auch der Friede und das Heil zu wachsen. Beides geschieht nicht irgendwann in Zukunft, sondern ist seit Jesus Christus als Same gegenwärtig, der zu wachsen begonnen hat, sodass sich Gottes Reich langsam ausbreitet.

Eschatologie: Lehre von der Endzeit; eine theologische Teildisziplin.

Essener: Die Essener waren eine jüdische Gruppierung zur Zeit Jesu, die in der Bibel nicht genannt wird, aber dennoch sehr bedeutend war. Ein Teil der Essener lebte mönchsartig in einem Kloster in Qumran, einem Ort nordwestlich vom Toten Meer. Sie orientierten sich an strengen Regeln, glaubten an das nahe Gottesreich und übten Kritik am Tempelkult. Ihre Lehre ähnelt der Johannes des Täufers und der Jesu von Nazareth. Daher wurde auch spekuliert, ob nicht beide aus dieser Gruppe kämen. Historisch ist das aber nicht belegt.

Heidenchristen sind jene Christen, die vor der Taufe nicht zum jüdischen Volk gehörten.

Judas: Judas, mit dem Beinamen Iskariot, war einer der Zwölf, die Jesus aussandte. Er gilt im Allgemeinen als Verräter Jesu, allerdings handelt es sich dabei um eine problematische Übersetzung: Er war derjenige, der Jesus *übergab* (wie es im Griechischen wörtlich heißt), wie nämlich auch Gott Jesus den Menschen übergab oder das Evangelium von Generation zu Generation übergeben wird. Mit „Übergabe" ist also das Jesus-Geschehen selbst, Menschwerdung und Kreuzestod sowie das Weiterwirken in den Christen gemeint. Judas nimmt damit eine bedeutende Stellung in der Heilsgeschichte ein.

Judenchristen: Gemeint sind jene Christen, die vor der Taufe zum jüdischen Volk gehörten.

Kanaan war zur Zeit Jesu die Bezeichnung des Gebietes westlich des Jordans zwischen See Gennesaret im Norden und dem Toten Meer im Süden. Es ist das Land, das Gott seinem Volk versprochen hat und wo sich heute größtenteils der Staat Israel befindet. Die neutestamentlich wichtigsten kanaanäischen Gebiete sind Galiläa im Norden (Nazaret, Kafarnaum, See Gennesaret, Kana, Betsaida), Judäa im Süden (Jerusalem, Betlehem, Jericho, Emmaus) und Samaria dazwischen.

katholisch heißt übersetzt „allumfassend". Erst später wurde daraus eine Bezeichnung für eine bestimmte Konfession innerhalb des Christentums.

Katechismus: Dabei handelt es sich um eine Zusammenfassung des christlichen Glaubens in Buchform. Bekannt sind vor allem die Frage-Antwort-Katechismen, in denen Fragen zum christlichen Glauben gestellt und dann auch beantwortet werden. Nach diesen Katechismen wurde früher der Religionsunterricht gestaltet.

Daneben gab es aber auch immer „nationale" Katechismen, d. h. Glaubensdarstellungen, verortet in bestimmten Sprachregionen. 1992 veröffentlichte der Vatikan einen Katechismus für die ganze Weltkirche. Er wird deshalb auch „Weltkatechismus" genannt, heißt aber offiziell „Katechismus der Katholischen Kirche". 1997 wurde eine revidierte Fassung herausgegeben. Zwar bietet dieser Katechismus einen guten Überblick über den christlichen Glauben, jedoch kann er nicht als letzter Maßstab angesehen werden.

Kirchenrecht oder kanonisches Recht: Im Laufe der Geschichte hat die katholische Kirche viele rechtliche Regelungen getroffen. 1917 wurde zum ersten Mal ein Text herausgegeben, der all diese Bestimmungen zusammenfasste. Er wird Kodex des kanonischen Rechtes (*Codex Iuris Canonici*) genannt. In diesem Zusammenhang bezeichnet das Wort „Kanon" bzw. „Canon" die einzelnen kirchenrechtlichen Bestimmungen. (Siehe dazu auch das Stichwort „Bibel".)

1983 erschien eine Neuauflage dieses Kodex. Seit dieser Zeit kam es immer wieder zu kleineren Veränderungen dieses Rechtes durch die Päpste.

Kleriker: Als Kleriker werden in der katholischen Kirche jene Personen bezeichnet, die das Sakrament der Weihe empfangen haben. Sie werden aus dem Volk Gottes herausgerufen, um für ihren Dienst eingesetzt zu werden. Damit gehören sie immer noch dem Volk Gottes an, werden diesem im kirchlichen Sprachgebrauch aber oft nicht zugerechnet. (Siehe dazu auch das Stichwort „Laien".)

Übrigens kommt das Wort vom griechischen *kläros*, was „Scherbe" bedeutet. Gemeint ist jene Scherbe, mit der das Los geworfen wurde, um dadurch den von Gott Auserwählten zu finden (siehe Apg 1,15-26).

Konsekrationsvollmacht meint die Vollmacht des Priesters, die Gaben Brot und Wein in Leib und Blut Christi zu wandeln.

Kontemplation meint die intensive geistige Betrachtung einer meist religiösen oder philosophischen Sache. Das heutige Wort „Meditation“ kommt inhaltlich der Kontemplation sehr nahe.

Laie: Im alltäglichen Sprachgebrauch meint das Wort „Laie“ den Unwissenden. Im kirchlichen Jargon meint es all jene, die getauft sind, aber nicht das Sakrament der Weihe empfangen haben. Also ist auch ein Universitätsprofessor für Theologie Laie, wenn er nicht geweiht ist, denn um den Umfang des Wissens geht es dabei nicht. Das Wort leitet sich vom Griechischen *laós* für „Volk“ ab und meint jene, die zum Volk Gottes gehören. Problematisch ist dieser Sprachgebrauch dennoch: Er suggeriert, dass nichtgeweihte Getaufte zum Volk Gottes gehören, Geweihte aber nicht. (Siehe dazu auch das Stichwort „Kleriker“.)

Lehramt der katholischen Kirche meint jene Autorität innerhalb der Kirche, die ihre offizielle Glaubenslehre formuliert. Diese Autorität wird von Jesus hergeleitet, der seinen Aposteln diese Befugnis übergeben hat. Sie wird in der katholischen Kirche vom Papst, den Bischöfen und den Konzilien ausgeübt, ist also immer an Personen gebunden, die das Weihesakrament empfangen haben.

In der Öffentlichkeit besteht der Eindruck, das Lehramt beanspruchte für sich Unfehlbarkeit, d. h. den Ausschluss jeglichen Irrtums. Dieses unfehlbare Lehramt ist in der katholischen Kirche zwar verankert, jedoch wird es äußerst selten in Anspruch genommen. Im 20. Jahrhundert kann man das an einer Hand abzählen; im 21. Jahrhundert hat sich noch kein Papst auf seine Unfehlbarkeit berufen. D. h., viele lehramtliche Äußerungen sind nicht unfehlbar, können also auch Irrtümer enthalten bzw. jederzeit revidiert werden.

Liturgie ist ein zusammengesetztes Wort: *laós* für Volk und *érgon* für Werk. Es kann sowohl als Werk vom Volk als auch als Werk für das Volk gedeutet werden. Im kirchlichen Sprachgebrauch bezeichnet es jede Form von Gottesdienst.

Markusevangelium und sein Schluss: Das Markusevangelium gilt heute als das älteste Evangelium. Das Originalevangelium endet mit dem 8. Vers des 16. Kapitels. Dort wird berichtet, wie die Frauen voll Schrecken und Entsetzen niemandem vom leeren Grab erzählen. Das bedeutet, es beinhaltet keinen Bericht über den auferstandenen Jesus. Spätere Abschreiber hielten das für ergänzungsbedürftig und fügten daher verschiedene Schlussvarianten hinzu. Eine dieser Varianten bilden heute die Verse 9 bis 20, die eine Zusammenstellung von Auferstehungsberichten anderer Evangelien sind.

Übrigens gibt es auch die Vermutungen, dass Markus sein Evangelium weitergeschrieben hat, die letzten Blätter aber verloren gegangen sind, oder auch dass er aufgrund besonderer Umstände das Evangelium nicht fertig schreiben konnte.

Naherwartung: Als Naherwartung bezeichnet man die Hoffnung, dass die Endzeit bald anbrechen und Jesus als Richter erscheinen wird. Einige neutestamentliche Schriften sind in dieser Haltung geschrieben worden.

Ontologie ist die philosophische Lehre vom Sein und Wesen des Seienden. Wenn von der ontologischen Beschaffenheit von etwas gesprochen wird, meint es das objektive, philosophisch, nicht naturwissenschaftlich erschlossene Wesen. Der Begriff „Ontologisierung“ wird meist in kritischer Absetzung von einer These verwendet, die versucht, etwas eine objektive Realität zuzuschreiben, was lediglich durch z. B. gesellschaftliche Bedingungen entstanden ist.

Ein ontologisches Weiheverständnis kann kurz so beschrieben werden: Durch die Weihe wird beim Geweihten körperlich und psychisch nichts verändert; aber sein Sein und Wesen werden verwandelt und Christus gleich bzw. ähnlich gestaltet. Da eine solche Ontologie heute nicht mehr nachvollzogen werden kann und eine solche Auffassung an Magie grenzt, ist dieses Verständnis in die Kritik geraten.

Pharisäer waren eine jüdische Gruppierung zur Zeit Jesu. Sie waren ernsthaft gläubige Menschen, die sich sehr intensiv mit dem Wort Gottes beschäftigten. Sie hielten dabei nicht nur am geschriebenen, sondern auch am mündlich überlieferten Wort Gottes fest.

Im Neuen Testament werden sie oft negativ gezeichnet, was der antijüdischen Polemik der ersten Christen geschuldet ist, die aus der Synagoge, d. h. aus dem Judentum, ausgeschlossen wurden. Daraus eine antisemitische Haltung zu rechtfertigen, geht in der Sache aber völlig fehl. Daher soll das Wort „Pharisäer" auch nicht als Schimpfwort verwendet werden.

Realsymbol: Die Theologie unterscheidet zwischen Zeichen und Symbol. Während das Zeichen auf etwas hinweist, was ohne dieses Zeichen auch da ist, erzeugt das Symbol durch sein Hinweisen eine neue Realität. Ein Beispiel aus dem Verkehr: Das Andreaskreuz weist auf einen Bahnübergang hin, der ohne dieses Zeichen auch vorhanden ist. Das Einbahnstraßenschild macht dagegen die Straße erst zur Einbahn; ohne dieses Schild wäre die Straße keine Einbahn. Diese Neudefinition der Straße verbindet einen geistigen Inhalt (Verkehrsregel) mit einer materiellen Form der Vermittlung (Straßenschild).

Da das Symbol also Realität schafft, spricht man auch vom Realsymbol. In theologischer Hinsicht geht es beim Realsymbol darum, dass eine geistige Wirklichkeit jetzt in diesem Moment, in der unmittelbaren Gegenwart leiblich-materiell erfahrbar wird. Ohne diese Vermittlung wäre die geistige Wirklichkeit nicht erfahrbar. Diese Erfahrung kann flüchtig und für den Moment bestehen, sie kann aber auch eine bleibende Veränderung bewirken. Eine solche bleibende Veränderung sehen wir in den

Sakramenten. So wird z. B. durch das Eheversprechen die Beziehung der beiden Brautleute bleibend neu definiert.

Regel des Hl. Franziskus: Franz von Assisi weigerte sich lange, für seine Gemeinschaft eine Ordensregel zu verfassen. Seine erste wurde von der römischen Kirche nicht angenommen, eine spätere Fassung schon. Die Annahme dieser Regel erfolgte durch ein päpstliches Schreiben, das „Bulle“ genannt wird. Daher wird zwischen einer nichtbullierten und einer bullierten Regel unterschieden.

Römisches Messbuch, auch *Missale Romanum* genannt, ist jenes Buch, das den Ablauf der Messe beschreibt. Schon das Konzil von Trient führte eine Liturgiereform durch, aber die heutige Art, Messe zu feiern, ist eine Frucht des Zweiten Vatikanischen Konzils. Diese beiden Riten unterscheiden sich sehr deutlich. Der tridentinische Ritus wird im Volksmund auch als „lateinische Messe“ bezeichnet.

Papst Paul VI. hat mit der Einführung der „neuen“ Messe den tridentinischen Ritus nur noch in Ausnahmefällen zugelassen. Papst Benedikt XVI. hat diese Regelung aufgehoben und so den Zugang zur „alten“ Messe erleichtert. Diese Erleichterung nahm Papst Franziskus wieder zurück.

Sakrament: Die römisch-katholische Kirche kennt sieben Sakramente: Taufe, Firmung, Eucharistie bzw. Messe, Ehe, Weihe, Buße bzw. Beichte und Krankensalbung. Die Spendung der Firmung und Weihe ist dem Bischof vorbehalten; alle anderen Sakramente – mit Ausnahme der Ehe – spendet der Priester; die Taufe kann auch vom Diakon gespendet werden. Zwei Sakramente stechen dabei jedoch hervor:

Das Sakrament der Ehe wird von den Eheleuten selbst gespendet; Bischof, Priester oder Diakon assistieren den Eheleuten nur bei der Eheschließung. Das eigentliche Sakrament ist nicht die Eheschließung, also der Gottesdienst, sondern die Ehe selbst.

Das Sakrament der Weihe ist das einzige gestufte Sakrament: Das heißt, es ist *ein einziges* Sakrament, aber in *drei* Stufen: Diakon-, Priester- und Bischofsweihe. Wer also Bischof wird, erhält zuerst die Diakonen-, dann die Priesterweihe. (Übrigens ist das Papstamt keine eigene Weihestufe. Der Bischof von Rom ist automatisch der Papst.)

Siehe auch das Stichwort „Realsymbol".

Schriftgelehrte waren jüdische Gesetzeslehrer, die sich sehr intensiv mit der Heiligen Schrift beschäftigten. Sie gehörten unterschiedlichen jüdischen Gruppierungen an. Eine Gleichsetzung mit den Pharisäern ist daher nicht zulässig.

Synoptiker nennt man die drei Evangelisten Matthäus, Markus und Lukas. Übersetzt heißt das Wort „Zusammenschauer". Man geht nämlich davon aus, dass Markus als Erster ein Evangelium schrieb und Matthäus und Lukas dieses kannten und auf es „schauten". Damit erklärt man sich, dass diese drei Evangelisten sehr viele inhaltliche Überschneidungen haben.

Zeloten waren eine jüdische Gruppierung zur Zeit Jesu, die an das baldige Kommen des Gottesreiches glaubten. Dieses wollten sie aktiv durch ihren Widerstandskampf gegen die römische Besatzung verwirklichen. Im Kreis der zwölf Apostel scheint es zwei (ehemalige) Zeloten gegeben zu haben: Lukas bezeugt einen Simon, den er einen Zelot nennt (Lk 6,15), und man vermutet, dass auch Judas Iskariot zu dieser Gruppierung gehört hat.

Zweites Vatikanisches Konzil oder **Zweites Vatikanum:** Ein Konzil ist die Versammlung von Bischöfen und anderen Personen, die über wichtige Fragen des Glaubens und Lebens in der Kirche entscheiden. Benannt werden diese Konzilien immer nach dem Tagungsort. In diesem Fall handelt es sich um das zweite Konzil, das im Vatikan stattgefunden hat.

Es war zugleich das bisher letzte Konzil. Konzilien fanden früher häufiger statt. In der Neuzeit gab es jedoch nur drei Konzilien: Das Trienter Konzil im 16. Jahrhundert, das Erste Vatikanische Konzil im 19. Jahrhundert und das Zweite Vatikanum im 20. Jahrhundert.

Es verabschiedete *vier Konstitutionen* über die Offenbarung, über die Kirche und ihr Verhältnis zur Welt und über den Gottesdienst, *drei Erklärungen* über die Erziehung, über die Religionsfreiheit und über das Verhältnis zu den anderen Religionen sowie *neun Dekrete* unter anderem über die Bischöfe, über Leben und Ausbildung der Priester, über das Ordensleben, über die Laien, über die Mission und die Ökumene.

Der andere Anfang

Ich wurde 1976 in Wolfsberg (Kärnten) geboren, besuchte dort die Volksschule und danach das Gymnasium der Benediktiner in St. Paul im Lavanttal. In meiner Jugendzeit engagierte ich mich bei den Kapuzinern in Wolfsberg: Ministrant, Jugendgruppe, Herausgabe einer Zeitschrift usw. In dieser Zeit hielt ich mich mehrmals im Kapuzinerkloster Steinach-Irdning auf.

Nach der Matura im Jahr 1994 studierte ich katholische Theologie (Abschluss 2002) und Philosophie (Abschluss 2010) in Graz, Münster (Westfalen) und Klagenfurt. 1998 haben meine Frau Anja (Theologin, Religionspädagogin) und ich geheiratet. Unser Sohn Joël kam 1999 und unsere Tochter Sarai kam 2001 zur Welt.

Nach dem Studium absolvierte ich beim Roten Kreuz meinen Zivildienst als Sanitäter und Rettungsfahrer, war dann ein paar Monate hauptberuflich beim Roten Kreuz und wechselte danach vom Rettungsdienst in den ehrenamtlichen Kriseninterventionsdienst.

Zwischen 2004 und 2015 war ich in der Diözese Gurk angestellt. Dort arbeitete ich als Pastoralassistent in der Pfarrseelsorge, als Geschäftsführer und Chefredakteur einer katholischen Kinderzeitschrift und aushilfsweise als Religionslehrer. In diesen Jahren absolvierte ich zahlreiche weitere Ausbildungen.

Seit 2004 nehme ich mir manchmal im Benediktinerkloster St. Lambrecht ein Auszeit.

2010 wurde ich zum Diakon geweiht. Seit 2011 beteilige ich mich regelmäßig am Pfingstfest der Steyler Missionare in Maria Enzersdorf.

2015 sah ich keine Möglichkeit mehr, als Arbeitnehmer innerhalb der Kirche meiner Berufung als Diakon zu folgen. Daher habe ich mich als Lebens- und Sozialberater selbstständig gemacht und kann nun frei von kirchlichen Systemzwängen meinem Auftrag folgen.

Literatur

Zitierte bzw. abgekürzte Literatur

AG = Das Dekret über die Missionstätigkeit der Kirche Ad gentes des Zweiten Vatikanischen Konzils, zitiert nach: http://www.vatican.va/archive/hist_councils/ii_vatican_council/documents/vat-ii_decree_19651207_ad-gentes_ge.html (abgerufen am 16.10.2021)

AEM = Allgemeine Einführung ins Römische Messbuch, in: Messbuch. Die Feier der Heiligen Messe. Für die Bistümer des deutschen Sprachgebietes. Authentische Ausgabe für den liturgischen Gebrauch. Kleinausgabe. Das Meßbuch für alle Tage des Jahres, Freiburg 2007.

Benedikt, Regel = Die Regel des Hl. Benedikt. Herausgegeben im Auftrag der Salzburger Äbtekonferenz, Beuron ^{7}1990.

CIC 1983 = Codex des Kanonischen Rechts. Lateinisch-deutsche Ausgabe. Mit Sachverzeichnis, Kevelaer ^{4}1994.

CIC 2009 = Änderungen des CIC 1983, die durch das Apostolische Schreiben in Form eines „Motu Proprio“ Omnium in mentem zur Änderung einiger Normen des Codex des Kanonischen Rechtes (26. Oktober 2009) von P. Benedikt XVI. vorgenommen wurden, zitiert nach: http://www.vatican.va/content/benedict-xvi/de/apost_letters/documents/hf_ben-xvi_apl_20091026_codex-iuris-canonici.html (abgerufen am 16.10.2021)

Éla, 1988 = Éla Jean-Marc, My Faith as an African. Translated from the French by John Pairman Brown and Susan Perry, Eugene 1988.

Ela, 2003 = Ela Jean-Marc, Gott befreit. Neue Wege afrikanischer Theologie. Aus dem Französischen übersetzt von Ulrike Kaps, Freiburg/B. 2003 (= Theologie der dritten Welt 30).

Ferstl, 2019 = Ferstl Franz, Im Dienst der Zuversicht. Das Amt des Diakons. Entwicklungen – Erfahrungen – Perspektiven. Mit einem Nachwort von Franz Weber, Innsbruck 2019.

Foucault, 2013 = Foucault Michel, Die Heterotopien. Der utopische Körper. Zwei Radiovorträge. Zweisprachige Ausgabe, Berlin 2013 (stw 2071).

Fuchs/Werbick, 1991 = Fuchs Gotthard/Werbick Jürgen, Scheitern und Glauben. Vom christlichen Umgang mit Niederlagen, Freiburg/B. 1991.

Habenicht, 2018 = Habenicht Uwe, Leben mit leichtem Gepäck. Eine minimalistische Spiritualität, Würzburg 2018.

Halík, 2017 = Halík Tomáš, Geduld mit Gott. Die Geschichte von Zachäus heute. Aus dem Tschechischen übersetzt von Vratislav J. Slezák, Freiburg/B. 2017.

Heidegger, 1993 = Heidegger Martin, Sein und Zeit, Tübingen [17]1993.

Johannes, 2007 = Johannes vom Kreuz. Die Dunkle Nacht. Vollständige Neuübersetzung. Sämtliche Werke. 1, Freiburg/B. [8]2007 (Herder spektrum 4374).

KKK 1992 = Katechismus der katholischen Kirche, München 1993.

KKK 1997 = Katechismus der katholischen Kirche, München 2015.

Kohlhaas/Frings, 2021 = Kohlhaas Emmanuela/Frings Thomas, Ungehorsam. Eine Zerreißprobe, Freiburg/B. 2021.

Kolodiejchuk, 2007 = Mutter Teresa, Komm, sei mein Licht. Herausgegeben und kommentiert von Brian Kolodiejchuk MC, München 2007.

Kuster 2006 = Kuster Nikolaus, Franz von Assisi und Benedikt von Nursia. Was Bettelbruder und Mönchsvater spannungsvoll verbindet, in: Verum, pulchrum et bonum. Miscellanea di studi offerti a Servus Gieben in occasione del suo 80° compleanno (Bibliotheca seraphico-capuccina 81), a cura di Yoannes TEKLE-MARIAM, Roma 2006, 185-228.

Kuster 2010 = Kuster Nikolaus, Franziskus. Rebell und Heiliger, Freiburg/B. 2010.

Kuster 2019 = Kuster Nikolaus, Franz von Assisi. Freiheit und Geschwisterlichkeit in der Kirche, Würzburg 2019 (= Franziskanische Akzente 6).

LG = Dogmatische Konstitution über die Kirche Lumen gentium des Zweiten Vatikanischen Konzils, zitiert nach: http://www.vatican.va/archive/hist_councils/ii_vatican_council/documents/vat-ii_const_19641121_lumen-gentium_ge.html (abgerufen am 16.10.2021)

Lohfink, 2019 = Lohfink Norbert, Gegen die Verharmlosung Jesu. Reden über Jesus und die Kirche, Freiburg/B. 2019.

Müller, 2004 = Müller Gerhard Ludwig (Hg.), Der Diakonat – Entwicklung und Perspektiven. Studien der Internationalen Theologischen Kommission zum sakramentalen Diakonat. Übersetzt aus dem Französischen von Dr. theol. Karl Pichler, Bamberg 2004.

P. Benedikt, CV = P. Benedikt XVI., Enz. Caritas in veritate, 2009 (= Verlautbarungen des Apostolischen Stuhls 186).

P. Benedikt, DC = P. Benedikt XVI., Enz. Deus Caritas est, 2005.

P. Franziskus, EG = P. Franziskus, Evangelii Gaudium, 2013 (= Verlautbarungen des Apostolischen Stuhls 194).

PO = Das Dekret über Dienst und Leben der Priester Presbyterorum ordinis des Zweiten Vatikanischen Konzils, zitiert nach: https://www.vatican.va/archive/hist_councils/ii_vatican_council/documents/vat-ii_decree_19651207_presbyterorum-ordinis_ge.html (abgerufen am 16.10.2021)

Sander, 2008 = Sander Stefan, Das Amt des Diakons. Eine Handreichung, Freiburg/B. 2008.

Seewald, 2001 = Seewald Peter, Die Schule der Mönche, Freiburg/B. 2001.

Watts, 2009 = Watts Greg, Mutter Teresa. Heilige der Dunkelheit, Moers 2009.

Werbick, 2000 = Werbick Jürgen, Den Glauben verantworten. Eine Fundamentaltheologie, Freiburg/B. 2000.

Wessely, 2004 = Wessely Christian, Gekommen, um zu dienen. Der Diakonat aus fundamentaltheologisch-ekklesiologischer Sicht, Regensburg 2004.

Wittig, 1990 = Wittig Josef, Roman mit Gott. Tagebuchblätter der Anfechtung. Mit einem Vorwort von Eugen Drewermann. Und einem Nachwort von Horst-Klaus Hofmann, Moers 1990 (= Apostroph. Die Reihe, die Zeichen setzt).

Die biblischen Bücher werden nach den üblichen Abkürzungen angegeben. Generell verwende ich die revidierte Einheitsübersetzung aus 2016 (= EÜ 2016). Eine Ausnahme bilden alle Texte, die ich mit Datum versehen und vor 2016 verfasst habe. Da zitiere ich die Einheitsübersetzung aus 1980 (= EÜ 1980). Alle anderen Ausnahmen gebe ich ausdrücklich an.

Texte von und über Franziskus – wo nicht anders angegeben – werden gemäß den üblichen Abkürzungen zitiert nach: Hardick Lothar/Grau Engelbert, Die Schriften des Heiligen Franziskus von Assisi, Werl ^{6}1991 (= Franziskanische Quellenschriften 1).

Zusätzlich verwende ich folgende Bücher:

DreiGefLeg = Die Dreigefährtenlegende des Heiligen Franziskus von Assisi von Bruder Leo, Rufin und Angelus. Einführung, Übersetzung, Anmerkungen von Engelberg Grau OFM, Werl 1993 (= Franziskanische Quellenschriften 8).

1 Celano, 2 Celano = von Celano Thomas, Leben und Wunder des Heiligen Franziskus von Assisi. Einführung, Übersetzung, Anmerkungen von Engelberg Grau OFM, Werl [5]1994 (= Franziskanische Quellenschriften 5).

Hintergrundliteratur

Aufrichtige Erzählungen eines russischen Pilgers. Die vollständige Ausgabe. Herausgegeben und eingeleitet von Emmanuel Jungclaussen, Freiburg/B. 1993.

Benke Christoph, Katholische Spiritualität, in: Geist und Leben 86 / 1 (2013), 1-16.

Biser Eugen/Hahn Ferdinand/Langer Michael (Hg.), Der Glaube der Christen. 2. Ein ökumenisches Wörterbuch, München 1999.

Brockmöller Katrin (Hg.), Was ist neu an der neuen Einheitsübersetzung?, Stuttgart [2]2018.

Foucault Michel, Andere Räume, in: Barck K./Gente P./Paris H./Richter S. (Hg.), Aisthesis. Wahrnehmungen heute oder Perspektiven einer anderen Ästhetik. Essais, Leipzig [5]1993 (Reclam-Bibliothek 1352).

Gielen Marlies, Die Wahrnehmung gemeindlicher Leitungsfunktionen durch Frauen im Spiegel der Paulusbriefe, in: Schmeller T./Ebner M./Hoppe R. (Hg.), Neutestamentliche Ämtermodelle im Kontext (= Quaestiones Disputatae 239), 129-165.

Giesen Heinz, Die Johannes-Apokalypse, Stuttgart [4]1996 (= SKK-NT 18).

Groen Basilius J., Liturgie und Armut: Der Gottesdienst vor und nach dem Gottesdienst, in: Neuhold L./Neureiter L. (Hg.), Muss arm sein? Armut als Ärgernis und Herausforderung, Innsbruck 2008 (= Theologie im kulturellen Dialog 15), 104-156.

Hirzel Martin, Lebensgeschichte als Verkündigung. Johann Heinrich Jung-Stilling – Ami Bost – Johann Arnold Kanne, Göttingen 1998 (= AGP 33).

Hünermann Peter/Hilberath Bernd J. (Hg.), Herders theologischer Kommentar zum Zweiten Vatikanischen Konzil, Freiburg 2009.

Hossfeld Frank-Lothar/Zenger Erich, Die Psalmen. 1. Psalm 1-50 (= Die neue Echter Bibel: Kommentar zum Alten Testament mit der Einheitsübersetzung 29).

Karl Katharina (Hg.), Scheitern und Glauben als Herausforderung, Würzburg 2014.

Lenzenweger Josef/Stockmeier Peter/Bauer Johannes B./Amon Karl/Zinnhobler Rudolf (Hg.), Geschichte der katholischen Kirche, Graz ^{3}1995.

Kasper Walter/Baumgartner Konrad/Bürkele Horst (Hg.), Lexikon für Theologie und Kirche, Freiburg 1993ff.

Limbeck Meinhard, Matthäus-Evangelium, Stuttgart ^{3}1991 (= SKK-NT 1).

Luz Ulrich, Das Evangelium nach Matthäus. 1. Mt 1-7, Neukirchen-Vluyn ^{2}1989 (Evangelisch-katholischer Kommentar zum Neuen Testament 1).

Müller Gerhard/Balz Horst (Hg.), Theologische Realenzyklopädie, Berlin 1993 ff.

Müller Paul-Gerhard, Lukas-Evangelium, Stuttgart ^{4}1990 (= SKK-NT 3).

Neusner Jacob, Ein Rabbi spricht mit Jesus. Ein jüdisch-christlicher Dialog, Freiburg/B. 2007.

P. Franziskus, Enz. Lumen fidei, 2013 (= Verlautbarungen des Apostolischen Stuhls 193).

P. Franziskus, Querida Amazonia, in: https://www.vatican.va/content/francesco/de/apost_exhortations/documents/papa-francesco_esortazione-ap_20200202_querida-amazonia.html (abgerufen am 16.10.2021)

Rahner Karl/Vorgrimler Herbert, Kleines Konzilskompendium. Sämtliche Texte des Zweiten Vatikanums, Freiburg/B. ^{26}1994.

Rotzetter Anton, Spirituelle Lebenskultur für das dritte Jahrtausend, Freiburg/B. 2000.

Schenke Ludger, Die Urgemeinde. Geschichtliche und theologische Entwicklung, Stuttgart 1990.

Schnackenburg Rudolf, Matthäusevangelium. 1,1 – 16,20. Würzburg 1985 (= Die Neue Echter Bibel: Kommentar zum Neuen Testament mit der Einheitsübersetzung 1).

Schneider T. (Hg.), Handbuch der Dogmatik. 2. Gnadenlehre, Ekklesiologie, Mariologie, Sakramentenlehre, Eschatologie, Trinitätslehre, Düsseldorf ^{2}1995.

Schrödter Hermann, „Religiöse Erfahrung" als philosophisches Problem. Beiträge zur Grundlagendiskussion aus dem letzten Jahrzehnt, in: Laarmann M./Trappe T. (Hg.), Erfahrung – Geschichte – Identität. Zum Schnittpunkt von Philosophie und Theologie. Festschrift für R. Schaeffler, Freiburg/B. 1997, 51-69.

Wagner Doris, Spiritueller Missbrauch in der katholischen Kirche, Freiburg/B. 2019.

Woschitz Karl Matthäus, De Homine. Existenzweisen. Spiegelungen, Konturen, Metamorphosen des antiken Menschenbildes, Graz 1984.